北京市精品在线课程配套教材
新型工作手册式教材

新编21世纪高等职业教育精品教材

智慧财经系列

管理会计实务

主　编◎佟　凡　于久洪

副主编◎杨文杰　周　璇　刘全越

中国人民大学出版社

·北京·

图书在版编目（CIP）数据

管理会计实务 / 佟凡，于久洪主编 . -- 北京：中国人民大学出版社，2024.3
新编 21 世纪高等职业教育精品教材 . 智慧财经系列
ISBN 978-7-300-32375-6

Ⅰ. ①管… Ⅱ. ①佟… ②于… Ⅲ. ①管理会计–高等职业教育–教材 Ⅳ. ① F234.3

中国国家版本馆 CIP 数据核字（2023）第 240471 号

北京市精品在线课程配套教材
新型工作手册式教材
新编 21 世纪高等职业教育精品教材 · 智慧财经系列
管理会计实务
主　编　佟　凡　于久洪
副主编　杨文杰　周　璇　刘全越
Guanli Kuaiji Shiwu

出版发行	中国人民大学出版社		
社　址	北京中关村大街31号	邮政编码	100080
电　话	010–62511242（总编室）		010–62511770（质管部）
	010–82501766（邮购部）		010–62514148（门市部）
	010–62515195（发行公司）		010–62515275（盗版举报）
网　址	http://www.crup.com.cn		
经　销	新华书店		
印　刷	鑫艺佳利（天津）印刷有限公司		
开　本	787 mm × 1092 mm 1/16	版　次	2024 年 3 月第 1 版
印　张	17.25	印　次	2024 年 3 月第 1 次印刷
字　数	376 000	定　价	49.00 元

Preface 序

随着大数据、人工智能、区块链、财务云等新技术的发展和经济全球化的日益加深，以数字经济为代表的新经济使全球传统企业面临转型升级，推动会计行业由传统核算型向管理型转变。在如此复杂的外部环境下，管理会计能够帮助企业加强对各项经济活动的规划、控制、考核与评价，提升管理决策的效率效果，进而帮助企业降本增效，实现可持续发展。

近年来，财政部陆续发布了《管理会计基本指引》《管理会计应用指引》等系列文件，进一步明确了包括战略管理、预算管理、成本管理、营运管理、投融资管理、绩效管理、管理会计报告和管理会计信息系统等领域所应用的各种工具方法。本书依托《管理会计基本指引》和《管理会计应用指引》设置内容框架，通过丰富生动的案例分析，培养学生的管理会计职业情操，使学生能熟练运用管理会计工具方法，提升综合管理能力。

综观国内数量众多的管理会计教材，大体可归为两类。一类为传统型，即按传统的章节内容编写，侧重于管理会计理论知识，缺少实训练习，这类教材数量最多。另一类为实训型，即一本书围绕一个完整的企业案例来展开，侧重于实训应用，缺少理论知识，很像一本实训练习手册。

对于一线教师来说，教学中使用这两类教材都有些烦恼。因为这些教材要么有理论知识但缺乏实训，要么有实训但理论知识略显单薄。在这一困扰下，我们萌生了想编写出一本既有管理会计知识讲授，又能方便学生“上学即上岗”，在实训中通过“做中学”掌握管理会计知识技能教材的想法，这是本教材编写的初心。

本教材是国内众多管理会计教材中创新采用“工作过程导向”理念编写的教材。在此理念下，本书最大的特色为：让学生在完成教学案例实训中，了解管理会计相关工作岗位及工作内容，通过在教学案例实训中“做中学”，掌握相关的管理会计理论知识。为更贴近真实的企业业务，本书编者与新道科技股份有限公司专家们合作开发教学案例，案例改编自经过脱敏后的真实企业案例，为方便教学，案例中的数据做了简化处理，使学生更易懂、更好掌握。

本教材在编写过程中，充分融合了国家级、省部级会计技能大赛、管理会计技能大赛的内容及知识，以及数字管理会计“1+X”证书等相关内容，适应会计类技能大赛及“1+X”证书等培训需要。教材“自带资源”，学生在使用本教材过程中还可以同步使用我们教师团队开发的线上资源——智慧树官网平台“管理会计实务”精品在线课程资源，从而更好地理解和掌握管理会计知识点及技能。依托课程的高实用性及学习率，该在线课程荣获北京市在线精品课程、智慧树精品课荣誉。

2023 年，教材编写团队将《管理会计实务》各章课程内容充分融合思政元素，团队荣获北京市课程思政标杆选树教学设计、课堂教学、教学评价一、二等奖。教师团队荣获首届北京市课程思政教学示范团队、课程思政教学名师团队荣誉称号。依托北京市标杆选树项目的积淀，本教材将课程思政元素润物细无声地融合进教材，如“千里之外，有人念你，仿佛暗夜中亮盏烛火，荧荧之光，却相互呼应。善念加身，如手执宝剑，便不惧黑暗艰险”，真诚希望通过这本教材，教师在课堂上不仅能传授给学生专业知识技能，也能带给学生一丝润物细无声的温暖和精神气质。

教材共八个情境，编者分别来自北京经济管理职业学院、黑龙江省林业设计研究院和北京力兹会计师事务所有限责任公司等单位。燕宙参与部分章节的格式校订。感谢于久洪教授对本书编写风格及内容架构的指导，感谢团队成员的倾情写作与付出。

大浪淘沙方显英雄本色。因时间、能力有限，教材编写疏漏在所难免，恳请读者朋友们不吝赐教。我们也真诚希望这本教材能够在教学中接受实践检验，不断自省、修正、完善，能够在众多管理会计教材中成为助力学习者在管理会计知识海洋中遨游的一叶方舟。

佟　凡

课程介绍

“管理会计实务”课程是培养学生管理会计职业情操、提升学生综合管理能力的核心专业课。本课程主要面向会计专业，不仅限于该专业，还可以作为面向高等院校税务、审计、财务管理等相关专业开设的专业拓展课，同时还适用于对管理会计感兴趣的社会学习者。本课程按照财政部自 2014 年起陆续发布的管理会计基本指引和应用指引涉及的八大管理会计领域设置内容框架。本课程的教学目标是：使学生学会使用管理会计系列指引文件中规定的各种工具方法，为企业更好的管理和决策服务。

给学生——学习注意事项

各位学生：

你们是教学过程的主体，这个理念在本教材中会贯彻始终。因此，在学期开始的时候，你思考以下 7 条是非常必要的。

1. 这是一门实践性很强的专业核心课程，全面实施“工作过程导向”“做中学”的教学理念与方法，你将会在分组的环境下，去完成一个又一个的工作任务。学习时要主动求知、自觉探索，要注意管理会计实务和其他课程内容的联系，要学会使用“管理会计实务”课程中介绍的各种管理会计工具方法，为企业更好的管理和决策服务。

2. 要关注管理会计理论和实践的发展。它随着会计和管理的发展而发展，不是一成不变的。

3. 要紧密联系企业管理实践，结合知名公司案例分析进行研究式学习。

4. 本教材每个情境最后都附有“延伸学习资源”，要经常查阅最新资料信息，充分利用网络资源。

5. 利用辅导课等机会，自觉培养和锻炼自己的语言表达能力及书面表达能力。利用课堂分组完成工作任务，培养自己的团队合作能力及人际交往能力。

6. 学习过程中，遇到不太好理解的知识点，可以扫一扫旁边的“二维码”，有生动的微课为你讲授相关知识点。

7. 你们的最后成绩与你们所在团队的整体表现直接相关，影响成绩的因素包括：

（1）出勤率（10%）。

（2）课堂表现与参与课程情况（10%）。

（3）每次完成工作任务考核的成绩（20%）。

（4）团队做的案例报告水平（20%）。

（5）每次完成任务的质量和时间（10%）。

（6）期末试卷成绩（30%）。

给教师——教材使用方法

各位教师：

首先感谢你们使用本教材。你们是教学过程的主导者，是学生的导师、朋友、教练和师傅，又是教学过程的裁判员，担负对学生完成工作任务情况的评价职责。集诸多角色于一身的你们，在学期开始的时候，思考一下如何使用本教材是非常必要的。

1. 与以往的学科类教材不同，本教材以能力培养为核心，以完成工作任务为导向，你们的主要职责是引导学生行动起来，有组织、有计划、按程序去认真完成教材中设计的各个系统化的工作任务，并在这个过程中，真正实现本课程的目标——学会使用财政部管理会计系列指引文件中规定的各种管理会计工具方法，为企业更好的管理和决策服务。打个比方，你们是游泳教练，你们的职责是让学生在水中学会游泳，而不是在岸上背诵《怎样游泳》之类的教科书。

2. 为了培养学生的管理会计相关的实践应用能力，本教材按工学结合的原则设计了八个教学情境，各情境的要点分别是：情境一，管理会计认知；情境二，战略管理；情境三，预算管理；情境四，成本管理；情境五，营运管理；情境六，投融资管理；情境七，绩效管理；情境八，管理会计报告与信息系统。这八个情境有着逻辑关系，本着层层深入的原则安排，请教师体会。

3. 在每个情境中，首先是引领本学习情境的“情境导航”，目的是开门见山，阐述本情境主旨，并激发学生的学习兴趣。其次是“六步法”：之一，学习目标；之二，具体工作任务；之三，背景知识导学；之四，分项考核标准；之五，复习思考问题；之六，完成工作任务的感受与总结。

4. 教师在教学中，应敢于把时间交给学生，贯彻以学生为主体、以能力培养为本位、以完成工作任务为导向的教学理念。在学生完成任务的教学过程中，不同于案例教学方式，我们所设计的大量工作任务是需要学生积极地“做中学”的，教师是学生的引导者、教练和师傅，引导学生完成工作任务。因此要求教师具备更灵活、敏捷的反应能力，建立包容、互助、和谐、友爱的课堂氛围。

5. 本着应有的严谨、务实的态度，本教材的编者做了大量的工作，为各位教师准备了PPT、教案、讲义、参考答案等教辅资料，请登录 www.crup.com.cn 下载使用。

Contents 目录

情境一

走进管理会计

情境导航

海纳百川智能家电有限公司是一家集设计、生产、销售于一体的智能制造家电公司，专业生产电饭煲、电热水壶、电压力煲及电器配件等。糟糕的财务业绩、高昂的售后担保成本以及客户对低效订单送达的抱怨，让公司总裁头疼不已。

为了提高销售额，公司给予几个大客户现金折扣，并启动了质量改进计划，努力向客户表明其对产品和服务质量的重视。尽管成立了质量保证部门，但是公司依然出现产品质量问题，且业绩不好。顾问发现，公司的会计系统主要是按照财务会计的思路设计的，由于这个系统无法提供可靠的客户盈利能力、产品盈利能力和质量信息，因此公司经常亏本销售产品。

顾问发现，由于缺乏正确的产品成本数据，营销人员有时强调薄利多销，认为他们将会更加有利可图。顾问还发现，各部门之间缺乏沟通，销售部门从客户手中拿到了太多的紧急订单，以至于生产部门总是无法及时地完成订单任务。结果，客户都流失到能满足他们需求的其他制造商那里去了。质检部门没有向生产部门提供产品质量方面的信息。制造商的设备设计得很不合理，以至于从生产一种产品到生产另一种产品，改变设备都很难。这个设计问题与成本会计系统鼓励过大生产规模的趋势是相互联系的，从而导致了生产经理很少注意销售所承诺的交货日期与产品质量。生产部门没有改变设备生产另一种产品，而是生产了同一种产品来完成所有的订单，这导致了一些产品存货太多，而一些产品却缺货，以及很高的出错率。这使得库存产品更多，售后担保成本更高，客户的抱怨更多。

思考：

1. 谈一谈该公司的核心问题。
2. 会计信息对该公司有哪些影响？

管理会计认知之一　学习目标

1. 熟悉和理解西方国家理论、实务界对“管理会计”所做的定义。
2. 掌握我国“管理会计”的定义。
3. 熟悉中西方管理会计的产生和发展历程，并充分认识到经济越发展，管理会计越重要。
4. 熟悉我国管理会计的应用领域与工具方法。
5. 掌握我国管理会计指引体系的内容。
6. 掌握管理会计与财务会计的区别和联系。
7. 掌握管理会计职业道德的内涵与内容。

管理会计认知之二　具体工作任务

工作任务一　海纳百川智能家电有限公司管理会计应用领域认知

■ 教学案例背景

海纳百川智能家电有限公司是一家中型小家电制造企业，主要从事厨房小家电系列产品的研发、生产和销售，主打产品是电热水壶、豆浆机等。目前公司运行状况良好，财务状况正常。

海纳百川智能家电有限公司组织机构设置如图 1-1 所示。

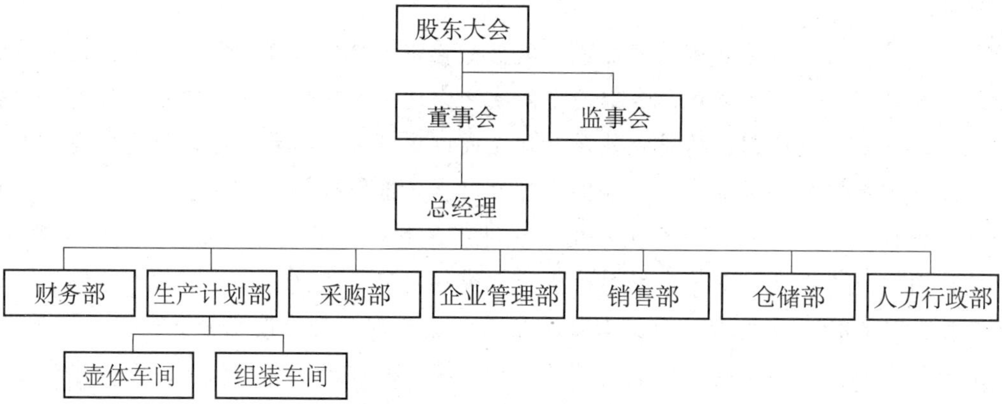

图 1-1　海纳百川智能家电有限公司组织机构设置

■ 工作步骤一　确定管理会计应用领域关键词

企业管理会计实际应用于企业管理的方方面面，包括八大应用领域：战略管理、预算管理、成本管理、营运管理、投融资管理、绩效管理、风险管理和管理会计报告。

请组成管理会计学研小组，小组成员分工合作，查找资料，研究管理会计应用领域的内涵，然后写出各应用领域的关键词，分别填入表 1-1 中。

表1-1　管理会计八大应用领域的关键词与工具方法对应表

应用领域	关键词	工具方法
战略管理		
预算管理		
成本管理		
营运管理		
投融资管理		
绩效管理		
风险管理		
管理会计报告		

■ 工作步骤二　分配管理会计工具方法到八大应用领域中

研究以下管理会计工具方法，分配这些工具方法到所对应的管理会计应用领域，填入表 1-1 中。

项目管理、关键指标法、全面预算管理、零基预算管理、战略地图、标准成本管理、价值链管理、资本成本分析、滚动预算管理、单位风险管理框架、生命周期成本管理、风险矩阵模型、本量利分析、变动成本管理、敏感性分析、作业预算管理、边际分析、平衡计分卡、标杆管理、目标成本管理、作业成本管理、经济增加值、弹性预算管理、贴现现金流法。

■ 工作步骤三　改错与深入研究

请按照管理会计学研小组的内部分工，针对本工作任务完成结果与老师的正确答案之间的差异，互相对照检查，指出哪个工具方法填错了管理会计应用领域，然后针对这个工具方法深入查找资料进行研究，给出该工具方法的基本定义、应用领域，以及主要解决的问题，分别填入表 1-2 中。

表1-2　管理会计工具方法重点学习研究表

归类错误的工具方法名称	基本定义与主要解决的问题	应属于哪个应用领域

工作任务二　管理会计指引体系——应用体系认知

■ 教学案例背景

为加强管理会计指引体系建设，截至2021年年底，我国共出台了1项管理会计基本指引，34项管理会计应用指引和73个管理会计应用案例。

■ 工作步骤一　识别管理会计应用指引八大分类

在已发布的34项管理会计应用指引中，各项可以按照其应用领域进行归类，一共分为八大类，包括战略管理、预算管理、成本管理、营运管理、投融资管理、绩效管理、风险管理和管理会计报告。

可以发现，上述八大领域的编号排序特征，分别对应着1至8字头，比如所有涉及预算管理的应用指引，均为2字头，如《管理会计应用指引第201号——滚动预算》。

请组成管理会计学研小组，团队成员分工合作，查找资料，研究八大管理会计应用领域的内涵，然后写出八大应用领域的关键词（概括为两个字）和编号字头，分别填入表1-3中。

表1-3　管理会计应用指引领域编号对应表

应用领域	关键词	编号字头	应用指引
战略管理			
预算管理			
成本管理			
营运管理			
投融资管理			
绩效管理			
风险管理			
管理会计报告			

■ 工作步骤二　分配管理会计应用指引到八大应用领域

研究以下管理会计应用指引，分配这些应用指引到所对应的管理会计领域，分别填入表1-3中。

管理会计应用指引：平衡计分卡、约束资源优化、绩效棱柱模型、滚动预算、风险管理、风险矩阵、作业预算、内部转移定价、变动成本法、作业成本法、风险清单、弹性预算、敏感性分析、边际分析、投融资管理、关键绩效指标法、经济增加值法、成本管理、目标成本法、企业管理会计报告、管理会计信息系统、零基预算、营运管理、情景分析、多维度盈利能力分析、行政事业单位、战略管理、预算管理、贴现现金流法、项目管理、标准成本法、本量利分析、绩效管理、战略地图。

■ 工作步骤三　改错与深入研究

请按照管理会计学研小组的内部分工，针对本工作任务完成结果与老师的正确答案之间的差异，互相对照检查，指出哪个应用指引填错了管理会计应用领域，然后针对此应用指引深入查找资料进行研究，给出该应用指引的基本定义、应用领域，以及主要解决的问题，分别填入表 1-4 中。

表1-4　管理会计应用指引重点学习研究表

归类错误的应用指引名称	基本定义与主要解决的问题	应属于哪个应用领域

管理会计认知之三　背景知识导学

微课

管理会计的概念与目标

一、管理会计概述

（一）管理会计的概念、服务对象与作用

1. 概念

管理会计（Management Accounting），又称“内部报告会计”，是指在当代市场经济条件下，以强化企业内部经营管理、实现最佳经济效益为宗旨，以现代企业经营活动及其价值表现为对象，通过对财务等信息的深加工和再利用，实现对经济过程的预测、决策、规划、控制、责任考核、评价等职能的会计分支。

管理会计是企业的战略、业务、财务一体化最有效的工具，是从传统会计中分离出来、与财务会计并列的一个崭新会计领域。它聚焦改善企业经营管理，涵盖成本管理、预算管理、风险控制、绩效评价等方面，既解析过去，又控制当下，还着眼筹划未来。

2. 服务对象与作用

2014 年 10 月，《财政部关于全面推进管理会计体系建设的指导意见》提出：管理会计是会计的重要分支，主要服务于单位（包括企业和行政事业单位）内部管理需要，是通过利用相关信息，有机融合财务与业务活动，在单位规划、决策、控制和评价等方面发挥重要作用的管理活动。

如果说，财务会计关注数据的产生，那么，管理会计更关注挖掘数据的应用意义。会计工作不能停留在记账、报账层面，而要对单位经营情况和支出效益进行深入分析，制定战略规划、经营决策、过程控制，做好业绩评价，真正站在管理者的高度看问题、理解业务、看懂市场、研究客户、创造价值。

（二）管理会计的目标与活动

1. 管理会计的目标

财政部 2016 年 6 月印发的《管理会计基本指引》指出：管理会计的目标是通过运用管理会计工具方法，参与单位规划、决策、控制、评价活动并为之提供有用信息，推动单位实现战略规划。

2. 管理会计的活动

管理会计运用一系列工具方法，参与单位规划、决策、控制、评价活动。

（1）规划，即预计、推测企业未来销售、利润、成本、资金等各项财务指标的变动趋势和水平。在这一方面，显然，以“算赢未来”为要义的全面预算管理是管理会计发挥规划职能的核心工具。

（2）决策，即通过对信息的分析比较，确定是否要采取某种行动或在几种方案中选择出最优方案。管理会计主要为决策提供信息支持，而这些信息要想真正发挥决策支持作用，就需要根据决策的主题进行整合与处理，最终形成各种管理会计报告，如战略损益表、业务结构资产负债表、单品效益表、人工成本表等。

（3）控制，即对企业运营过程进行跟踪，了解掌握计划的执行情况，对出现的差异进行分析、评价，督促有关部门及时采取措施，保证经营活动按预定的计划有效地推进。全面预算管理涵盖预算编制、预算控制、预算分析、预算评价。因此，在管理会计的“控制”职能上，全面预算管理发挥着重要作用。

（4）评价，主要是对部门、个人的业绩进行评价和考核，并据此对企业运营活动的各方面进行调整和控制的过程。毋庸置疑，代表业绩评价的绩效管理是管理会计发挥评价职能的核心工具。

二、管理会计的产生与发展

（一）管理会计在西方国家的产生与发展

微课

管理会计产生与发展及其原因

相对于财务会计，管理会计是着重为企业改善经营管理、提高经济效益服务的一个会计分支。西方国家的管理会计随着经济、社会、企业生产经营模式以及科技水平的不断发展而发展起来，大致经历了三个阶段，如图 1-2 所示。

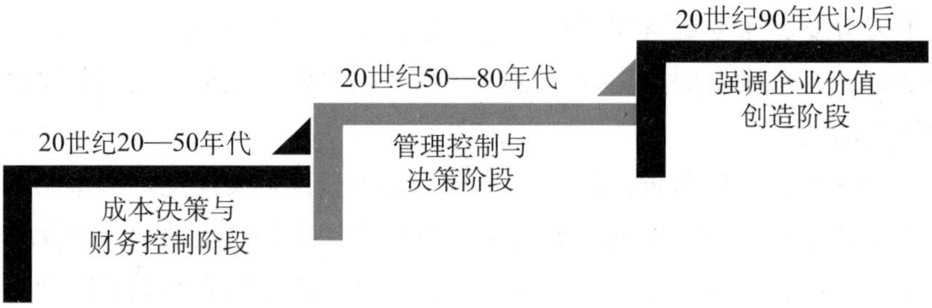

图 1-2　管理会计在西方国家的产生与发展

第一阶段，成本决策与财务控制阶段（20 世纪 20 年代至 50 年代）。管理会计萌芽于 20 世纪初，由于生产专业化、社会化程度的提高以及竞争日益激烈，企业之间的竞争由产量的增加，转向成本的降低和管理效率的提高。从 20 世纪 20 年代泰罗提出的科学管理学说，发展到第二次世界大战后期的现代管理科学，管理会计形成了以预算体系和成本会计系统为基础的成本决策和财务控制体系。1952 年，国际会计师联合会年会正式采用“管理会计”来统称企业内部会计体系，标志着管理会计正式形成，自此现代会计分为财务会计和管理会计两大分支。

第二阶段，管理控制与决策阶段（20 世纪 50 年代至 80 年代）。随着信息经济学、交易成本理论和不确定性理论被广泛引进到管理会计领域，加上新技术如电子计算机大量应用于企业流程管理，管理会计趋向精密的数量化，逐步完成了从“为产品定价提供信息”到“为企业经营管理决策提供信息”的转变，由成本计算、标准成本制度、预算控制发展到管理控制与决策阶段。

第三阶段，强调企业价值创造阶段（20 世纪 90 年代以后）。随着经济全球化和知识经济的发展，生产要素跨国跨地区流动不断加快，世界各国经济联系和依赖程度日益增强，准确把握市场定位、客户需求等尤为重要。在这样的背景下，管理会计越来越需要从战略、经营决策、商业运营等各个层面掌握并有效利用管理信息，为企业创造价值，提供有效运作所需的可量化、可测度、可评估的各种信息，推动企业战略目标的实现。

（二）管理会计在我国的发展

管理会计在我国的发展，如图 1-3 所示。

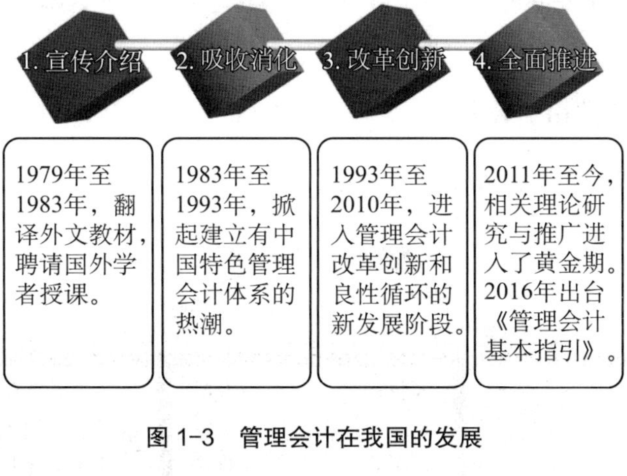

图 1-3　管理会计在我国的发展

（三）管理会计形成与发展的原因

（1）管理会计的产生和发展必然与会计发展相联系。

（2）现代电子计算机技术的进步加速了管理会计的完善与发展。

（3）在管理会计形成与发展的过程中，现代管理科学理论起到了促进作用。

（四）我国管理会计的“4+1”体系建设

微课

我国管理会计体系建设

财政部2014年针对我国国情与管理会计的应用现状，开始相关的意见征求和文件制定，同年10月27日正式发布《财政部关于全面推进管理会计体系建设的指导意见》。其中主要包括我国管理会计体系向“4+1”转变（理论、指引、人才、信息化加咨询服务），并启动管理会计应用指引体系的建设与研究。

中国特色的管理会计体系是一个由理论、指引、人才、信息化加咨询服务构成的“4+1”的管理会计有机体系，如图1-4所示。

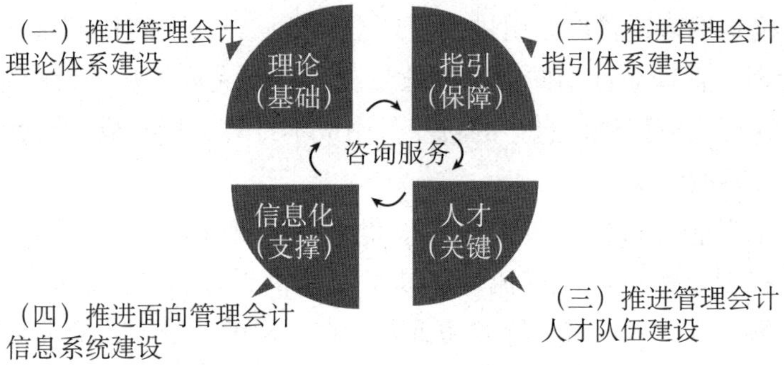

图1-4　我国管理会计的“4+1”体系

所谓“4+1”体系建设，即理论体系建设、指引体系建设、人才队伍建设、信息系统建设加咨询服务市场建设。指引体系建设是其中确定的重要任务之一，制定基本指引是指引体系建设的重要内容，对制定应用指引和案例示范起统领作用，应用指引的框架设计、案例库的体系搭建等都将根据基本指引展开。管理会计指引体系包括基本指引、应用指引和案例库，用以指导企业和行政事业单位管理会计实践。

三、我国管理会计指引体系

我国管理会计指引体系，如图1-5所示。

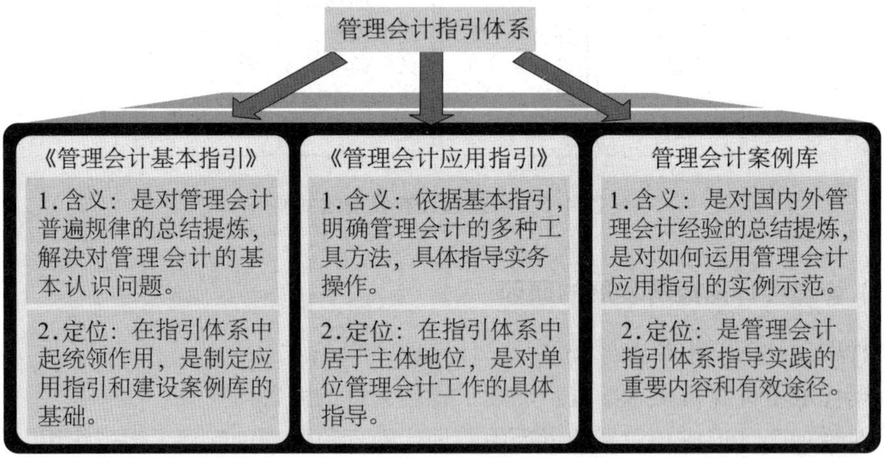

图1-5　我国管理会计指引体系

（一）《管理会计基本指引》

《管理会计基本指引》于 2016 年 6 月 22 日由财政部印发，细化了上述指导意见中的理论，强调了案例建设的必要性，规定“管理会计指引体系包括基本指引、应用指引和案例库，用以指导单位管理会计实践”。《管理会计基本指引》是我国管理会计体系建设最关键的节点，在各项文件颁发中起到承上启下的作用。

（二）《管理会计应用指引》

2017 年 9 月颁布的《管理会计应用指引》是我国管理会计进程的关键推动力，其对于企业内部管理水平的提升有着指导性意义，截至 2021 年，财政部已经发布了 34 项管理会计应用指引，具体包括：

《管理会计应用指引第 100 号（以下简称“第 × × 号”）——战略管理》《第 101 号——战略地图》《第 200 号——预算管理》《第 201 号——滚动预算》《第 202 号——零基预算》《第 203 号——弹性预算》《第 204 号——作业预算》《第 300 号——成本管理》《第 301 号——目标成本法》《第 302 号——标准成本法》《第 303 号——变动成本法》《第 304 号——作业成本法》《第 400 号——营运管理》《第 401 号——本量利分析》《第 402 号——敏感性分析》《第 403 号——边际分析》《第 404 号——内部转移定价》《第 405 号——多维度盈利能力分析》《第 500 号——投融资管理》《第 501 号——贴现现金流法》《第 502 号——项目管理》《第 503 号——情景分析》《第 504 号——约束资源优化》《第 600 号——绩效管理》《第 601 号——关键绩效指标法》《第 602 号——经济增加值法》《第 603 号——平衡计分卡》《第 604 号——绩效棱柱模型》《第 700 号——风险管理》《第 701 号——风险矩阵》《第 702 号——风险清单》《第 801 号——企业管理会计报告》《第 802 号——管理会计信息系统》《第 803 号——行政事业单位》。

（三）管理会计案例库

截至 2021 年，财政部已经发布十大项管理会计案例库，概括整理 11 类共计 73 个具体案例：

（1）全面预算管理 15 个案例（神华、大冶有色、上汽集团、中铁大桥局、长江电工、时代地产、中国有色、张矿集团、同济医院、华东师范大学、徐工集团、三类集团公司全面预算管理的三种适配模型、卓越集团、基于战略目标构建测算平台、A 集团）。

（2）成本管理 20 个案例（京东集团、美的集团、长江电工、长安汽车、重庆建设、中银香港、徐工集团、C 企业、北医三院、华西医院、西安近代化学研究所、株机公司、宝钢特钢、上海铁路局、顺丰速运、华域汽车、京能集团、中国联通、价值链收缩视域下的成本结构、DT 物流公司）。

（3）业绩评价与绩效管理 6 个案例（青山公司、许继集团、大华股份、ZZ 药业、SZGD 公司、神州泰岳）。

（4）管理会计报告 5 个案例（南方摩托、得力文具、中石化某石油公司、海油发展、

B 超市）。

（5）集团（企业）管理会计体系构建 5 个案例（中航工业、宝钢特钢、际华集团、厦门航空、兵工集团）。

（6）管理会计信息化 11 个案例（通联支付、海尔、中国铁建、T 集团、中日联谊医院、学位与研究生教育发展中心、国土资源航空物探遥感中心、国家卫星气象中心、搭建 B2B 交易平台、毕节烟草、YG 集团）。

（7）行政事业单位管理会计的最新应用 2 个案例（安徽蚌埠、河北省财政厅）。

（8）房地产企业三大管理平台的构建与实施 3 个案例（Z 地产公司、H 集团、L 集团）。

（9）财务共享 4 个案例（A 保险、广州地铁、基于互联网技术的智能财务共享体系、组织协同需求下的信息系统变革）。

（10）投融资管理 1 个案例（南通供电）。

（11）战略管理 1 个案例（美的集团）。

四、管理会计应用领域与工具方法

（一）管理会计应用领域

管理会计应用领域可以概括为“7+1”，即战略管理、预算管理、成本管理、营运管理、投融资管理、绩效管理、风险管理和管理会计报告，一共应用于八大领域。

可以将这八大方面分为内核和外延两个层面。其中，预算管理、成本管理、绩效管理和管理会计报告是传统管理会计的内容，构成了管理会计体系的内核；战略管理、营运管理、投融资管理、风险管理是对管理会计价值的拓展应用，构成了管理会计的外延。

（二）管理会计工具方法

管理会计工具方法是单位应用管理会计时所采用的战略地图、滚动预算管理、作业成本管理、本量利分析、平衡计分卡等模型、技术、流程的统称。管理会计工具方法不会永远局限于上述种类，其具有开放性，随着实践发展不断丰富完善。

（1）战略管理领域应用的管理会计工具方法包括但不限于战略地图、价值链管理等。

（2）预算管理领域应用的管理会计工具方法包括但不限于全面预算管理、滚动预算管理、作业预算管理、零基预算管理、弹性预算管理等。

（3）成本管理领域应用的管理会计工具方法包括但不限于目标成本管理、标准成本管理、变动成本管理、作业成本管理、生命周期成本管理等。

（4）营运管理领域应用的管理会计工具方法包括但不限于本量利分析、敏感性分析、边际分析、标杆管理等。

（5）投融资管理领域应用的管理会计工具方法包括但不限于贴现现金流法、项目管理、资本成本分析等。

（6）绩效管理领域应用的管理会计工具方法包括但不限于关键指标法、经济增加值、平衡计分卡等。

（7）风险管理领域应用的管理会计工具方法包括但不限于单位风险管理框架、风险矩阵模型等。

（8）管理会计报告应用领域的管理会计工具方法包括但不限于企业管理会计报告、管理会计信息系统等。

微课

管理会计的特点

五、管理会计的特点

（一）管理会计与财务会计的比较

管理会计不同于财务会计。学习管理会计，要明白二者的关系，即区别与联系，当然首先要划清二者的边界，什么是财务会计？什么是管理会计？

1. 财务会计

财务会计主要负责提供企业经营过程中的各类财务数据，收集财务相关信息，通过会计系统对相关数据进行处理，形成财务报表，为企业管理者决策服务。同时确保企业在合法合规的原则下开展经营管理行为。

2. 管理会计

管理会计通过对财务信息的深加工和再利用，实现对经济过程的预测、决策、规划、控制、责任考核评价。管理会计的工作内容更加注重于管理，主要工作是对企业在生产经营中的相关活动进行记录以及分析，发掘活动背后的潜藏价值，深挖企业在经营管理中存在的现实问题，并且对企业发展进行科学合理的预测，对企业的未来发展路径进行规划，对企业的经营运行实施控制，合理划分责任单位，明确各责任单位责任，组织实施考核评价。

二者各自的侧重点各有不同，具体如图 1-6 所示。

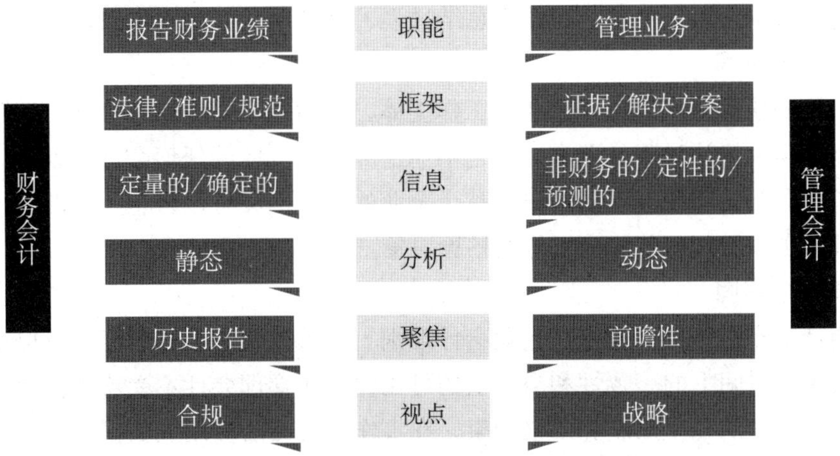

图 1-6　财务会计与管理会计的侧重点比较

（二）管理会计与财务会计之间的联系

1. 环境相同，作用相通，地位同等，均为管理活动

在企业财务管理中，管理会计及财务会计的经济环境和工作环境是相同的，管理会计

和财务会计的主要作用都是为企业发展提供保证，完善推动企业内部管理，二者具有同等重要的地位。另外，管理会计与财务会计均是管理活动。

2. 方法一致，同源共生，数据相同，目的一致

管理会计和财务会计都要记录企业经营中的财务活动，通过科学的分析方法对企业经济活动进行有效的评估，形成财务报表或管理报表，为管理者决策提供依据。管理会计和财务会计都是在传统会计发展中产生的，二者所使用的数据和信息资料也是相同的。一般来源于财务会计信息系统，目的都是确保企业资金安全，为企业获得可持续化发展保驾护航。

（三）管理会计与财务会计的主要区别

1. 作用不同

财务会计属于对外报送会计，侧重点在于根据日常的业务记录，登记账簿，定期编制有关的财务报表，向企业外界具有经济利害关系的团体、个人报告企业的财务状况与经营成果，其具体目标主要为企业外界服务，因而财务会计又可称为“外部会计”。而管理会计作用于内部，侧重点在于针对企业经营管理遇到的特定问题进行分析研究，以便向企业内部各级管理人员提供预测决策和控制考核所需要的信息资料，其具体目标主要为企业内部管理服务，因而管理会计又可称为“内部会计”。

2. 内容不同

财务会计工作的重点内容在于如何真实准确地反映企业生产经营过程中人、财、物要素在供、产、销各个阶段上的分布、使用及消耗情况，重视定期报告企业的财务状况和经营成果的质量。而管理会计不仅着重实施管理行为的粗放型结果，而且更为关注管理的过程，即事前、事中、事后控制，目的是总结过去、控制现在、规划未来。

3. 核算对象不同

财务会计的核算对象以整个企业为工作主体，从而能够适应财务会计所特别强调的完整反映和监督整个经济过程的要求，并且不能遗漏会计主体的任何会计要素。而管理会计的核算对象可分为多层次，它既可以是整个企业的主体，又可以将企业内部的局部区域或个别部门甚至某一管理环节作为工作的核算对象。

4. 核算方法不同

财务会计工作必须严格遵守《企业会计准则》和行业统一会计制度，以保证所提供的财务信息报表在时间上的一致性和空间上的可比性。而管理会计不受《企业会计准则》和行业统一会计制度的完全限制和严格约束，在工作中可灵活应用大数据、人工智能、云技术、预测学、控制论、决策论等现代管理理论和方法。

二者的方法不同还体现在管理思路与分析方法上。例如，一个产品的市场价格是 4 000 元，成本是 5 000 元，财务会计认为这样的产品应该停产。但是，管理会计需要分析成本结构，计算边际贡献，边际贡献 = 市场价格 − 变动成本，当边际贡献为正数的时候，就应当考虑继续生产。如果 5 000 元的成本中，3 000 元是固定成本（与产量无关的成本，比如折旧、生产工人的基本工资等），这部分成本的特点是，即使停产也要发生。另外 2 000 元是变动成本（与产量直接相关，比如原材料、单位能耗等），那么边际贡献为 2 000（4 000−2 000）元，产品应当继续生产。

5. 核算内容精确性要求不同

财务会计核算要求精确，必须执行固定的会计循环程序。从制作凭证到登记账簿、编报财务报告，都必须按规定的准则处理，不得随意变更其工作内容或颠倒工作顺序。而管理会计不要求绝对正确，在程序上也没有固定的工作程序规定，有较大的回旋余地，企业可根据自己的实际情况设计管理会计工作的内容与流程。这样会导致不同企业间管理会计工作的较大差异。

6. 责任不同

财务会计就其体系的完善程度而言，已经达到相对成熟和稳定的地步，形成了通用的会计规范和统一的会计模式，具有统一性和规范性。其提供的财务会计报告需要承担法律责任。而管理会计体系尚在建设过程中，其所提供的管理会计报告，目前不必承担法律责任。

7. 时间不同

财务会计反映过去，无论是强调客观性原则还是坚持历史成本原则，都可以证明其反映的只能是过去实际已经发生的经济业务，属于“报账型会计”。而管理会计不限于分析过去，还在于能动地利用财务会计的资料进行预测和规划未来，同时控制现在，从而横跨过去、现在、未来三个时态。管理会计面向未来的作用摆在第一位，而分析过去是为了控制现在和更好地指导未来，属于“面向未来的经营型会计”。

财务会计与管理会计的区别，如表 1−5 所示。

表1−5 财务会计与管理会计的区别

项目	财务会计	管理会计
作用	对外	对内
内容	反映过去，提供信息	评价过去，控制现在，规划未来
核算对象	整个企业生产经营活动全过程	可以是整个企业，也可以是车间、部门
核算方法	遵守会计制度、会计准则	服从管理人员需要，不受会计制度限制，可以采用会计的方法，也可以采用数理统计等方法
核算内容	力求准确	不求绝对精确，目的是为决策所用
责任	财务会计报告是正式报告，承担法律责任	管理会计报告不是正式报告，不承担法律责任
时间	财务会计报告需要定期编制	管理会计报告根据需要不定期编制

六、管理会计职业道德

所谓管理会计职业道德，是指在管理会计职业活动中应当遵循的，体现管理会计职业

微课

构建管理会计职业道德体系

特征的，调整管理会计职业关系的职业行为准则和规范。

管理会计职业道德具有两大特征，一个是职业性和实践性的特征，另一个是具有公众利益的符合性特征。

加强管理会计职业道德建设具有重要的作用，首先对管理会计师个体的作用表现在对其从业行为的规范指导作用，以及对其职业道德遵守的促进和评价作用。其次，加强管理会计职业道德建设对实施管理会计的单位而言，具有实现管理会计目标的重要保障作用，同时也是单位总体道德价值观的重要组成部分。

澳大利亚会计师协会对 1 500 名成员调查后，发现他们经常遇到的职业道德冲突是：

微课

管理会计职业道德与会计法律制度的关系

（1）客户和管理者提出的避税建议。

（2）利益冲突。

（3）操纵财务报表的建议。

（4）允许管理会计师自身出现错误。

（5）为遵循领导的命令而去做无道德的行为。

七、管理会计职业道德与会计法律制度的关系

管理会计职业道德与会计法律制度的关系表现在二者的协同关系上：

（1）目标相同。

（2）管理会计职业道德以会计法律制度为基础。

（3）管理会计职业道德是相关法律法规的重要补充。

（4）会计法律法规将成为管理会计职业道德工作的方向指引。

管理会计职业道德与会计法律制度又有着诸多差异：

（1）性质不同：管理会计职业道德属于管理会计师的自律性要求，而会计法律法规则属于国家法律体系的一部分。

（2）作用范围不同：表现在思想深处、实际行动、实际结果均有不同。

（3）表现形式不同：管理会计职业道德表现为思想深处的自律意识，而会计法律法规则有着明确的法律条款。

八、管理会计职业道德体系的主要内容

（一）职业认知和价值观念

微课

管理会计职业道德体系的主要内容

（1）爱岗敬业。禁止从事或者支持损害职业的活动。

（2）诚信从业。避免潜在或者实际上的利益冲突，告知所有合适的当事人避免发生潜在的利益冲突。充分披露会影响意向使用者理解报告分析和建议的所有相关信息。公允、客观地报告信息。

（3）客观公正。客观公正地传递信息，一视同仁，实事求是地推进工

作。禁止从事任何可能损害他们按照职业道德执行任务的能力。

（4）保守秘密，除了授权或法律要求之外，禁止披露工作中的机密信息。告知有关方面或人员正确使用工作过程中获得的机密信息，监管下属行为，确保信息的机密性。禁止违反职业道德或者法律使用机密信息。

（5）廉洁自律，遵循组织政策和（或者）适用法律，廉洁从业，道德自律。

（二）能力准备与自我提高

（1）充足的专业技能准备，通过持续学习知识和技术，保持职业胜任力。

（2）按照有关的法律、规定和技术标准，执行职业任务。

（3）熟悉业务、行业、宏观政策，提供准确、清楚、简洁和及时的决策支持信息和建议。

（4）不断提高开拓意识、创新意识，确认并报告那些可能对一项活动的合理判断或成功执行造成妨碍的专业局限或其他约束。

（三）努力工作与恪尽职守

（1）为企业利益尽最大努力。

（2）用专业的工具方法为企业工作，提供深入有效的管理支持。

（3）敢于承担责任，敢于坚持正确的观点。

（4）综合企业各种情况，推进管理会计，不能过于超前或拖后。

管理会计认知之四 分项考核标准

（1）分组完成财务会计与管理会计关系分析表，如表 1-6 所示。

表1-6 财务会计与管理会计关系分析表

项目	管理会计	财务会计
时间		
责任		
核算内容		
核算方法		
对象		
内容		
作用		

（2）管理会计认知之五“复习思考问题”中的实训案例题，开卷，限定时间做完该实训题，完成 PPT 汇报。

管理会计认知之五　复习思考问题

一、单项选择题

1. 下列各项中，与传统财务会计相对立概念而存在的是（　　）。
   A. 现代会计　B. 企业会计　C. 管理会计　D. 成本会计
2. 管理决策制定者需要的是（　　）成本信息。
   A. 有关过去的　B. 有关现在的　C. 有关未来的　D. 有关局部的
3. 在现代企业会计系统中，管理会计又被称为（　　）。
   A. 算呆账的报账型会计　B. 外部会计
   C. 算活账的经营型会计　D. 责任会计
4. 下列说法正确的是（　　）。
   A. 管理会计是经营管理型会计　B. 财务会计是经营管理型会计
   C. 管理会计是报账型会计　D. 管理会计是对外报告会计
5. 我国管理会计指引体系包括基本指引、应用指引和（　　）。
   A. 方法指引　B. 准则指引　C. 法律指引　D. 应用案例
6. 我国管理会计应用领域包括战略、成本等（　　）大领域。
   A. 六　B. 七　C. 八　D. 九
7. 标杆管理属于（　　）领域应用的管理会计工具方法。
   A. 战略管理　B. 成本管理　C. 预算管理　D. 营运管理
8. 本量利分析属于（　　）领域应用的管理会计工具方法。
   A. 战略管理　B. 成本管理　C. 预算管理　D. 营运管理
9. 敏感性分析属于（　　）领域应用的管理会计工具方法。
   A. 战略管理　B. 成本管理　C. 预算管理　D. 营运管理
10. 价值链管理属于（　　）领域应用的管理会计工具方法。
   A. 战略管理　B. 成本管理　C. 预算管理　D. 营运管理
11. 战略地图属于（　　）领域应用的管理会计工具方法。
   A. 战略管理　B. 成本管理　C. 预算管理　D. 营运管理
12. 平衡计分卡属于（　　）领域应用的管理会计工具方法。
   A. 风险管理　B. 成本管理　C. 绩效管理　D. 营运管理
13. 经济增加值属于（　　）领域应用的管理会计工具方法。
   A. 风险管理　B. 成本管理　C. 绩效管理　D. 营运管理
14. 推动积极正面的价值观属于管理会计职业认知中的（　　）。
   A. 诚信从业　B. 客观公正　C. 保密　D. 廉洁自律
15. 管理会计职业道德与会计法律制度的关系是（　　）。
   A. 两者目的相同

B. 会计法律法规以管理会计师职业道德为基础

C. 管理会计的职业道德和工作已成为法律法规的方向指引

D. 以上都不对

16. 管理会计职业道德的特征是（ ）。

A. 具有实践性 B. 具有效果性 C. 具有法律特征 D. 反映道德水准

17. 管理会计职业认知和价值观是指（ ）。

A. 对职业规范体系的认可 B. 热爱管理会计职业、诚信从业、客观公正

C. 职业道德的概念 D. 以上都不对

18. 管理会计职业道德规范的主要内容是（ ）。

A. 职业道德的特征 B. 职业认知和价值观

C. 职业道德的促进机制 D. 职业道德的奖惩

19. 客观公正是指（ ）。

A. 不谋私利 B. 一视同仁，实事求是推进工作

C. 保守工作中的秘密 D. 不行贿

20. 诚信从业（ ）。

A. 是指不弄虚作假，实事求是 B. 对管理会计有指导作用

C. 是实现会计目标的保证 D. 是管理会计的要求提示

二、多项选择题

1. 以下说法正确的是（ ）。

A. 管理会计职业道德以会计法律制度为基础

B. 管理会计职业道德是相关法律法规的重要补充

C. 会计法律法规将成为管理会计职业道德工作的方向指引

D. 管理会计职业道德是财务会计法的组成部分

2. 管理会计师的专业技能准备是指（ ）。

A. 熟悉业务、行业、宏观政策

B. 不谋私利

C. 熟悉财税法规，具备管理能力、战略决策能力、支持能力

D. 廉洁自律

3. 财务会计与管理会计的区别体现在（ ）。

A. 作用不同 B. 责任不同

C. 核算内容不同 D. 目的不同

4. 我国管理会计指引体系包括（ ）。

A. 基本指引 B. 准则指引 C. 应用指引 D. 应用案例

5. 我国管理会计应用领域包括（ ）管理等领域。

A. 成本 B. 战略 C. 预算 D. 风险

6. 我国管理会计应用领域包括（　　）管理等领域。

A. 投融资　　B. 战略

C. 绩效　　D. 研发

7. 标杆管理不属于（　　）领域应用的管理会计工具方法。

A. 战略管理　　B. 成本管理

C. 预算管理　　D. 营运管理

8. 本量利分析不属于（　　）领域应用的管理会计工具方法。

A. 战略管理　　B. 成本管理　　C. 预算管理　　D. 营运管理

9. 敏感性分析不属于（　　）领域应用的管理会计工具方法。

A. 战略管理　　B. 成本管理　　C. 预算管理　　D. 营运管理

10. 价值链管理不属于（　　）领域应用的管理会计工具方法。

A. 战略管理　　B. 成本管理　　C. 预算管理　　D. 营运管理

三、判断题

1. 与传统财务会计相对立概念而存在的是现代会计。（　　）
2. 在现代企业会计系统中，管理会计又可称为算呆账的报账型会计。（　　）
3. 管理会计是对外报告会计。（　　）
4. 我国管理会计指引体系包括基本指引、应用指引和应用案例库。（　　）
5. 标杆管理属于战略管理领域应用的管理会计工具方法。（　　）
6. 本量利分析属于预算管理领域应用的管理会计工具方法。（　　）
7. 会计法律以管理会计师职业道德为基础。（　　）
8. 管理会计职业道德具有实践性。（　　）
9. 管理会计职业认知和价值观是指热爱管理会计职业、诚信从业、客观公正。（　　）
10. 客观公正是指保守工作中的秘密。（　　）

四、实训案例题

实训案例　管理会计应用案例库入选企业案例研究

截至 2021 年，财政部已经发布十大项管理会计案例库，概括整理 11 类共计 73 个具体案例。下面给出的企业，均为国内知名大企业，在 11 个方面的某一方面表现突出，由专家学者将其某方面（比如成本管理、预算管理方面等）的领先做法加工整理，编写成样板案例，供全国企业学习应用。

公司：上汽集团、长江电工、中国有色、徐工集团、京东集团、美的集团、长江电工、长安汽车、重庆建设、中银香港、徐工集团、株机公司、宝钢特钢、上海铁路局、顺丰速运、华域汽车、京能集团、中国联通、许继集团、大华股份、南方摩托、得力文具、海油发展、中航工业、际华集团、厦门航空、兵工集团、海尔、中国铁建。

要求：

1. 请你选择一家感兴趣的公司作为研究对象，并自行查找资料，确定该公司在哪些方面（比如成本管理、预算管理方面等）的做法领先。

2. 请你对这家公司的有关做法进行研究，加工整理出汇报 PPT，重点指出该案例提出了什么问题，怎样解决的问题，有哪些先进的做法可供学习借鉴。汇报时间不少于 5 分钟，PPT 的内容应精练，突出图表、数据、方法论，不要堆砌大段文字，PPT 不少于 15 个幻灯片。

管理会计认知之六　完成工作任务的感受与总结

一、感受与总结

请同学们以个人或以小组为单位，填写完成工作任务的感受与总结（见表 1-7）。

表1-7　感受与总结

组别	完成工作任务的感受	分值
1		
2		
3		
4		

二、延伸学习资源

微信公众号搜索“数字财金研究所”，浏览数字经济时代前沿信息资讯。

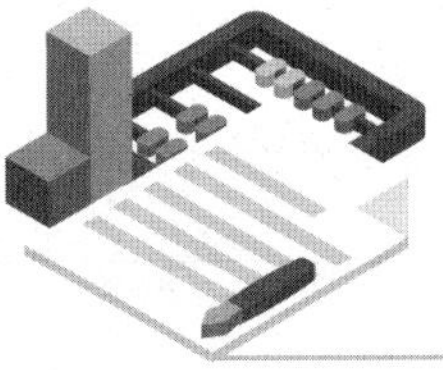

情境二

运筹帷幄方能决胜千里

情境导航

字节跳动是一家国内的跨国互联网技术公司，成立于2012年3月。字节跳动旗下的产品非常多元化，它旗下有今日头条、抖音和火山小视频，以及其海外版本TikTok、Face U等涉及多个领域的产品。字节跳动致力于成为全球创作与交流平台，秉持着高道德标准和诚信文化，让数字生活更美好、更有效、更有趣。

2018年，字节跳动提出类似“全面开花”的产品战略。如今看来，字节跳动的多条业务线在各个领域都有相应的竞争对手，或者说一些产品就是为超越竞争对手而生。

据新闻媒体报道，在对标小红书的新项目“泡芙”的第一次双月会上，张一鸣只重复了一个问题：“什么时候能超过小红书？”

成立以来，字节跳动的产品布局像是一盘大杀四方的象棋棋局。楚河汉界的一边是今日头条、抖音、火山小视频等字节跳动系产品，另一边是腾讯、百度、快手、微博等竞争对手。

除了上线的产品，字节跳动也在“搜索”领域有所布局，直接与百度展开竞争。在今日头条的搜索框中搜索“百度”公司名称，不仅可以直接链接到百度首页，还嵌入了“互动百科”“豌豆荚”“海豚股票”等多家外部链接；搜索“男装”，则会出现“值点电商”平台的链接。

字节跳动仍在不断为自己树立对手。2019年1月，字节跳动收购了锤子科技部分专利使用权，涉足教育硬件产品。另据报道称，字节跳动公司组建一百多人的团队实施“绿洲计划”，自研重度游戏，进入网易和腾讯的游戏领域；字节跳动计划针对海外市场推出音乐流媒体应用，挑战音乐行业。品玩（PINGWEST）整理了目前字节跳动已经上线的产品，如表2-1所示。

表2-1 字节跳动部分上线产品

业务板块	字节跳动	主要竞争对手
信息流	今日头条、微头条	腾讯新闻、微博
社交	多闪	微信
视频图像	抖音短视频、火山小视频、西瓜视频、FaceU激萌相机、轻颜相机、奇妙相机、狸猫相机	快手、优酷、腾讯视频、爱奇艺、美图
社群	皮皮虾、Biu校园、懂车帝、图虫	小红书、汽车之家
知识教育	大力课堂	知乎、猿辅导、学而思网校
其他	幕布、朝夕光年、Lark（飞书）、时光相册、番茄小说、海豚股票	企业微信、钉钉、书旗小说、微信阅读

思考：

1. 字节跳动的产品战略是什么？
2. 字节跳动为实现产品战略目标，从哪些方面进行了业务板块布局？

思政园地

有国才有家：民营企业家的家国情怀

企业战略是对企业各种战略的统称，其中包括竞争战略、营销战略、发展战略、品牌战略、融资战略、技术开发战略、人才开发战略、资源开发战略等。企业创始人作为战略的主要制定者和推动者，其精神内核和价值观是引领企业战略走向的关键因素。

新东方教育科技集团有限公司创始人俞敏洪，在庆祝中国共产党成立100周年之际，作为企业家发表心声，他说："对企业家的判断，我认为一个重要标签是是否有理想、有家国情怀。一个人只有有理想、有家国情怀，才能对自己有一个较高的定位和期许。从中国老一代企业家身上，这一点我们看得更明显，他们有强烈的社会责任感和担当意识，忧国忧民，希望用一己的行动力，去承担一份社会责任。他们对于国家政策、整个国家价值体系的认定，包括参与各种扶贫、社会公益活动等，都表现出义不容辞的魄力。"

2021年，俞敏洪发布微博称："因为业务调整，新东方把崭新的课桌椅捐献给了农村中小学，迄今已经捐献了近8万套。希望农村孩子们喜欢这些新桌椅。"据悉，随着"双减"政策落地，新东方退租了1 500余个教学点，裁员4万多人，数以万计的课桌椅被闲置。而这些课桌椅都是专门定制的，采用贴心的圆角设计，可以根据孩子的身高调节高度，每套市场价六七百元。新东方捐出的近8万套课桌椅，总价超过5 000万元。

国家“双减”政策落地后，新东方将K9业务全线停止，集团总体营业收入大幅下降。但在转型为东方甄选助农直播将近半年后，2022年6月9日，东方甄选突然爆火。仅3个月便实现GMV（成交额）20亿元。俞敏洪说：“东方甄选为什么会爆火，那可能是因为新东方在过去这么多年一直在做好事，做对的事，所以我们赢得了老百姓的一些认可和同情，来支持我们。”

用良心做事，做好事做对的事，是最朴素的价值观。多行好事，忧国忧民，承担社会责任，这些质朴的观念在当今企业普遍追逐利润最大化的社会里显得弥足珍贵，而具有这些价值观的企业家们对引领企业的战略走向具有深远影响。作为企业战略主要制定者的企业家们应该具有家国情怀，有社会责任感和担当意识，这样的企业也会赢得百姓的心。

战略管理之一　学习目标

1. 明确战略的层次、战略管理的定义及特点。
2. 厘清战略管理的基本程序。
3. 能读懂企业战略地图，学会绘制战略地图。

战略管理之二　具体工作任务

工作任务一　广东花语电器股份有限公司2024年战略规划与管理

■ 教学案例背景

一、企业概况

广东花语电器股份有限公司创建于2010年，凭借精致、创新、健康的小家电产品享誉千万家庭，成为中国“创意小家电市场”的领先品牌。公司主要从事生活品类小家电系列产品的研发、生产和销售，系列产品包括破壁机、电炖锅、多功能锅、酸奶机、煮蛋器、豆芽机、电热饭盒等。产品广泛应用于家庭、办公室、酒店等，与人们的生活息息相关。目前公司有几座不同规模的厂房，厂房内安装有不同类别的生产设备，设备运行状况良好，公司财务状况正常。

公司的主要经营模式为自主研发、自主销售及自有品牌运营模式，主要的业绩驱动因素有人们生活水平的提高，对便捷小家电产品的消费需求提高和消费升级。报告期内，公司从事的主要业务未发生重大变化。公司发展阶段处于成熟期，不存在明显的周期性特点。公司主要产品均位于行业前列。

二、组织机构及在册人员基本信息

公司最高决策机构：股东大会。高层管理机构和人员：董事会、监事会、总经理。公司下设采购部、生产计划部、销售部、仓储部、企业管理部、财务部、人力行政部。公司共有在职人员 220 人。

三、企业竞争力分析

（一）品牌优势

广东花语电器股份有限公司始终坚持“妙想生活”的发展理念，从生活中寻找产品设计的灵感，专注做“小”事，将妙想融入公司灵魂，坚持创新与惊喜的工业设计。公司入选 2021 年智能家具家电类创业公司传播影响力 TOP5，一直是厨房小家电市场的领先品牌。公司以破壁机为基础，而后开发并生产销售电炖锅、多功能锅、酸奶机、煮蛋器、豆芽机、电热饭盒等多个系列、多个型号，专注于健康饮食的电器产品，几年间积累了一些数量的行业供应商和经销商资源。目前，公司在小家电领域不断拓展，研发的持续高投入激发了公司的创新动力，新产品不断推出。其中，破壁机占据了市场领先的位置，电炖锅、多功能锅等产品的市场份额也在不断提高。

（二）渠道优势

公司主要采取经销商制，线下经销网络和客户资源遍布全国，广泛分布的经销商网络使公司建立起多元化、全方位的销售渠道，涵盖百货商场、家电卖场、超级市场等传统渠道和网络购物、终端扫码购物等新兴渠道。同时，公司扁平化的销售渠道架构有利于对流通渠道的有效管理，从传统渠道的扁平化设计，到三、四级市场的整体布局，再到电子商务网络的构建，都体现了对渠道系统的有效整合，从而不断地提升流通的效率。

（三）技术优势

随着消费者生活环境、购买能力的提升，消费者对高品质生活水平的诉求不断涌现。公司通过技术创新，有效解决这些新诉求，提升消费者满意度，增强消费者对品牌的黏性。这种创新通过减少消费者使用精力、体力、时间等成本，提升使用过程的愉悦度、便利性，从而实现产品和品牌的消费者价值提升。公司通过这些新品不断吸引更多的消费群体，形成更紧密的粉丝群和更高频次的产品使用率，从而扩展市场容量，保持公司市场份额的稳步提升。一直以来，公司始终坚持以市场为导向，以市场需求为出发点和落脚点，通过不断的基础创新和应用创新，潜心研发能够满足和引导消费者需求的各项产品，追求产品的多元化发展，有效覆盖不同的市场需求，赢得市场主动权。

（四）企业经营评述

近几年，公司不断推出电炖锅、多功能锅等新品，稳步推进产品多元化战略，持续践行从“破壁机”向“品质生活小家电”的品牌转型。2016 年，公司推出了适合不同年龄和需求的智能家电产品，力求让消费者真正做到解放双手，让厨房生活变得更简单。线下，公司举办粉丝节、美食节、母亲节等专题活动，与消费者零距离沟通与互动，让消费者亲自烹饪体验产品，将消费者转化为粉丝，同时邀请电视媒体全程直播报道；另外，公司还携手农村淘宝亮相 2016 年县域生态电商节，把健康的产品带给更多农村消费者。线上，公司于京东“6·18”狂欢节再次刷新销售纪录，利用硬广及搜索投放、微信微博传播创意视频及发布定制版广告漫画等形式进行前期站内外共同宣传、预热引流。

（五）企业财务分析

以 2023 年为例，该年广东花语电器股份有限公司实现净利润 4.19 亿元，每股收益增长率为 16%，同行其他企业平均每股收益增长率为 40%；平均净利润增长率为 15%，同行其他企业平均净利润增长率为 42%。

■ 工作步骤一　企业诊断

工作内容：

通过阅读已知资料和查询资料，分析企业优势与劣势、机遇与挑战。

岗位工作流程：

财务主管岗——做出企业诊断，填写“SOWT 分析对策表”（见表 2-2）。

表2-2　SWOT分析对策表

内部环境	优势（S）	劣势（W）
外部环境	机遇（O）	威胁（T）
对策选择	SO战略（优势-机遇战略）	ST战略（优势-威胁战略）
	WO战略（劣势-机遇战略）	WT战略（劣势-威胁战略）

■ 工作步骤二　营销年度计划

广东花语电器股份有限公司主要产品销售收入明细表，如表 2-3 所示。

表2-3　主要产品销售收入明细表

产品	2022年销售收入（万元）	2023年销售收入（万元）	2023年比2022年增长	2024年预计比2023年增长
破壁机				
迷你型破壁机	16 000	17 000	6.25%	-40%
经典型破壁机	8 000	12 000	50%	20%
豪华型破壁机	5 000	4 000	-20%	-10%
小计	29 000	33 000	13.79%	
煲汤电炖锅				
经典电砂锅	5 000	6 000	20%	10%
时尚紫砂锅	2 000	2 500	25%	-6%
小计	7 000	8 500	21.43%	
多功能锅				
经典多功能锅	8 000	12 000	50%	30%
智能多功能锅	5 000	8 000	60%	25%
小计	13 000	20 000	53.85%	
其他产品	5 000	8 000	60%	5%
小计	5 000	8 000	60%	
合计	54 000	69 500	28.7%	

工作内容：

（1）根据教学资源中“主要产品销售收入明细表”中相关数据，编制 2024 年“主要产品销售收入预测表”。

（2）金额单位：万元。计算结果四舍五入保留两位小数，百分比格式的保留两位小数。

（3）销售额百分比为 2024 年度各产品销售额占该产品类别销售额的百分比。

岗位工作流程：

资金管理岗——填写“主要产品销售收入预测表”（见表 2-4）、“营业总收入预测表”（见表 2-5）。

财务主管岗——审批“主要产品销售收入预测表”“营业总收入预测表”。

表2-4　主要产品销售收入预测表

产品	2022年（万元）	2023年（万元）	2023年比2022年增长	2024年预计比2023年增长	2024年（万元）	2024年销售额百分比
破壁机						
迷你型破壁机	16 000	17 000	6.25%	-40%		
经典型破壁机	8 000	12 000	50%	20%		
豪华型破壁机	5 000	4 000	-20%	-10%		
小计	29 000	33 000	13.79%			
煲汤电炖锅						
经典电砂锅	5 000	6 000	20%	10%		
时尚紫砂锅	2 000	2 500	25%	-6%		
小计	7 000	8 500	21.43%			
多功能锅						
经典多功能锅	8 000	12 000	50%	30%		
智能多功能锅	5 000	8 000	60%	25%		
小计	13 000	20 000	53.85%			
其他产品	5 000	8 000	60%	5%		
小计	5 000	8 000	60%	5%		
合计	54 000	69 500	29.7%			

表2-5　营业总收入预测表

项目	2022年		2023年		2023年比2022年同比增减	2024年比2023年同比增减	2024年	
	金额（万元）	占营业收入比重	金额（万元）	占营业收入比重			金额（万元）	占营业收入比重
营业收入合计	54 000	100%	69 500	100%	28.70%			
产品类别								
破壁机	29 000	53.70%	33 000	47.48%	13.79%			
煲汤电炖锅	7 000	12.96%	8 500	12.23%	21.43%			
多功能锅	13 000	24.07%	20 000	28.78%	53.85%			
其他产品	5 000	9.26%	8 000	11.51%	60.00%			

■ 工作步骤三　企业年度利润预测

（1）2022 年、2023 年收入和利润情况见表 2-6。

表2-6　2022年、2023年收入和利润情况　　单位：万元

项目	2022年	2023年
营业收入	54 000	69 500
营业利润	6 750	6 900
利润总额	7 000	7 400

（2）2024 年预计销售利润率根据前两年的平均利润率测算。查询 2024 年营业收入预测值，并且根据销售利润率计算 2024 年目标利润。

（3）销售利润率 = 利润总额 / 营业收入 ×100%。

（4）“目标利润预测表”中 2024 年只需要填营业收入、销售利润率和目标利润三项。

工作内容：

（1）根据教学资源中的目标利润说明，编制 2024 年“目标利润预测表”。

（2）金额单位：万元。销售利润率保留小数点后两位。

岗位工作流程：

预算分析岗——填写“目标利润预测表”（见表 2-7）。

财务主管岗——审批“目标利润预测表”。

表2-7　目标利润预测表　　金额单位：万元

项目	2022年	2023年	预测2024年	预测2024年比2023年增减
营业收入	54 000	69 500		
营业利润				
利润总额				
销售利润率				
目标利润				

■ 工作步骤四　企业年度战略规划

工作内容：

通过学习教学资源，了解企业现状，编制“2024 年企业战略规划（简表）”。

岗位工作流程：

财务主管岗——填写“2024 年企业战略规划（简表）”（见表 2-8）。

表2-8　2024年企业战略规划（简表）

序号	战略要素	战略规划	行动计划	责任人
1	战略目标			
2	发展战略			
3	商业模式			
4	投融资规划			

续表

序号	战略要素	战略规划	行动计划	责任人
5	市场规划			
6	产品规划			
7	人才规划			
8	薪酬规划			
9	利润分配			

工作任务二　绘制隆建公司战略地图

■ 教学案例背景

隆建公司是一家以房屋建筑工程总承包、市政公用工程施工总承包为主业的非上市国有建筑安装公司。公司拥有丰富的人力资源、高级的经营管理团队、雄厚的资金实力、先进的技术装备和完善的市场网络，公司充分利用了建筑安装主业的优势，赢得了广泛赞誉。

然而，隆建公司的绩效考核一直采用粗放式管理，一般只是简单地选择一些财务指标及零散的非财务指标进行评价。隆建公司发现这种粗放式考核管理存在多方面问题。一是财务指标与公司战略联系不大，仅从利润指标、经济增加值指标、营业收入等方面考核，考核角度不全面，缺少对偿债能力、营运能力、盈利能力的考核。二是指标之间对应关系模糊，缺少以核心指标为指导。三是该种绩效考核方法激励性不强，原考核体系侧重计算财务数据的总额，企业长短处难以发现，即使发现了也难寻根源，容易造成“大锅饭”问题。四是绩效管理目标制定存在问题，如项目目标与企业目标不一致，目标责任状签订滞后。五是项目绩效考核有问题，重结果轻过程，如根据项目结束盈亏进行奖惩；考核流于形式，定性多，定量少；偏重听取项目主要人员汇报，缺少业主监理意见及员工意见；机构建立有待加强：目前是领导班子代替考核小组，领导班子打分过于草率随意，难以服众。

绩效考核的缺陷会影响绩效与薪酬的结合，造成公司利润分配不公，最终影响企业的良性发展。隆建公司高层经慎重考虑，决定采用平衡计分卡工具重构绩效评价体系，第一步就是应用平衡计分卡的四维度划分来绘制战略地图。

■ 工作步骤一　CEO组织高层会议研讨战略地图

隆建公司组织首席财务官、销售总监、运营总监、人事总监为公司发展建言献策，高管们经过慎重研讨确定公司的财务目标是 1 亿元净利润。

接下来，每位高管提出 3 ～ 5 个发展建议。高管们根据各自的业务领域内容及公司发展战略，制定了各自负责领域的长期目标。首席财务官确定财务维度的长期目标是企业价值最大化；销售总监确定客户维度的长期目标是提升目标市场份额；运营总监确定内部流程维度的长期目标是提高流程通畅度；人事总监确定学习与成长维度的长期目标是良好的员工培训。

要想实现四大维度的长期目标，需要有关键成功因素和具体努力方向。高管们经过仔细研讨、反复推敲后，确定了四大维度的关键成功因素和实现这些关键成功因素的具体努力方向（见表 2-9）。

表2-9　隆建公司战略地图四大维度关键成功因素和具体努力方向

关键成功因素	保证运营流程畅通、提高盈利水平、提高市场份额、提高客户满意度、优化资产管理、控制财务风险、加强责任管理流程、良好的企业形象和品牌形象、良好的客户管理流程、完善人力资源体系、提升企业文化、提高信息化能力
实现关键成功因素的具体努力方向	降低成本费用、增加收入、提高资产利用率、降低财务风险、提高建筑工程质量、满足客户需求、增强社会责任、增加市场份额、提高企业知名度、提高服务质量、提高员工素质、增强员工培训、提高信息化程度

■ 工作步骤二　绘制战略地图

请组成管理会计学研小组，然后小组成员分工合作，查找资料，研究上述高管们确定的四大维度关键成功因素和具体努力方向，并完成以下工作任务：

（1）将它们各自归类，在下方绘制出隆建公司的战略地图。

（2）请在战略地图中使用箭头标注出不同层级、不同因素之间的相互联系。

（3）第一维度“财务层面”的战略地图已经绘出，供绘制其他维度战略地图时参考。

■ 工作步骤三　构建战略地图四个维度指标体系

请组成管理会计学研小组，然后小组成员分工合作，查找资料，研究以下战略地图（图 2-1）中的各种指标，将这些指标匹配到战略地图四大维度的“关键成功因素”中（见表 2-10）。

战略地图中的各种指标：资产负债率、净资产收益率、优质工程数量、职称人员比例、成本费用利润率、质量事故次数、从业人员人均利润、施工进度滞后次数、上交税值增长率、工程竣工验收合格率、信息化管理能力、每万平方米收入率、QC 活动成果数量、培训支出率、收入增长率、新签合同额增长率、资产现金回收率、存货周转率、现金流动负债率、市场占有率、保修金支出占比。

为方便理解，上述部分指标计算公式列示如下：

收入增长率 =（本期主营业务收入 - 上期主营业务收入）/ 上期主营业务收入 ×100%

净资产收益率 = 税收利润 / 所有者权益 ×100%

成本费用利润率 = 利润总额 / 成本费用总额 ×100%

资产现金回收率 = 经营现金净流量 / 平均资产总额 ×100%

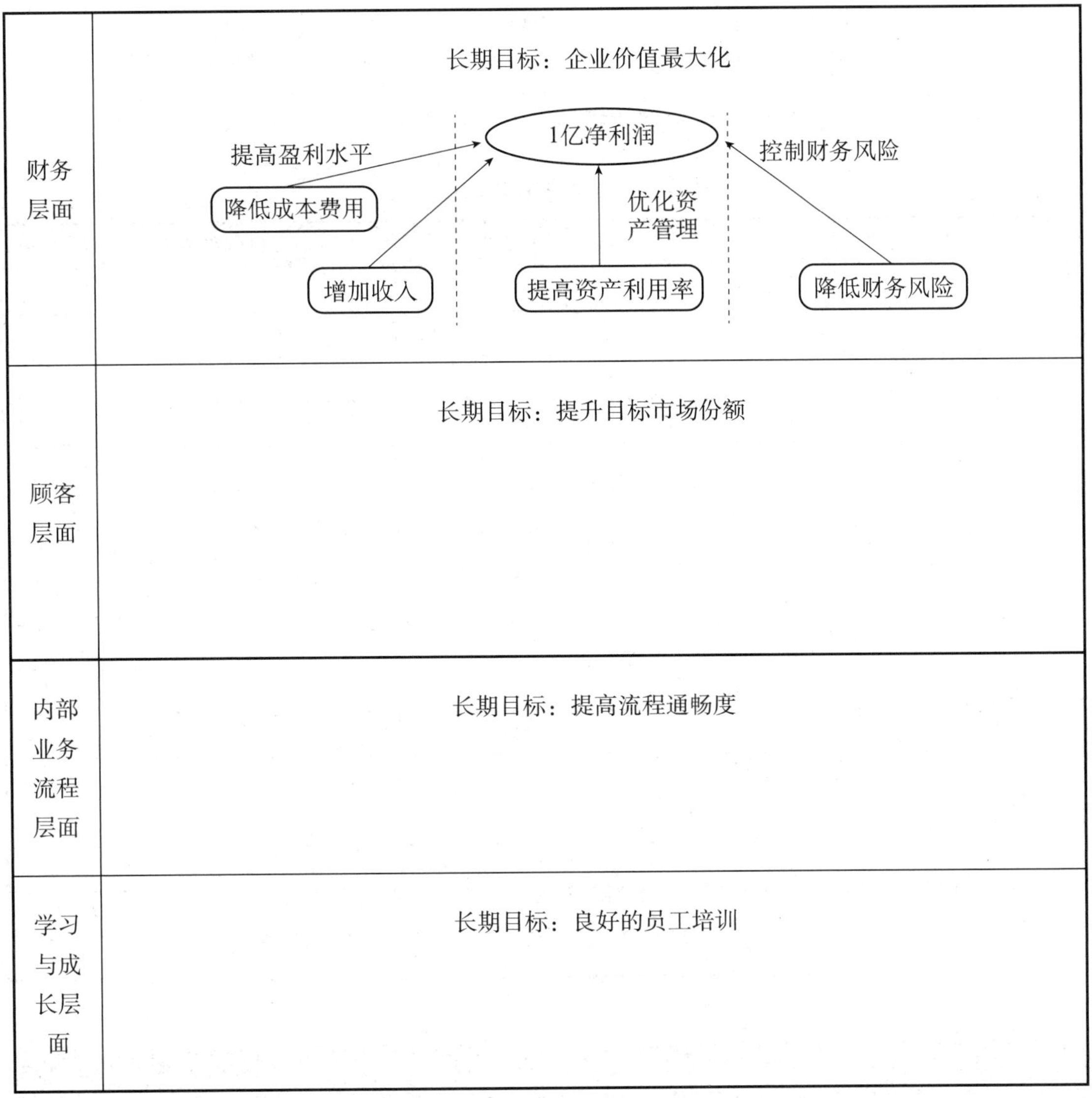

图 2-1　战略地图

存货周转率（次数）= 销货成本 / 平均存货余额 ×100%

资产负债率 = 负债总额 / 资产总额 ×100%

现金流动负债率 = 年经营现金净流量 / 年末流动负债 ×100%

工程竣工验收合格率 = 一次性通过验收项目数 / 申请验收项目总数 ×100%

市场占有率 = 销售收入 / 所在省行业总产值 ×100%

新签合同额增长率 =（本期新签合同额 − 上期新签合同额）/ 上期新签合同额 ×100%

每万平方米收入率 = 营业收入 / 当年竣工面积 ×100%

上交税值增长率 = 上交税费增长额 / 上年应交税费 ×100%

从业人员人均利润 = 利润总额 / 全年平均从业人数

培训支出率 = 培训费用 / 总支出 ×100%

职称人员比例 = 获得职称的员工数 / 总员工数 ×100%

注：职称人员指单位一级建造师、高级职称人员、中级职称人员。

表2-10　战略地图指标体系构建

四大维度	关键成功因素	具体考核指标
财务层面		
顾客层面		
内部业务流程层面		
学习与成长层面		

战略管理之三　背景知识导学

一、战略管理认知

（一）战略的定义

在我国，“战略”一词起源于兵法，指将帅的智谋，顾名思义就是“战争谋略”。“知可以战与不可以战者胜，识众寡之用者胜，上下同欲者胜，以虞待不虞者胜，将能而君不御者胜。此五者，知胜之道也。”（出自《孙子兵法·谋攻篇》）意思是：能准确判断可以打或不可以打的，能胜利；知道根据敌我双方兵力的多少采取对策的，能胜利；全军上下同仇敌忾的，能胜利；做充分准备对付疏忽懈怠的敌人的，能胜利；将帅有才能而君主不横加干涉的，能胜利。这五条，就是预见胜利的方法。在西方国家，“战略”一词源于希腊语

微课

战略的定义及层次

“stategos”，意为军事将领、地方行政长官，后演变成军事术语，指军事将领指挥军队作战的谋略。由此可见，“战略”一词古已有之，且影响深远。

随着经济的不断发展，战略逐渐被应用到经济管理领域。

企业战略一般分为三个层次，包括选择可竞争的经营领域的总体战略（又称公司战略）、某经营领域具体竞争策略的业务单位战略（也称竞争战略）和涉及各职能部门的职能战略。企业战略三个层次的具体对比如表 2-11 所示。

表2-11 企业战略三个层次的具体对比

层次	所处地位	强调的重点问题	制定者
总体战略	企业最高层次的战略，企业整体的战略总纲	应该做什么业务？ 怎样管理这些业务？	高层管理者
业务单位战略	处于战略结构体系的第二层次	在确定的经营业务领域内，企业如何展开经营活动？ 在具体可识别的市场上，企业如何构建持续优势？	业务部门领导层
职能战略	企业特定的职能管理领域制定的战略	某职能的相关部门如何卓有成效地开展工作？	具体执行者和操作者

（二）战略管理的内涵

微课

战略管理的内涵及特点

1. 战略管理的定义

我国《管理会计应用指引第 100 号——战略管理》指出，战略是指企业从全局考虑做出的长远性的谋划。战略管理是指对企业全局的、长远的发展方向、目标、任务和政策，以及资源配置作出决策和管理的过程。

2. 战略管理的特点

（1）长期性。

战略管理是一种长期规划方法，通常以 3 ～ 5 年或更长的时间范围为基础。战略管理需要考虑组织未来的目标和方向，并为实现这些目标和方向做出相应的规划。长期规划使组织能够从长远的角度来看待问题，并能够更好地把握市场机会和竞争优势。

（2）综合性。

战略管理需要考虑组织的内部和外部环境因素。在制定战略时，需要考虑市场竞争、技术变化、政治和法律环境、供应链等多种因素，综合评估这些因素对组织的影响，并确定最佳的发展方向。综合性是战略管理的核心特点之一，使组织能够更全面、更客观地看待市场和环境，更好地把握机会和优势。

（3）目标导向。

战略管理的主要目的是实现组织长期的目标和愿景。在制定战略时，需要明确组织的目标和指标，并根据这些目标和指标来制订具体的行动计划。目标导向使组织更加注重结果和成果，更好地衡量和评估战略的效果和影响。

（4）持续性。

战略管理是一个持续的过程，需要不断地进行评估和调整，以适应不断变化的环境和市场条件。在实施战略时，需要不断地对战略进行监控和评估，并对战略进行适当的调整和改进。持续性是战略管理的一个关键特点，使组织能够更好地适应环境变化，并不断提高自身的竞争力和市场地位。

总的来说，战略管理是一种以长期规划和目标为基础的管理方法，具有长期性、综合性、目标导向和持续性等特点。战略管理使组织能够更好地把握市场机会和优势，更加注重结果和成果，不断提高自身的竞争力和市场地位。战略管理对组织取得成功非常关键，可以帮助组织更好地应对市场竞争和环境变化，实现持续的发展和创新。同时，战略管理也需要不断地进行评估和调整，以确保战略与环境保持一致，并为组织的未来发展提供支持。

3. 战略管理的原则

企业进行战略管理，一般应遵循以下原则。

（1）目标可行原则。

微课

战略管理的原则及应用环境

战略目标的设定，应具有一定的前瞻性和适当的挑战性，使战略目标通过一定的努力可以实现，并能够使长期目标与短期目标有效衔接。

（2）资源匹配原则。

企业应根据各业务部门与战略目标的匹配程度进行资源配置。

（3）责任落实原则。

企业应将战略目标落实到具体的责任中心和责任人，构成不同层级彼此相连的战略目标责任圈。

（4）协同管理原则。

企业应以实现战略目标为核心，考虑不同责任中心业务目标之间的有效协同，加强各部门之间的协同管理，有效提高资源使用的效率和效果。

4. 战略管理领域应用的工具方法

战略管理领域应用的管理会计工具方法，一般包括战略地图、价值链管理等。战略管理工具方法可单独应用，也可综合应用，以加强战略管理的协同性。

（三）战略管理的应用环境

企业应关注宏观环境（包括政治、经济、社会、文化、法律及技术等因素）、产业环境、竞争环境等对其影响长远的外部环境因素，尤其是可能发生重大变化的外部环境因素，确认企业所面临的机遇和挑战；同时应关注本身的历史及现行战略、资源、能力、核心竞争力等内部环境因素，确认企业具有的优势和劣势。

企业一般应设置专门机构或部门，牵头负责战略管理工作，并与其他业务部门、职能部门协同制定战略目标，做好战略实施的部门协调，保障战略目标得以实现。

企业应建立健全战略管理有关制度及配套的绩效激励制度等，形成科学有效的制度体系，切实调动员工的积极性，提升员工的执行力，推动企业战略的实施。

（四）战略管理的应用程序

微课

战略管理的应用程序

企业应用战略管理工具方法，一般按照战略分析、战略制定、战略实施、战略评价和控制、战略调整等程序进行。

1. 战略分析

战略分析的主要目的是评价影响企业目前和今后发展的关键因素，并确定在战略选择过程中的具体影响因素。战略分析包括外部环境分析和内部环境分析。战略分析的层次如图 2-2 所示。

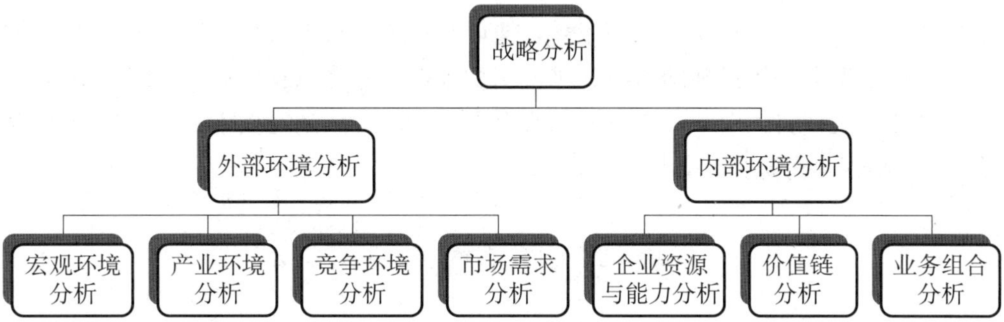

图 2-2　战略分析的层次

企业进行环境分析时，可应用态势分析法、波特五力分析法和波士顿矩阵分析法，分析企业的发展机会和竞争力，以及各业务流程在价值创造中的优势和劣势，并对每一业务流程按照其优势强弱划分等级，为制定战略目标奠定基础。

（1）态势分析法。

态势分析法（Strength，Weakness，Opportunity，Threat，简称 SWOT 分析法，S 表示优势、W 表示劣势、O 表示机会、T 表示威胁），是指基于内外部竞争环境和竞争条件下的综合分析。该种方法将与研究对象密切相关的各种主要内部优势、劣势和外部的机会、威胁等，通过调查列举出来，并依照矩阵形式排列，然后用系统分析的思想，把各种因素相互匹配起来加以分析，从中得出相应结论，而结论通常带有一定的决策性，对制定相应的发展战略、计划及对策起到支撑作用。按照态势分析法，战略目标应是一个企业“能够做的”（即企业的优势和劣势）和“可能做的”（即环境的机会和威胁）之间的有机组合。

（2）波特五力分析法。

波特五力分析法（Michael Porter’s Five Forces Analysis），是指将供应商定价能力、购买者的讨价还价能力、潜在进入者的威胁、替代品的威胁、同行业竞争者的力量作为竞争主要来源的一种竞争力分析方法。

（3）波士顿矩阵分析法。

波士顿矩阵分析法（BCG Matrix），是指在坐标图上，以纵轴表示企业销售增长率，横轴表示市场占有率，将坐标图划分为四个象限，依次为明星类产品、问题类产品、金牛类产品、瘦狗类产品，其中，瘦狗类产品属于不再投资扩展或即将淘汰的产品。使用波士顿矩阵分析法的目的在于通过产品所处不同象限的划分，使企业采取不同决策，以保证其不断地淘汰无发展前景的产品，保持问题类、明星类、金牛类产品的合理组合，实现产品及资源分配结构的良性循环。

（4）营运矩阵分析。

营运矩阵分析是指通过横向联系和纵向联系的营运方式，分析企业营运中分权化与集权化的问题，考虑各个管理部门（或岗位）之间的相互协调和相互监督，以更加高效地实现企业营运目标。

2. 战略制定

战略制定，是指企业根据确定的愿景、使命和环境分析情况，选择和设定战略目标的过程。企业可根据对整体目标的保障、对员工积极性的发挥以及企业各部门战略方案的协调等实际需要，选择自上而下、自下而上或上下结合的方法制定战略目标。公司战略分为3个层次，提供了多种选择，如图2-3所示。

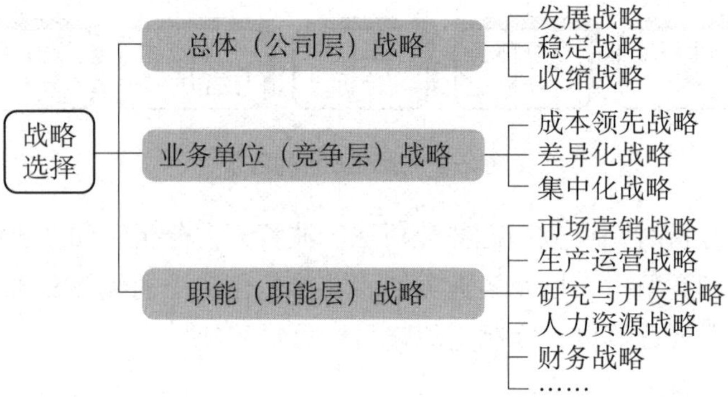

图2-3　战略的选择

企业设定战略目标后，各部门需要结合企业的战略目标设定本部门的战略目标，并将其具体化为一套关键财务及非财务指标的预测值。为各关键指标设定的目标（预测）值，应与本企业的可利用资源相匹配，并有利于执行人积极有效地实现既定目标。

3. 战略实施

微课

战略制定与实施

战略实施，是指将企业的战略目标变成现实的管理过程。企业应加强战略管控，结合使用战略地图、价值链管理等多种管理会计工具方法，将战略实施的关键业务流程化，并落实到企业现有的业务流程中，确保企业高效率和高效益地实现战略目标。

企业在战略实施过程中，需考虑和解决以下内容：需要有一个有效的组织结构，人员和制度的管理颇为重要，公司“政治”扮演着重要角色，选择适当的组织协调和控制系统，必须要协调好企业战略、结构、文化和控制等诸多方面。

4. 战略评价和控制

战略评价和控制，是指企业在战略实施过程中，通过检测战略实施进展情况，评价战略执行效果，审视战略的科学性和有效性，不断调整战略举措，以达到预期目标。

企业主要应从以下几个方面进行战略评价：战略是否适应企业的内外部环境；战略是否达到有效的资源配置；战略涉及的风险程度是否可以接受；战略实施的时间和进度是否恰当。

微课

战略评价、控制与调整

5. 战略调整

战略调整，是指企业根据情况的发展变化和战略评价结果，对所制定的战略及时进行调整，以保证战略有效指导企业经营管理活动。战略调整一般包括调整企业的愿景、长期发展方向、战略目标及其战略举措等。

二、战略地图

微课

什么是战略地图？

（一）战略地图的定义

我国《管理会计应用指引第 101 号——战略地图》指出，战略地图是指为描述企业各维度战略目标之间的因果关系而绘制的可视化的战略因果关系图。战略地图通常以财务、顾客、内部业务流程、学习与成长四个维度为主要内容，通过分析各维度的相互关系，绘制战略因果关系图。企业可根据自身情况对各维度的名称、内容等进行修改和调整。

企业应用战略地图工具方法，应遵循《管理会计应用指引第 100 号——战略管理》中对应用环境的一般要求。企业应用战略地图工具方法，一般按照战略地图设计和战略地图实施等程序进行。

微课

战略地图的设计与绘制

（二）战略地图的设计

企业应用战略地图工具方法，应注重通过战略地图的有关路径设计，有效使用有形资源和无形资源，高效实现价值创造。企业设计战略地图，一般按照设定战略目标、确定业务改善路径、确定财务层面主题、定位客户价值、确定内部业务流程优化主题、确定学习与成长主题、进行资源配置、绘制战略地图等程序进行。

1. 设定战略目标

企业进行战略目标设定，应遵循《管理会计应用指引第 100 号——战略管理》的有关要求。

2. 确定业务改善路径

企业应根据已设定的战略目标，对现有客户（服务对象）和可能的新客户以及新产品（新服务）进行深入分析，寻求业务改善和增长的最佳路径，提取业务和财务融合发展的战略主题。

3. 确定财务层面主题

在财务维度，战略主题一般可划分为两个层次：第一层次一般包括生产率提升和营业收入增长等；第二层次一般包括创造成本优势、提高资产利用率、增加客户机会和提高客户价值等。

4. 定位客户价值

企业应对现有客户进行分析，从产品（服务）质量、技术领先、售后服务和稳定标准等方面确定、调整客户价值定位。在客户价值定位维度，企业一般可设置客户体验、双赢营销关系、品牌形象提升等战略主题。

5. 确定内部业务流程优化主题

企业应根据业务提升路径和服务定位，梳理业务流程及其关键增值（提升服务形象）活动，分析行业关键成功要素和内部营运矩阵，从内部业务流程的管理流程、创新流程、客户管理流程、遵循法规流程等角度确定战略主题，并将业务战略主题进行分类归纳，制定战略方案。

6. 确定学习与成长主题

企业应根据业务提升路径和服务定位，分析创新和人力资本等无形资源在价值创造中的作用，识别学习与成长维度的关键要素，并相应确立激励制度创新、信息系统创新和智力资本利用创新等战略主题，为财务、客户、内部业务流程维度的战略主题和关键业绩指标（Key Performance Indicator，KPI）提供有力支撑。

7. 进行资源配置

根据各维度战略主题，企业应分析其有形资源和无形资源的战略匹配度，对各主题进行战略资源配置。同时应关注企业人力资源、信息资源、组织资源等在资源配置中的定位和价值创造中的作用。

8. 绘制战略地图

企业可应用平衡计分卡的四维度划分绘制战略地图，以图形方式展示企业的战略目标及实现战略目标的关键路径。具体绘制程序如下：

（1）确立战略地图的总体主题。总体主题是对企业整体战略目标的描述，应清晰表达企业愿景和战略目标，并与财务维度的战略主题和 KPI 对接。

（2）根据企业的需要，确定四维度的名称。把确定的四维度战略主题对应画入各自战略地图内，每一主题可以通过若干 KPI 进行描述。

（3）将各个战略主题和 KPI 用路径线链接，形成战略主题和 KPI 相连的战略地图。

在绘制过程中，企业应将战略总目标（财务维度）、顾客价值定位（顾客维度）、内部业务流程主题（内部流程维度）、学习与成长维度和战略 KPI 链接，形成战略地图。

企业所属的各责任中心的战略主题、KPI 相应的战略举措、资源配置等信息无法都绘制到一张图上，一般采用绘制对应关系表或另外绘制下一层级责任中心的战略地图等方式来展现其战略因果关系。

战略地图绘制以埃克森美孚公司为例。埃克森美孚公司是世界著名的石油和石化公司，是著名的非政府油气生产商和非政府天然气销售商，也是全球最大的炼油商之一。埃克森美孚公司战略地图如图 2-4 所示。

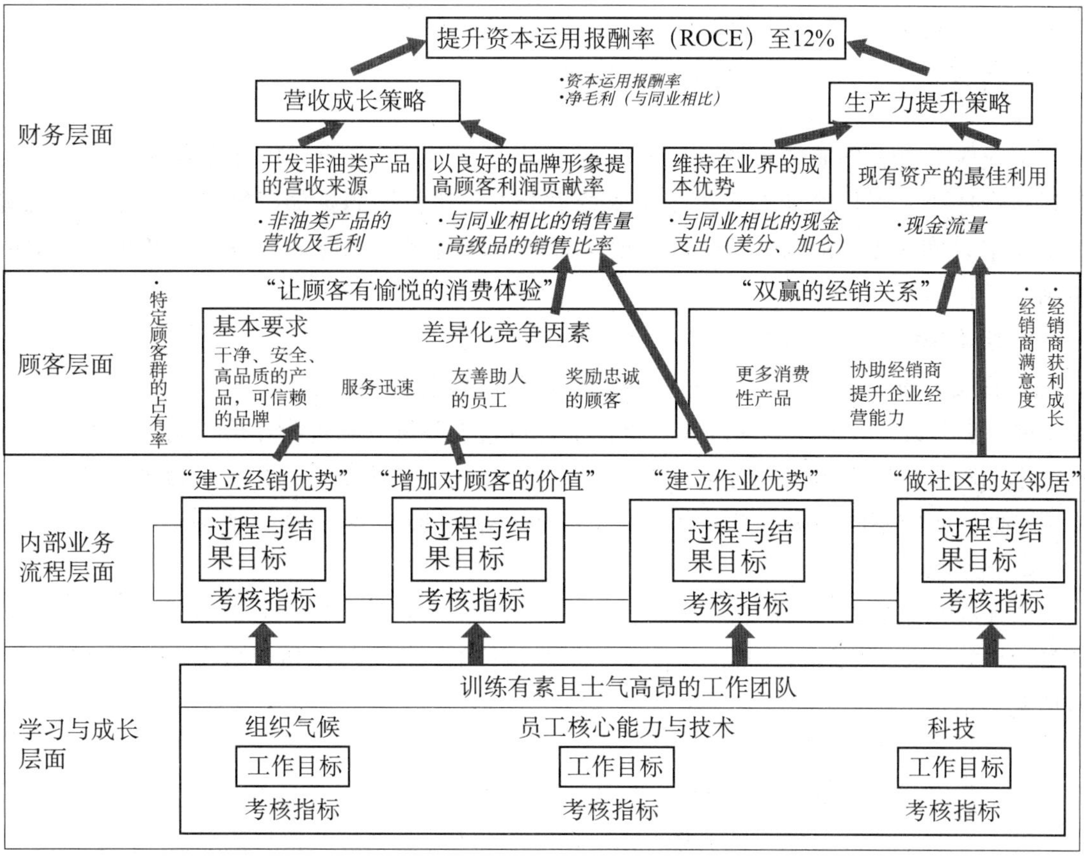

图 2-4　埃克森美孚公司战略地图

微课

美孚石油公司战略地图

微课

战略地图的实施及优缺点

（三）战略地图实施

战略地图实施，是指企业利用管理会计工具方法，确保企业实现既定战略目标的过程。战略地图实施一般按照战略 KPI 设计、战略 KPI 责任落实、战略执行、执行报告、持续改善、评价激励等程序进行。

1. 战略 KPI 设计

企业应用战略地图，应设计一套可以使各部门主管明确自身责任与战略目标相联系的考核指标，即进行战略 KPI 设计。

2. 战略 KPI 责任落实

企业应对战略 KPI 进行分解，落实责任并签订责任书。具体可按以下程序进行：

（1）将战略 KPI 分解为责任部门的 KPI。

企业应从最高层开始，将战略 KPI 分解到各责任部门，再分解到责任团队。每一责任部门、责任团队或责任人都有对应的 KPI，且每一 KPI 都能找到对应的具体战略举措。企业可编制责任表，描述 KPI 中的权、责、利和战略举措的对应关系，以便实施战略管控和形成相应的报告。每一责任部门的负责人可根据上述责任表，将 KPI 在本部门进行进一步分解和责任落实，层层建立战略实施责任制度。

（2）签订责任书。

企业应在分解明确各责任部门 KPI 的基础上，签订责任书，以督促各执行部门落实责任。责任书一般由企业领导班子（或董事会）与执行层的各部门签订。责任书应明确规定一定时期内（一般为一个年度）要实现的 KPI 任务、相应的战略举措及相应的奖惩机制。

3. 战略执行

企业应以责任书中所签任务为基础，按责任部门的具体人员和团队情况，对任务和 KPI 进一步分解，并制定相应的执行责任书，进行自我管控和自我评价。同时，以各部门责任书和职责分工为基础，确定不同执行过程的负责人及协调人，并按照设定的战略目标实现日期，确定不同的执行指引表，采取有效战略举措，保障 KPI 实现。

4. 执行报告

企业应编制战略执行报告，反映各责任部门的战略执行情况，分析偏差原因，提出具体管控措施。每一层级责任部门应向上一层级责任部门提交战略执行报告，以反映战略执行情况，制定下一步战略实施举措。

战略执行报告一般可分为以下三个层级：

（1）战略层（如董事会）报告，包括战略总体目标的完成情况和原因分析。

（2）经营层报告，包括责任人的战略执行方案中相关指标的执行情况和原因分析。

（3）业务层报告，包括战略执行方案下具体任务的完成情况和原因分析。

企业应根据战略执行报告，分析责任人战略执行情况与既定目标是否存在偏差，并对偏差原因进行分析，形成纠偏建议，作为责任人绩效评价的重要依据。

5. 持续改善

企业应在对战略执行情况进行分析的基础上，持续改善战略执行方案。不断提升战略管控水平。

（1）与既定目标相比，发现问题并进行改善。

企业应根据战略执行报告，将战略执行情况与管控目标进行比对，分析偏差，及时发现问题，提出解决问题的具体措施和改善方案，并采取必要措施。企业在进行偏差分析时，一般应关注以下问题：

1）所产生的偏差是否为临时性波动。

2）战略 KPI 分解与执行是否有误。

3）外部环境是否发生重大变化，从而导致原定战略目标脱离实际情况。

企业应在分析这些问题的基础上，找出发生偏差的根源所在，及时进行纠正。

（2）达成既定目标时，考虑如何提升。

达成战略地图上所列的战略目标时，企业一般可考虑适当增加执行难度，提升目标水平，按持续改善的策略与方法进入新的循环。

6. 评价激励

企业应按照《管理会计应用指引第 100 号——战略管理》中战略评价的有关要求，对战略实施情况进行评价，并按照《管理会计应用指引第 600 号——绩效管理》的有关要求进行激励，引导责任人自觉地、持续地积极工作，有效利用企业资源，提高企业绩效，实现企业战略目标。

（四）战略地图的优缺点

战略地图的主要优点是：能够将企业的战略目标清晰化、可视化，并与战略 KPI 和战略举措建立明确联系，为企业战略实施提供了有力的可视化工具。

战略地图的主要缺点是：需要多维度、多部门协调，实施成本高，并且需要与战略管控相融合，才能真正实现战略实施。

战略管理之四　分项考核标准

（1）能够运用战略地图工具绘制出一家公司的战略地图。

（2）能够运用 SWOT 分析法、波士顿矩阵分析法等方法完成对企业的战略分析。

战略管理之五　复习思考问题

一、单项选择题

1. 下列项目中，不属于战略地图四个维度的是（　　）。

A. 客户　　B. 财务　　C. 员工　　D. 学习与成长

2. 战略管理是指对企业全局的、长远的发展方向、目标、任务和政策，以及（　　）做出决策和管理的过程。

A. 人事管理　　B. 财务管理　　C. 资源配置　　D. 外部环境

3. 用平衡计分卡绘制战略地图，是以图形的方式展示企业的战略目标及实现战略目标的（　　）。

A. 关键步骤　　B. 关键路径　　C. 关键节点　　D. 关键条件

4. 下列不属于基本竞争战略的是（　　）。

A. 发展战略　　B. 集中化战略

C. 差异化战略　　D. 成本领先战略

5. 处于战略地图最底层，主要反映企业无形资产整合性的维度是（　　）。

A. 财务维度　　B. 顾客维度

C. 内部流程维度　　D. 学习与成长维度

6. 下列不属于战略分析工具的有（　　）。

A. SWOT 分析法　　B. PEST 分析法

C. 波士顿矩阵分析　　D. 平衡计分卡

7. 战略是指从（　　）考虑做出的长远性谋划。

A. 局部　　B. 全局　　C. 静态　　D. 动态

8. 在确定战略地图总体主题时，应清晰表达（　　），并与财务维度的战略主题和 KPI 对接。

A. 企业愿景和战略目标　　B. 企业愿景和企业使命

C. 企业使命和企业文化　　D. 企业愿景和企业目的

9. 企业应按照战略目标，确立预算管理的（　　）。

A. 方向、重点和细节　　B. 重点、细节和目标

C. 方向、重点和目标　　D. 方向、目标和细节

10. 企业应将战略目标落实到具体的（　　），构成不同层级彼此相连的战略目标责任圈。

A. 责任中心和责任人　　B. 成本中心和利润中心

C. 决策部门和执行部门　　D. 预算编制和执行部门

二、多项选择题

1. 企业战略一般遵循的原则有（　　）。

A. 目标可行原则　　B. 资源匹配原则

C. 责任落实原则　　D. 协同管理原则

2. 利用 SWOT 分析时，可以分析企业内部环境的（　　）。

A. 劣势　　B. 机会　　C. 威胁　　D. 优势

3. 战略调整一般包括（　　）。

A. 企业愿景　　B. 长期发展方向

C. 战略目标　　D. 战略举措

4. 企业战略的三个层次一般包括（　　）。

A. 总体战略　　B. 竞争战略　　C. 蓝海战略　　D. 职能战略

5. 在财务维度，战略主题划分的第二层次一般包括（　　）。

A. 生产率提升　　B. 提高资产利润率

C. 创造成本优势　　D. 营业收入增长

6. 以下属于波士顿矩阵分析法中的产品类型的是（　　）。

A. 明星类产品　　B. 问题类产品　　C. 金牛类产品　　D. 瘦狗类产品

7. 下列表述中属于企业设计战略地图的程序的是（　　）。

A. 设定战略目标　　B. 确定业务改善路径

C. 确定内部业务流程优化主题　　D. 确定生产流程优化主题

8. 企业进行环境分析时，可应用的方法有（　　）。

A. 态势分析法　　B. 波特五力分析法

C. 平衡计分卡　　D. 波士顿矩阵分析法

9. 下列选项中属于波特五力分析法中竞争主要来源的是（　　）。

A. 供应商定价能力　　B. 购买者的讨价还价能力

C. 潜在进入者的威胁　　D. 替代品的威胁

10. 战略管理的应用程序包括（　　）。

A. 战略分析　　B. 战略制定　　C. 战略实施　　D. 战略评价和控制

三、实训案例题

创立于2000年6月的鸿星尔克，积极倡导“年轻、时尚、阳光”的生活方式，致力于打造全球领先的运动品牌。鸿星尔克始终坚持以市场为导向，以广大年轻消费者为服务对象，为其提供日常运动生活所需的鞋、服装、配件等高性价比产品，给消费者带来健康舒适的非凡体验。

鸿星尔克的品牌精神是：TO BE No.1（迈向第一），其倡导的是一种坚韧、拼搏的奋斗精神，是敢为天下先、勇争第一的决心和勇气。它代表着不屈服的鸿星尔克人对成功的渴望和追求；它倡导的是一种高层次、高境界的精神超越和延伸。

鸿星尔克成立以来的品牌大事记：2000年6月8日，鸿星尔克成立；2004年，运动系列服装问世，鸿星尔克成为综合性服饰品牌；2005年，在新加坡成功上市，成为WTA广州国际女子网球公开赛指定赞助商；2006年，冠名ITF国际女子网球系列赛事；2009年，成为阿布扎比世界网球锦标赛官方合作伙伴；2010年，与SAP和IBM强强合作，搭建企业信息化平台；2020年，鸿星尔克发布“做强县级，做优地级”的品牌战略，重新落地大众化，进一步明确品牌升级策略的定位是科技新国货。

要求：

1. 请你根据以下对鸿星尔克的分析，完成鸿星尔克SWOT分析表（将下面各项分析的字母编号填入表2-12）。

对鸿星尔克的分析：

A. 性价比高

B. 民族热情高涨，国货国潮火爆：在抗疫战中，我们的民族企业，我们的国货品牌，纷纷对武汉伸出了援手——捐赠物资，搬空仓库，驰援武汉。这些民族企业、国货品牌的默默付出让国人感动，人们开始纷纷支持国货

C. “野性消费”热潮过后，品牌热度下降

D. 网络营销能力不足

E. 同行业竞争激烈，鸿星尔克市场份额小

F. 拥有优质人才资源：鸿星尔克与知名高校建立合作，大量挖掘人才资源，为员工提供量身定做的系统培训和进修深造的机会

G. 具有创新理念：鸿星尔克在成立之初就以“科技领跑”作为其发展的战略。在同行中，广泛联合科研单位，率先引进国际一流技术与标准，建立起完善的产品研发中心和技术研究中心，自主研发了GDS减震系统、360°空气循环系统等

H. 品牌热度提高，迎来转型机遇：2022年7月22日，鸿星尔克淘宝直播间突然涌进大量粉丝，超过200万人参与扫货，鸿星尔克成为淘宝平台近15天直播销售额和人数峰值最高的品牌。7月22日晚，话题“鸿星尔克的微博评论好心酸”一度登上微博热搜榜第一名。随着更多捐款事迹被发掘，鸿星尔克品牌讨论度、热度提高，受到了网友们的喜爱。鸿星尔克再次迎来发展机遇

I. 产品设计风格：鸿星尔克的设计不够简约，风格老旧，版型裁剪也没有自己的风格，品牌文化程度低

J. 深耕网球领域，底蕴深厚：自2005年起，鸿星尔克先后成为国际、国内多次网球公开赛的鞋服赞助商和官方合作伙伴

K. 电商兴起，“直播卖货”大火：随着近年来“直播＋电商”的网购方式快速发展，越来越多的消费者通过观看网络直播下单购物

L. 鸿星尔克的“爱国人设”被捧高，鸿星尔克的热度提高的同时，也易导致舆论对鸿星尔克的高要求，鸿星尔克可能存在的负面信息为品牌形象留下隐患

表2-12　鸿星尔克SWOT分析表

内部环境	优势（S）	劣势（W）
外部环境	机遇（O）	威胁（T）

2. 请根据SWOT分析的结果，对鸿星尔克提出建议与展望。

战略管理之六　完成工作任务的感受与总结

一、感受与总结

请同学们以个人或以小组为单位，填写完成工作任务的总结与感受（见表 2-13）。

表2-13　感受与总结

组别	完成工作任务的感受	分值
1		
2		
3		
4		

二、延伸学习资源

（1）经管之家：https：//bbs.pinggu.org。

（2）国家哲学社会科学文献中心：https：//www.ncpssd.org。

（3）微信公众号：管理会计体系研究中心。

（4）本教材配套智慧树在线课程“管理会计实务”：https：//coursehome.zhihuishu.com/courseHome/1000050211#teachTeam。

情境三

谋而后定：企业战略执行的有效工具

情境导航

东华软件股份公司（以下简称“东华软件”）成立于2001年1月，专注于综合性行业应用软件开发、计算机信息系统集成和信息技术服务，是国家火炬计划重点高新技术企业，特大型民营企业。2006年9月在深交所上市，注册资金32.05亿元，2022年营业总收入118.33亿元。

东华软件自上市以来采用“内生式增长（提升公司自身实力）”+“外延式发展（并购其他具有独特竞争力的同行公司）”并举的战略。在这种战略的指导下，东华软件得到了高速发展，营业收入及利润一路高歌猛进。然而随着软件行业竞争加剧，利润空间被压缩、并购公司太多导致经营理念不一致、人员数量剧增等管理问题日益加深。东华软件管理层意识到，公司在高速发展的同时，需要有更好、更适用的管理方式，帮助公司统一目标、开源节流、提升活力，向管理要效益。在这个契机下，全面预算管理进入东华软件管理层的视野。

东华软件在全面预算管理的推行上，以管理会计为指导，创新提出了“四维一体”全面预算管理体系理念，并在公司进行贯彻。所谓“四维一体”，指的是业务、预算、资金、核算四个维度有机融合，以业务为龙头、以预算为纽带、以资金为抓手、以核算为基准。

这四个维度相互融合：预算基于业务进行编制，各项业务活动的执行以批准后的预算为准绳；业务活动会产生资金收支，资金为业务活动提供支持；各项已发生的经济业务事项是财务核算的对象，核算反映了业务活动的结果。同时，预算为资金控制提供了依据，资金收支反映到现金流的核算中，而现金流核算的结果又会影响资金收支及筹投资的安排；核算为预算提供执行结果。“四维一体”全面预算管理体系模型，如图3-1所示。

四维融合使全面预算管理的全过程更加清晰和完善，贯穿了从预算编审、预算执行到预算分析考评等完整的全面预算管理过程，按“事前有计划，事中可控制，事后能分析考

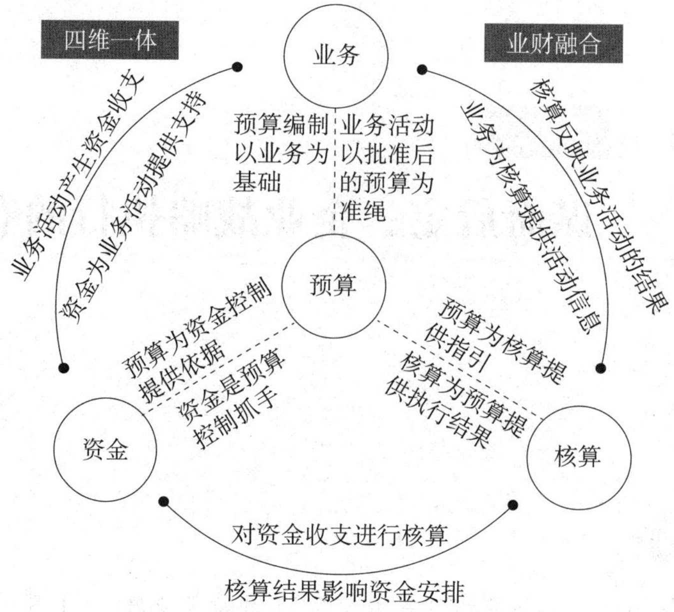

图 3-1 “四维一体”全面预算管理体系模型

评”的预算管理模式，力争达到“事前算赢、事中控赢、事后多赢”，从而实现公司战略落地、资源合理配置、成本降低、内部管控、风险防范的目标。

资料来源：盛继明，朱永利．工业和信息通信业管理会计案例集：2019. 北京：中国工信出版集团，2019.

思考：

1. 什么是全面预算管理？它包括哪些内容？
2. 如何才能使全面预算管理发挥作用呢？

思政园地

开创我国预算制度先河的杨炎

杨炎（727 — 781 年），字公南，凤翔府天兴县（今陕西省凤翔县）人，唐朝中期的政治家，“两税法”的创造者和推行者。谈起杨炎，就不得不先从汉朝的财政大臣桑弘羊说起。

一、旧制与桑弘羊奠基

中国古代财政制度，一向遵循量入为出原则。预算制度本质上是量出为入的。汉朝的财政大臣桑弘羊（前 152？—前 80 年）也曾有相似想法与主张，甚至实际操作过。当时汉武帝东征西讨开疆拓土，必然消耗大量钱财。如何保证所需经费？桑弘羊根据汉武帝从事事业所需开支，来筹划收入、组织收入，既保证了开支需要，又没有赤字，没用子孙后代的钱。

二、创新与完善

杨炎在桑弘羊理论的基础上进行了总结与创新，明确提出了“量出以制入”的理论，并使之更加全面系统。其主张“凡百役之费，一钱之敛，先度其数而赋于人，量出以制入”。

“先度其数”，先确定国家每年各项支出的数额，然后根据这个数额向人民征收，有效防止“浮收滥支”现象发生。“量出以制入”，这样有助于保持收支平衡。

这一倡导已经明确规定了各项收入的预算，也有了对各项支出的预算。预算的概念在唐朝的官厅会计核算中得以完整体现，已经具备了现代预算所具有的基本内容。

虽然“预算”“预算管理”等相关词语来源于近现代的西方国家，但其实早在唐朝，预算管理的思想就存在于我国古代圣贤的治国智慧中。

预算管理之一　学习目标

1. 明确全面预算管理的基本原理。
2. 能够运用全面预算编制的四种基本方法。
3. 能够采用固定预算形式编制企业的预算。

预算管理之二　具体工作任务

工作任务　北京路路通电器有限责任公司2024年全面预算编制任务

■ 教学案例背景

北京路路通电器有限责任公司是一家中型小家电制造企业，主要从事厨房小家电系列产品的研发、生产和销售，主打产品是电热水壶、豆浆机。目前企业运行状况良好，财务状况正常。

企业名称：北京路路通电器有限责任公司
企业注册登记日期：2012-01-01
注册资金：100 万元
企业法定代表人：葛长根
企业注册地址：北京市昌平区光明路 16 号
统一社会信用代码：110114745862904015
开户银行：中国工商银行北京市分行昌平支行
开户银行账号：0200000283627392724

北京路路通电器有限责任公司组织机构设置如图 3-2 所示。

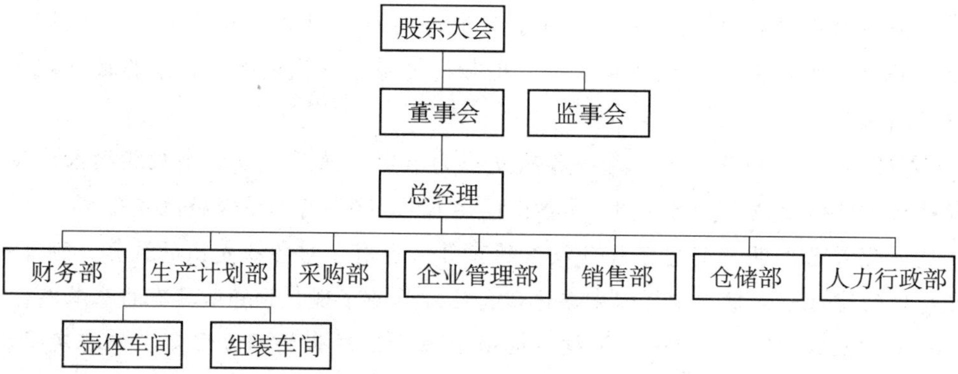

图 3-2　北京路路通有限责任公司组织机构设置

公司主要产品电热水壶的结构如图 3-3 所示。

图 3-3　电热水壶的产品结构

公司 2023 年主要财务指标如表 3-1 所示。

表3-1　公司2023年主要财务指标

主要财务指标	指标数据
营业收入（元）	610 000
经营活动产生的现金流量净额（元）	400 000
净利润（元）	90 000
营业收入增长率	10%
净利润增长率	15%

教学案例操作说明：

预算编制并非易事，具有很强的实操性。为使学习者在本部分内容学习中可以更直观地感受：预算管理在实务中是由哪些工作岗位开展的？工作内容有哪些？工作流程是怎样的？同时更贴近真实的企业实务，本案例取自真实的经过脱敏后的企业案例，采用的是“工作过程导向”的编制思路。经过长期教学实践的检验，该案例是可行的，在完成案例的过程中，学生可以“做中学”，对于快速掌握全面预算编制方法，锻炼实际动手能力是非常有效的。此外，为使更简单、易传授，本案例在数据上做了较大的简化处理，例如不计提盈余公积、简化所得税计算等。这些处理可以使预算管理的主题更突出，学生也更易掌握预算管理相关操作技能。

北京路路通电器有限责任公司 2024 年全面预算管理工作共涉及 5 个工作岗位、8 个工作步骤，全面预算工作流程图如图 3-4 所示。

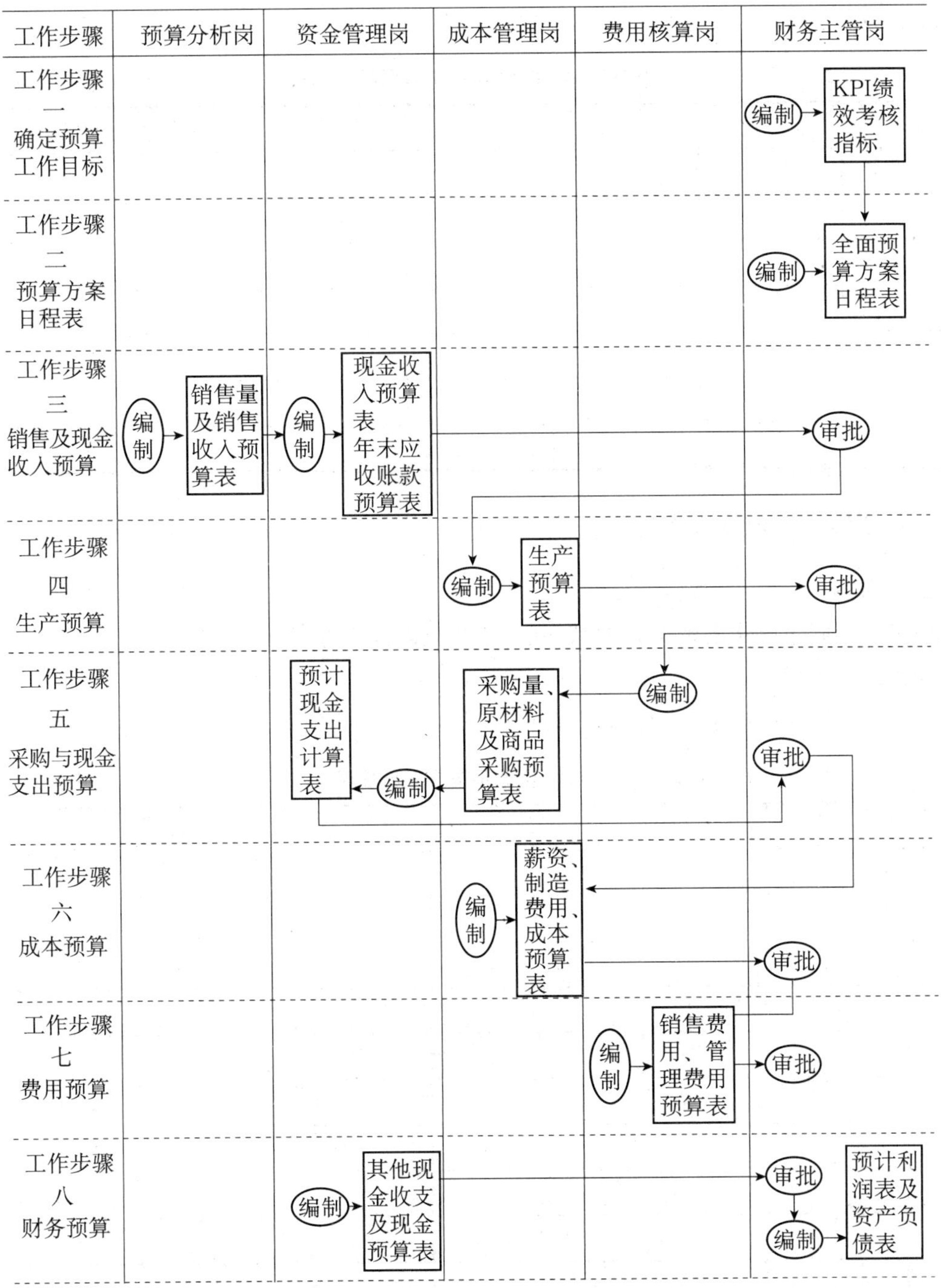

图 3-4　北京路路通有限责任公司 2024 年全面预算工作流程

■ 工作步骤一　确定预算工作目标

工作内容：

财务主管编制“公司部门 KPI 绩效考核指标表”。

岗位工作流程：

财务主管岗——确定预算工作目标，填写“公司部门 KPI 绩效考核指标表”，如表 3-2 所示。

表3-2　公司部门KPI绩效考核指标表　　　年份：2024

部门	考核指标	设定目标	计算公式	权重	数据来源	数据统计部门

■ 工作步骤二　预算方案日程表

工作内容：

通过学习附录一中的资料，编制 2024 年“全面预算方案日程表”。

岗位工作流程：

财务主管岗——确定全面预算方案日程，填写“全面预算方案日程表”（见表 3-3）。

表3-3　全面预算方案日程表　　　年份：2024

序号	时间	工作内容
1		
2		
3		
4		
5		
6		
7		
8		
9		
10		

■ 工作步骤三　销售及现金收入预算

工作内容：

查看附录一中的资料，根据“2023 年度业绩说明”（见附录一中的资料 1）和“2023 年销售及收入说明”（见附录一中的资料 3），编制“销售收入预算表”。

岗位工作流程：

预算分析岗——填写 2024 年“销售量预算表”（见表 3-4）、“销售收入预算表”（见表 3-5）。

资金管理岗——填写 2024 年“现金收入预算表”（见表 3-6）、“年末应收账款预算表”（见表 3-7）。

财务主管岗——审批。

表3-4　销售量预算表　　年份：2024　　单位：件

产品	一季度	二季度	三季度	四季度	合计

表3-5　销售收入预算表　　年份：2024　　单位：元

产品	一季度			二季度			三季度			四季度			合计	
	销售量（件）	单价	销售收入	销售量（件）	单价	销售收入	销售量（件）	单价	销售收入	销售量（件）	单价	销售收入	销售量（件）	销售收入
合计	—	—		—	—		—	—		—	—		—	

表3-6　现金收入预算表　　年份：2024　　单位：元

项目	第一季度	第二季度	第三季度	第四季度	合计
预计销售收入					
期初应收账款		—	—	—	
一季度			—	—	
二季度	—			—	
三季度	—	—			
四季度	—	—	—		
现金收入合计					

表3-7　年末应收账款预算表　　年份：2024　　单位：元

项目	金额
期初应收账款	
加：预计销售收入	
合计	
减：预计可收回账款	
期末应收账款	

■ 工作步骤四　生产预算

工作内容：

查询 2024 年“销售量预算表”（见表 3-4）中相关数据，并根据附录一中的资料 4，编制 2024 年“生产预算表”。

岗位工作流程：

成本管理岗——填写 2024 年“生产预算表”（见表 3-8）。

财务主管岗——审批。

表3-8　生产预算表　　年份：2024　　单位：元

产品	摘要	第一季度	第二季度	第三季度	第四季度	全年
轻巧型电热水壶	预计销售量					
	加：预计期末存货量					
	预计需要量合计					
	减：期初存货量					
	预计生产量					

续表

产品	摘要	第一季度	第二季度	第三季度	第四季度	全年
经典型电热水壶	预计销售量					
	加：预计期末存货量					
	预计需要量合计					
	减：期初存货量					
	预计生产量					
豪华型电热水壶	预计销售量					
	加：预计期末存货量					
	预计需要量合计					
	减：期初存货量					
	预计生产量					

■ 工作步骤五　采购与现金支出预算

工作内容：

查询 2024 年“生产预算表”(见表 3-8）中相关数据，并根据附录一中资料 4、资料 5，编制 2024 年相关采购预算表及“预计现金支出计算表”。

岗位工作流程：

成本管理岗——填写“预计采购量计算表”（见表 3-9)、“原材料采购预算表”（见表 3-10)、“商品采购预算表”（见表 3-11)。

资金管理岗——填写“预计现金支出计算表”（见表 3-12)。

财务主管岗——审批。

表3-9　预计采购量计算表　　　　年份：2024

材料名称	预计生产需要量	期末存货量	期初存货量	预计采购量
201不锈钢板材（块）				
304不锈钢板材（块）				
国产温控器（个）				
进口温控器（个）				
轻巧、经典型加热底盘（个）				
豪华型加热底盘（个）				
轻巧型手柄（个）				
经典型手柄（个）				
豪华型手柄（个）				

续表

材料名称	预计生产需要量	期末存货量	期初存货量	预计采购量
轻巧、经典型壶盖（个）				
豪华型壶盖（个）				
轻巧、经典型底座（个）				
豪华型底座（个）				
轻巧型辅材套件（套）				
经典型辅材套件（套）				
豪华型辅材套件（套）				
合计				

表3-10　原材料采购预算表

年份：2024　　金额单位：元

名称	采购数量	单价	全年支出	每季度支出
201不锈钢板材（块）				
304不锈钢板材（块）				
国产温控器（个）				
进口温控器（个）				
轻巧、经典型加热底盘（个）				
豪华型加热底盘（个）				
轻巧型手柄（个）				
经典型手柄（个）				
豪华型手柄（个）				
轻巧、经典型壶盖（个）				
豪华型壶盖（个）				
轻巧、经典型底座（个）				
豪华型底座（个）				
轻巧型辅材套件（套）				
经典型辅材套件（套）				
豪华型辅材套件（套）				
合计				

表3-11　商品采购预算表

年份：2024

商品名称	摘要	计量单位	第一季度	第二季度	第三季度	第四季度	全年
精磨型豆浆机	预计销售量	件					
	加：期末库存量	件					
	预计需要量合计	件					
	减：期初库存量	件					
	预计采购量	件					
	单位成本	元/件					
	预计采购金额	元					
现金支出合计		元					

表3-12　预计现金支出计算表

年份：2024　　　单位：元

摘要	第一季度	第二季度	第三季度	第四季度	全年
期初应付账款		—	—	—	
预计采购商品金额					
预计采购材料金额					
第一季度购料支出		—	—	—	
第二季度购料支出	—		—	—	
第三季度购料支出	—	—		—	
第四季度购料支出	—	—	—		
现金支出合计					

■ 工作步骤六　成本预算

工作内容：

根据附录一中的资料 6 和资料 8，编制 2024 年“薪资预算表”等。

岗位工作流程：

成本核算岗——编制“薪资预算表”（见表 3-13）、“制造费用预算表”（见表 3-14）、“半成品成本预算表”（见表 3-15）、“产品成本预算表”（见表 3-16）。

财务主管岗——审批。

表3-13　薪资预算表

年份：2024

部门	部门人数（人）	基本薪酬（元）	绩效薪酬（元）	综合津贴（元）	月工资额（元）	年度工资总额（元）
公司领导						
企业管理部门						
人力行政部门						
财务部门						
采购部门						
仓储部门						
销售部门						
生产计划部门						
壶体车间						
组装车间						
合计						

表3-14　制造费用预算表

年份：2024　　单位：元

费用项目		金额	
变动费用	维修费		
	电费		
	合计		
固定费用	水费		
	电费		
	工资		
	折旧		
	合计		
预计现金支出计算表		制造费用合计	
		减：折旧费	
		制造费用全年现金支出总额	
		制造费用每季现金支出总额	

表3-15　半成品成本预算表

年份：2024　　单位：元

产品项目	直接材料	直接人工	制造费用	合计	数量（个）	单位成本
轻巧型壶体						
经典型壶体						

续表

产品项目	直接材料	直接人工	制造费用	合计	数量（个）	单位成本
豪华型壶体						
合计					——	——

表3-16　产品成本预算表

年份：2024　　　单位：元

产品项目	直接材料	直接人工	制造费用	合计	数量（个）	单位成本
轻巧型电热水壶						
经典型电热水壶						
豪华型电热水壶						
合计					——	——

■ 工作步骤七　费用预算

工作内容：

根据附录一中的资料 9，编制 2024 年“管理费用预算表”和“销售费用预算表”。

岗位工作流程：

费用核算岗——编制“管理费用预算表”(见表 3-17)、“销售费用预算表”(见表 3-18)。

财务主管岗——审批。

表3-17　管理费用预算表

年份：2024　　　单位：元

费用项目		金额
酌量性费用（可控费用）	水费	
	电费	
	工资	
	办公费	
	会议费	
	业务招待费	
	展览费	
	职工培训费	
	电话费	
	差旅费	
	维修费	

续表

费用项目		金额	
酌量性费用（可控费用）	车辆费		
	合计		
约束性费用（不可控费用）	折旧		
	财产保险费		
	物业费		
	合计		
现金支出计算表		管理费用合计	
		减：折旧费	
		管理费用全年现金支出总额	
		管理费用每季现金支出总额	

表3-18　销售费用预算表

年份：2024　　单位：元

费用项目		金额	
酌量性费用（可控费用）	水费		
	电费		
	工资		
	办公费		
	广告费		
	会议费		
	业务招待费		
	展览费		
	售后服务费		
	职工培训费		
	电话费		
	差旅费		
	维修费		
	车辆费		
	推销费用		
	市场研究费用		
	合计		

续表

费用项目		金额	
约束性费用（不可控费用）	折旧		
	财产保险费		
	其他		
	合计		
现金支出计算表		销售费用合计	
		减：折旧费	
		销售费用全年现金支出总额	
		销售费用每季现金支出总额	

■ 工作步骤八　财务预算

工作内容：

根据附录中一的资料 10，编制 2024 年“其他现金支出预算表”（摘要：所得税）等表格。

岗位工作流程：

资金管理岗——编制“其他现金收支预算表”（见表 3-19）、“现金预算表”（见表 3-20）。

费用核算岗——编制“营业成本计算表”（见表 3-21）。

财务主管岗——审批。

财务主管岗——编制“预计利润表”（见表 3-22）、“预计资产负债表”（见表 3-23）。

表3-19　其他现金收支预算表

（摘要：所得税）　　年份：2024　　单位：元

摘要	第一季度	第二季度	第三季度	第四季度	全年

表3-20　现金预算表

年份：2024　　单位：元

摘要	第一季度	第二季度	第三季度	第四季度	全年
期初现金余额					
加：现金收入	—	—	—	—	—
应收账款收回及销货收入					
可动用现金合计					
减：现金支出	—	—	—	—	—
应付账款及采购支出					

续表

摘要	第一季度	第二季度	第三季度	第四季度	全年
支付直接人工					
制造费用					
销售及管理费用					
购置固定设备					
支付所得税					
支付股利					
现金支出合计					
收支相抵现金结余（或不足）					
向银行借款（期初）					
归还借款（期末）					
支付利息					
期末现金余额					

表3-21　营业成本计算表

商品名称	期初存货			本期生产（或购买）			本期销售		期末结存	
	数量	单位生产成本	总成本	数量	单位生产成本	总成本	数量*	总成本	数量	总成本
轻巧型电热水壶										
经典型电热水壶										
豪华型电热水壶										
精磨型豆浆机										
合计	—	—		—	—		—		—	

* 本期销售的数量包括先发出的期初存货和后发出的部分本期生产的存货。

表3-22　预计利润表　　　年份：2024　　　单位：元

项目	本期金额	上期金额
一、营业收入		
减：营业成本		
税金及附加		
销售费用		
管理费用		
财务费用		
资产减值损失		

续表

项目	本期金额	上期金额
加：公允价值变动收益（损失以“—”号填列）		
投资收益（损失以“—”号填列）		
其中：对联营企业和合营企业的投资收益		
其他收益		
二、营业利润（亏损以“—”号填列）		
加：营业外收入		
非流动资产处置利得		
减：营业外支出		
非流动资产处置损失		
三、利润总额（亏损总额以“—”号填列）		
减：所得税费用		
四、净利润（净亏损以“—”号填列）		

表3-23　预计资产负债表　　年份：2024　　单位：元

资产	期末余额	年初余额	负债及所有者权益	期末余额	年初余额
流动资产：			流动负债：		
货币资金			短期借款		
以公允价值计量且其变动计入当期损益的金融资产			以公允价值计量且其变动计入当期损益的金融负债		
应收票据			应付票据		
应收账款			应付账款		
预付账款			预收账款		
应收利息			应付职工薪酬		
应收股利			应交税费		
其他应收款			应付利息		
存货			应付股利		
划分为持有待售的资产			其他应付款		
一年内到期的非流动资产			划分为持有待售的负债		
其他流动资产			一年内到期的非流动负债		
流动资产合计			其他流动负债		
非流动资产：			流动负债合计		

续表

资产	期末余额	年初余额	负债及所有者权益	期末余额	年初余额
可供出售金融资产			非流动负债：		
持有至到期投资			长期借款		
长期应收款			应付债券		
长期股权投资			长期应付款		
投资性房地产			专项应付款		
固定资产			预计负债		
在建工程			递延收益		
工程物资			递延所得税负债		
固定资产清理			其他非流动负债		
生产性生物资产			非流动负债合计		
油气资产			负债合计		
无形资产			所有者权益：		
开发支出			实收资本		
商誉			资本公积		
长期待摊费用			减：库存股		
递延所得税资产			其他综合收益		
其他非流动资产			盈余公积		
非流动资产合计			未分配利润		
			所有者权益合计		
资产总计			负债及所有者权益总计		

预算管理之三　背景知识导学

一、全面预算概述

微课

什么是预算管理？

“凡事预则立，不预则废”，意思是不论做什么事，事先有计划或有准备，就能获得成功，不然就会失败。中国古人智慧中的“预”即事先做计划，与今天的预算管理有异曲同工之妙。

预算（Budget）一词源自法文“Baguette”，指用皮革制成的袋子或公文包。19 世纪中期，英国财政大臣每次在提出下年税收需求时，都习惯在议员们面前打开公文包，展示税收需求数字，因此财政大臣的“公文包”就用来代指下年度的预算数。1870 年左右，“Budget”一词在财政大臣公文包的文件中正式出现，这就是预算最初的来源。

所谓预算，是指对目标计划的数量说明，是对未来一定时期企业经营活动目标、计划的具体化表述。预算有两种常见的分类。一是按适用期长短，预算可分为长期预算和短期预算。前者指时间超过一年或一个营业周期的预算，比如一年以上建造周期的固定资产投资预算、长期性证券投资预算等；后者指时间在一年或一个营业周期内的预算，比如企业编制的经营预算、财务预算。二是按编制方法的不同，预算可分为固定预算和弹性预算，增量预算和零基预算，定期预算和滚动预算，作业预算等。

1911 年，泰罗创建了科学管理理论，促使企业预算理论进一步发展。1922 年，麦金西出版了《预算控制》一书，对预算理论及方法从控制角度进行了详细介绍。20 世纪 20 年代，全面预算管理作为企业内部管理控制的一种主要方法，在美国的通用电器、杜邦、通用汽车公司运用，并很快成为大型企业的标准作业方法。

全面预算，是指对与单位经营相关的投资活动、经营活动和财务活动的未来情况进行预算并控制的管理行为及其制度安排。全面预算实际上是一个完整、有机的预算体系，它在企业内部控制中发挥着核心作用。正如美国著名管理学家戴维・奥利指出的那样，全面预算管理是为数不多的几个能把组织的所有关键问题融于一个体系之中的管理控制方法之一。

（一）全面预算的内容

全面预算一般包括经营预算、财务预算和专门决策预算三个组成部分。

1. 经营预算

微课

预算管理的内容

经营预算（Operating Budget）是指企业在预算期内日常发生的各种基本业务活动的预算。经营预算主要包括销售预算、生产预算、直接材料预算、直接人工预算、制造费用预算、产成品成本预算、销售及管理费用预算等。

2. 财务预算

财务预算（Financial Budget）是指反映企业预算期内现金收支、经营成果及财务状况的预算，主要包括现金预算、预计利润表、预计资产负债表等。

3. 专门决策预算

专门决策预算（Special Decision Budget）是指企业为不经常发生的非基本业务活动所编制的预算，包括资本支出预算、筹资预算、股利分配预算等。

（二）全面预算的作用

全面预算管理体现的是一种“战略—计划—财务”框架下的三角式企业资源配置理念，即在战略的引领下，使财务活动在合理有效的业务计划协调下，进行资金等资源的最优配置，以提高各种资源的利用效率。全面预算管理已经成为企业战略管理必不可少的一部分，其主要作用表现在以下几个方面。

1. 细化战略、明确目标

全面预算是将企业战略细化的过程。它把企业的总目标分解为各部门的具体目标，将企业战略与生产经营活动紧密相连。企业的全面预算是各部门工作奋斗的目标、控制的标准、考核的依据，在经营管理中作用重大。

2. 内部协调、配置资源

全面预算是企业未来经营活动的货币化体现，它有着高度的综合能力。由于编制和使用预算是从基层部门开始，经自下而上逐级综合并上下反复磋商而成，因此它不仅促进企业高层管理人员与预算执行人员沟通交流，也促使各部门协调工作，共商如何有效利用企业有限的资源。以预算为基础分配企业资源，可以避免资源浪费和无效占用，使企业资源利用效率最大化，从而实现企业的盈利目标。

3. 控制活动、评价业绩

预算编制的目的是在预算执行过程中和执行完成后，对预算的执行情况和结果进行计量对比，分析实际与预算的差异及原因，找出存在的问题，并采取有效措施消除偏差，尽最大努力使实际执行结果与预算确定目标相一致。因此，全面预算不仅是控制企业经济活动的依据，还是考核与评价企业各部门工作业绩的标准。

（三）全面预算的编制程序

全面预算的编制涉及经营管理的各部门，工作量大、时间性强。为有效开展全面预算的编制和实施，企业通常需要设立预算委员会、预算管理办公室，并赋予其相应的职责来设计和推进预算工作。

1. 预算委员会

微课

预算管理组织体系的基本架构

企业应当设立预算委员会，其主要职责包括：

（1）拟订企业预算编制和管理的原则、目标。

（2）审议企业预算方案及其调整方案。

（3）协调处理全面预算编制和执行中的重大问题。

（4）根据预算执行结果，提出考核与奖惩意见。

2. 预算管理办公室

企业应当设立预算管理办公室，一般设在财会部门，负责组织全面预算的编制、报告、执行和日常监控。其主要职责包括：

（1）组织全面预算的编制、审核、汇总工作。

（2）组织下达预算，监督预算执行情况。

（3）制定企业预算调整方案。

（4）协调解决企业预算编制与执行过程中的问题。

（5）分析和考核企业各级预算单位的预算完成情况。

微课

预算编制流程

3. 全面预算编制的具体程序

为保证预算编制工作有序和高效开展，一般采取"自下而上"与"自上而下"相结合、分级编制、逐级汇总的程序。具体如下：

（1）最高领导机构根据企业的经营目标和方针，利用本量利分析等工具，确定企业预算期的总目标，并下达规划指标。

（2）各业务部门根据分管的预算指标编制本部门的预算。

（3）预算管理委员会审查、平衡各部门编制的预算，汇总编制出企业的综合预算。

（4）经过最高决策层批准，审议机构通过或驳回预算。

（5）主要预算指标报告给董事会或上级主管单位，讨论通过或者驳回修改。

（6）批准后的预算下达给各部门执行。

二、全面预算的编制方法

（一）固定预算与弹性预算

按与业务量的关系不同，全面预算的编制方法可分为固定预算和弹性预算。

微课

固定预算的含义及大华公司案例

1. 固定预算

固定预算（Fixed Budget），又被称为静态预算（Static Budget），是指按照预算期内的固定业务量来编制的预算。比如本情境的“北京路路通电器有限责任公司全面预算编制任务”中，经营预算和财务预算都是以固定预算的方法编制的。

固定预算的基本特征是：不管预算期内业务量如何变动，都只按照预先计划的某一固定业务量水平为基础确定其他项目的预算数额，即使未来业务量发生增减变动也不作调整。显然，固定预算方法适用于企业所处的市场环境相对平稳，即企业的实际业务量与预计业务量一致或相差较小的情况。如果企业所处的市场环境变化较大或较快，即企业的实际业务量与预计业务量不一致且相差较大，固定预算就难以为管理控制服务，这种情况不适宜此法。

微课

弹性预算介绍

2. 弹性预算

弹性预算（Flexible Budget），又称为变动预算（Variable Budget），是指考虑到预算期内业务量的变动情况，按照预算期内可能产生的业务量编制的一系列预算。早在20世纪30年代，弹性预算就已有应用，它可以克服固定预算的缺点。因为弹性预算是企业在无法准确预测业务量的情形下，根据收入、费用、成本与业务量之间的关系，按预算期内可能产生的不同业务量而编制的一系列预算，这样可以使企业的预算数与实际数尽可能一致。二者可以比较，更有利于预算为考核、绩效评价等管理控制服务。

微课

弹性预算的优缺点及云深公司案例

例3-1

Y公司预算期内产品销售单价为500元，单位变动成本为320元，固定成本总额为50 000元。现Y公司考虑到预算期内产品销售量可能发生的变化，准备分别编制销售量为1 000件、1 100件、1 200件、1 300件和1 400件时的弹性利润预算表。Y公司编制的2024年弹性利润预算表如表3-24所示。

表3-24　Y公司2024年弹性利润预算表　　单位：元

项目	数量（件）				
	1 000	1 100	1 200	1 300	1 400
销售收入	500 000	550 000	600 000	650 000	700 000
减：变动成本	320 000	352 000	384 000	416 000	448 000
边际贡献	180 000	198 000	216 000	234 000	252 000
减：固定成本	50 000	50 000	50 000	50 000	50 000
营业净利润	130 000	148 000	166 000	184 000	202 000

（二）增量预算与零基预算

按出发点的特征不同，全面预算的编制方法可分为增量预算与零基预算。

1. 增量预算

微课

什么是增量预算?

增量预算（Incremental Budget），是以基期的成本费用水平为基础，分析预算期内有关业务量的变化，通过对基期项目及数额做适当调整，以编制预算期的预算数的方法。

增量预算是传统的预算编制方法。它的前提条件是：（1）企业现有业务活动是预算期所必需的；（2）企业现有业务活动是合理的；（3）预算期的预算数是在现有业务活动内容及数额基础上的调整。

增量预算简便易行，因为该方法实际上承认过去发生的各项业务活动都是合理的，在预算内容上没有较大改进，而是沿袭以前的预算项目。但如果预算期的情况发生变化，预算数额受到以前不合理因素的影响，可能会导致预算结果不准确。

2. 零基预算

微课

零基预算的含义、适用范围及具体步骤

零基预算（Zero-base Budget），是指在编制预算时，完全不考虑以往费用支出的实际水平（即假定以前的费用支出为零），一切以零为起点，根据预算期内企业的实际需要和可能，逐项审订各预算项目开支的必要性及数额，再根据成本－效益原则对各预算项目进行成本－效益分析比较、排序，确定预算支出数额。

零基预算的编制程序为：

（1）提出费用开支方案。

企业内部各基层预算单位，根据企业预算期的生产经营目标，详细讨论预算期内每一业务应该发生的费用项目，并以零为基础，提出各项目所需的费用开支。

（2）确定费用存在的必要性。

根据费用存在的必要性，划分为不可避免费用和可避免费用。编制预算时，不可避免费用项目必须确保资金供应；可避免费用项目，需要逐项进行成本－效益分析，结合分析结果酌情分配预算金额。

（3）确定费用的轻重缓急。

微课

零基预算案例：
甲公司

根据费用的轻重缓急，划分为不可延缓费用和可延缓费用。编制预算时，在各费用项目之间分配可供支配的资金时，应优先安排不可延缓费用支出，再根据费用项目的轻重缓急确定可延缓项目的开支。

（4）进行成本－效益分析。

对可避免费用项目进行成本－效益分析，根据分析结果将尚可分配的资金在各可避免费用项目之间进行分配。

可见，企业按照零基预算法编制各种费用预算，一方面最大程度地避免了不必要的费用开支，有利于企业降低费用支出；另一方面，在最大程度保障企业各项业务活动资金需求的前提下，合理分配与使用资金，有利于提高资金使用效益。

（三）定期预算与滚动预算

按预算期的时间特征不同，预算编制的方法可分为定期预算和滚动预算。

1. 定期预算

定期预算（Regular Budget），是指固定以一个会计年度作为预算期的一种预算编制方法。定期预算的优点是预算期与会计年度保持一致，便于实际数与预算数相比较，进而便于考核与分析预算执行的结果。定期预算存在以下缺陷：

第一，缺乏远期指导性。定期预算通常在预算年度开始前 2 ～ 3 个月编制，由于整个预算年度经济活动存在不确定性，因此预算年度开始前 2 ～ 3 个月难以预算准确，尤其越到后期预算数据就越难做到准确。这使得定期预算缺乏远期指导性，给预算执行带来困难，进而不利于对经营活动进行考核与评价。

第二，滞后性。由于定期预算编制后不能及时变化和调整，因此当预算期的实际经济活动较先前预算中的规划发生重大变化时，就会导致定期预算的滞后和过时。

第三，易促成短期决策。因定期预算以一个会计年度为期，经营管理者在决策时，往往仅考虑计划期间，采取短期的决策行为，忽视企业长远的规划发展需求。

“工作任务”中的北京路路通电器有限责任公司预算编制工作任务就是以一个会计年度作为预算期的，即采用了定期预算的编制方法。当然，为了弥补定期预算的不足，可以采用滚动预算法来编制预算。

2. 滚动预算

滚动预算（Rolling Budget），又被称为连续预算或永续预算（Perpetual Budget），是指随着时间的推移，预算期自动向后延续或滚动，但预算期永远保持为 12 个月的预算编制方法。具体做法是：每过一个月（或一个季度），立即根据企业经营活动的变化调整修正剩余时期的预算，同时及时补充一个月（或一个季度）的预算，使年度预算始终保持为 12 个月。如此逐期向后滚动，连续不断地为企业规划未来的生产经营活动。滚动预算示意图如图 3-5 所示。

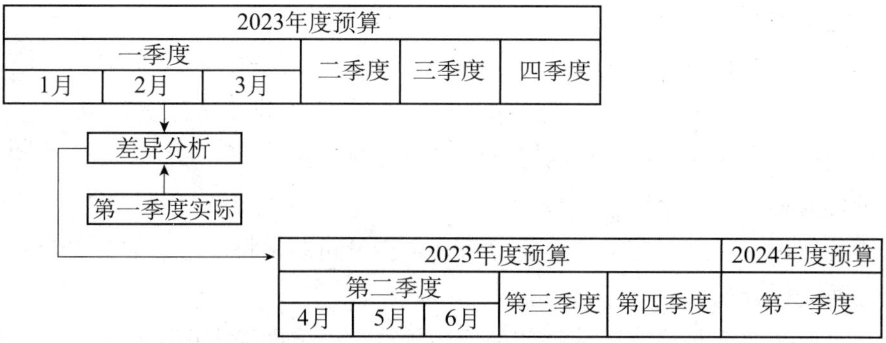

图 3-5　滚动预算示意图

滚动预算与定期预算相比，具有以下优点：

第一，有利于远期指导。由于可根据企业经营活动的变化和预算执行结果对以后执行期的预算不断地进行修正和调整，因此使预算更接近和适应实际情况，便于发挥预算的远期指导性，也便于对经营活动的考核与评价。

第二，及时性强。由于预算可以根据经营活动变化做及时调整，因此可以保证预算的及时性。

第三，促进长短期预算更好衔接。滚动预算有利于企业经营管理人员以长远、变化的眼光统筹安排企业的各项经营活动，有利于将短期预算与长期预算很好地衔接。

滚动预算的缺点是预算工作量大。预算的编制是按季度还是按月度取决于企业的实际需要。

（四）作业预算

传统的预算模式，通常基于产品产量或直接人工工时等单一的成本动因来预算成本水平，然后把实际成本与预算成本作比较，进行差异分析，找出差异原因，不断改进。这种模式下，成本模型一般是产品产量或直接人工工时的函数。然而，随着制造技术的改进及自动化程度的提高，直接费用逐渐减少，间接制造费用的比例不断上升，实际上很多企业的成本费用由多个成本动因引起，如果仍然使用单一的产品产量或直接人工工时做预算，就会被误导。

为解决上述问题，多成本动因的作业预算模型被引进。这时成本动因有多个，每个成本动因量与对应的成本之间的关系仍可以用高低点法、最小二乘法等来估计。作业成本弹性预算，就是根据各个成本动因来估计各个不同成本动因下的预算成本，然后收集各个成本动因水平下的实际成本，再将实际成本与上述预算成本做比较，找出差异并分析原因，进行改进的一种预算方法。

例3-2

米加公司使用作业预算法来做成本预算。目前米加公司有四项作业，这四项作业的成本动因分别是直接人工工时、机器工时、安装数量和订单数量。作业成本弹性预算表如表 3-25 所示。

表3-25　作业成本弹性预算表　　单位：元

作业一成本动因：直接人工工时				
	成本模型		动因量水平	
	固定成本	单位变动成本	1 000（小时）	2 000（小时）
直接材料	—	10	10 000	20 000
直接人工	—	5	5 000	10 000
小计	—	15	15 000	30 000
作业二成本动因：机器工时				
	成本模型		动因量水平	
	固定成本	单位变动成本	500（小时）	1 000（小时）
维修费用	5 000	5	7 500	10 000
机械加工费用	10 000	2	11 000	12 000
小计	15 000	7	18 500	22 000
作业三成本动因：安装数量				
	成本模型		动因量水平	
	固定成本	单位变动成本	10（个）	20（个）
检测费用	4 000	1 000	14 000	24 000
安装费用	—	1 500	15 000	30 000
小计	4 000	2 500	29 000	54 000
作业四成本动因：订单数量				
	成本模型		动因量水平	
	固定成本	单位变动成本	2 000（份）	4 000（份）
设备购买成本	10 000	1	12 000	14 000
小计	10 000	1	12 000	14 000
合计	—	—	74 500	120 000

比较了直接人工工时是 1 000 小时、机器工时是 500 小时、安装数量是 10 个、订单数量是 2 000 份的作业量水平下的各项目实际成本与预算成本，得到总差异如表 3-26 所示。

表3-26　作业成本弹性的业绩报告单　　单位：元

项目	实际成本	预算成本	差异
直接材料	11 000	10 000	1 000U
直接人工	5 000	5 000	—

续表

项目	实际成本	预算成本	差异
维修费用	7 000	7 500	500F
机械加工费用	10 000	11 000	1 000F
检测费用	12 000	14 000	2 000F
安装费用	16 500	15 000	1 500U
设备购买成本	11 000	12 000	1 000F
合计	72 500	74 500	2 000F

说明：U 代表不利差异（实际成本费用大于预算成本费用）；F 代表有利差异（实际成本费用小于预算成本费用）。

预算管理之四　分项考核标准

（1）分组完成北京路路通电器有限责任公司 2024 年预算编制工作任务。

（2）预算管理之五“复习思考问题”中，实训案例题的实训案例二，开卷，限定时间做平资产负债表。

预算管理之五　复习思考问题

一、单项选择题

1. 预计产品期初库存为 200 件，期末库存为 180 件，该期销量为 980 件。该期产品生产预算为（　　）件。

A. 980　　B. 1 160　　C. 960　　D. 1 000

2. 下列项目中，关于预算管理委员会的表述正确的是（　　）。

A. 是预算管理决策机构　　B. 一般为常设机构

C. 是预算执行机构　　D. 一般设在财会部门

3. 预计某企业 2024 年第一、第二季度销售额分别为 150 万元、165 万元，当季销售收现率为 65%，其余部分下季度收回，则该企业第二季度销售现金收入为（　　）万元。

A. 107.25　　B. 155.25　　C. 165　　D. 159.75

4. 某米厂预计稻谷第四季度期初存量为 22 吨，季度生产需要量为 660 吨，预计期末存量为 30 吨，价格为 3 000 元 / 吨，若采购货款的 70% 在本季度支付，其余在以后 4 个月内付清，则该厂预计资产负债表年末“应付账款”项目为（　　）元。

A. 150 300　　B. 350 700　　C. 601 200　　D. 1 402 800

5. 预算编制的最终环节是（　　）。

A. 业务预算　B. 投融资决策预算　C. 预算调整　D. 财务预算

6. 编制成本费用预算时，不考虑以往会计期间所发生的费用项目，而是以所有的预算项目为零作为出发点，此预算方法是（　　）。

A. 固定预算　B. 弹性预算　C. 滚动预算　D. 零基预算

7. 制造类企业编制预算的正确顺序是（　　）。

A. 销售预算、现金收入预算、直接材料预算、直接人工预算

B. 生产预算、销售预算、直接材料预算、直接人工预算

C. 销售预算、现金收入预算、生产预算、直接材料预算

D. 生产预算、直接人工预算、现金支出预算、预计财务报表

8. 下列预算编制方法中，不受现行预算的束缚，有助于保证各项预算开支合理性的是（　　）。

A. 滚动预算法　B. 零基预算法　C. 弹性预算法　D. 增量预算法

9. 企业按弹性预算方法编制费用预算，预算直接人工工时为 50 000 小时，变动成本为 400 000 元，固定成本为 150 000 元，总成本费用为 550 000 元。如果预算直接人工工时达到 60 000 小时，则总成本费用为（　　）元。

A. 660 000　B. 700 000　C. 630 000　D. 900 000

10. 预算管理的工作机构一般设在（　　）。

A. 董事会办公室　B. 总经理办公室　C. 财会部门　D. 审计部门

二、多项选择题

1. 预算管理的内容主要包括（　　）。

A. 经营预算　B. 专门决策预算　C. 财务预算　D. 全面预算

2. 某企业只生产一种产品，产品售价 8 元 / 件。2024 年 2 月销售 20 000 件，2024 年 3 月预计销售 30 000 件，2024 年 4 月预计销售 40 000 件。根据经验，商品售后当月可收回货款的 60%，次月收回 30%，再次月收回 10%。2024 年 4 月预计现金收入为（　　）元，4 月末应收账款为（　　）元。

A. 120 000　B. 280 000　C. 152 000　D. 32 000

3. 下列各项中，关于全面预算的表述中，正确的是（　　）。

A. 全面预算是业绩考核的基本标准

B. 营业预算与业务各环节有关，因此属于综合预算

C. 企业应当设立预算管理部门审议企业预算方案

D. 在全面预算中，生产预算是唯一没有按货币计量的预算

4. 编制生产预算中的“预计生产量”项目时，需要考虑的因素有（　　）。

A. 预计材料采购量　B. 预计销售量

C. 预计期初产成品存货　D. 预计期末产成品存货

5. X公司产品的销售价格为60元，预计年销售量为1 000件，单位变动成本为30元，年固定成本总额为10 000元。根据经验，X公司销量变化波动为80% ～ 110%。如果销量水平在范围内，目标利润预算可能为（　　）元。

A. 23 000　　B. 24 000　　C. 17 000　　D. 14 000

6. 企业可以采用（　　）的流程编制预算。

A. 自下而上　　B. 自上而下　　C. 上下结合　　D. 先下后上

7. 专门决策预算一般包括（　　）。

A. 投资决策预算　B. 融资决策预算　C. 生产经营预算　D. 财务预算

8. 滚动预算的主要优点是（　　）。

A. 通过持续滚动预算编制，实现逐期滚动管理

B. 实现动态反映市场情况，建立跨期综合平衡

C. 有效指导企业营运，强化预算决策控制职能

D. 预算效率提升，预算编制工作量小

9. 企业实施预算管理的基础环境包括（　　）。

A. 战略目标　　B. 行业数据　　C. 业务计划　　D. 信息系统

10. 下列关于预算考核的说法正确的有（　　）。

A. 预算考核主要针对定量指标进行考核

B. 企业应按照公开、公平、公正的原则实施预算考核

C. 企业应建立健全预算考核制度

D. 预算考核以预算完成情况为考核核心

三、实训案例题

实训案例一　零基预算法

云深公司拟采用零基预算法编制2024年度管理费用预算，根据公司经营目标和总体预算安排，2024年度管理费用方面的资金支出总额为60万元。经过反复动员和讨论，公司管理部门编制的2024年管理费用预算方案表如表3-27所示。

表3-27　2024年度管理费用预算方案表

序号	项目	支出金额（万元）	约束性费用/酌量性费用
1	工资	20	
2	办公费	8	
3	差旅费	10	
4	技术开发费	5	
5	培训费	15	
6	保险费	3	
7	业务招待费	7	

续表

序号	项目	支出金额（万元）	约束性费用/酌量性费用
8	税金	2	
9	合计	70	

要求：

第一步：确定约束性费用及酌量性费用项目。

对表中所列各项费用进行分析研究，区分约束性费用与酌量性费用。表中1、3、4、6、8项为约束性费用，应足额保证；2、5、7为酌量性费用，应进行成本－效益分析。

第二步：通过成本－效益分析确定酌量性管理费用的重要性程度（见表3-28）。

提示：重要性程度＝单个项目收益率÷收益率合计。

表3-28　酌量性管理费用的重要性程度

项目	前三年平均发生额	各期平均收益额	收益率	重要性程度
办公费	7	35	5	
培训费	12	72	6	
业务招待费	6	18	3	

第三步：资金分配，采用零基预算法编制2024年管理费用支出预算，如表3-29所示。

表3-29　2024年管理费用支出预算

序号	项目	支出金额（万元）
一	约束性费用支出	
1		
2		
3		
4		
5		
二	酌量性费用支出	
6		
7		
8		
三	合计	

实训案例二　全面预算的编制

（1）尼森企业预计2024年销售A产品10 000件，第一季度至第四季度分别为2 500件、2 000件、3 000件、2 500件，销售单价为500元。收款条件为：当季现收占销售额的60%，余款在后两个季度分别收到30%和10%，不考虑坏账影响，2025年第三、第四季度的销售额分别为 1 300 000 元和 1 200 000 元。

（2）经过测算，预计每季度末的产品库存量为下一季度销售量的 20%（延续 2023 年度的政策）。2023 年 A 产品单位成本为 260 元，预计 2023 年第一季度销售量为 2 000 件。

（3）假定生产 A 产品只耗费一种原材料，预计 2024 年年末材料库存量为 1 500 千克，2023 年年末原材料库存量为 1 500 千克。A 产品的材料消耗定额为 3 千克 / 件，材料单价为 50 元 / 千克。每一季度的期末材料库存量为下一季度生产耗用量的 10%。材料采购货款当季付现 70%，余款在下一季度付清。2023 年年末应付账款为 90 000 元。

（4）直接人工小时工资率为 15 元 / 小时，单位产品工时定额为 4 小时 / 件。

（5）变动制造费用与人工工时密切相关。变动制造费用分配率为 10 元 / 小时，其中：间接材料为 2 元 / 小时，间接人工为 1 元 / 小时，水电费为 3 元 / 小时，变动维修费用为 1.5 元 / 小时，其他变动制造费用为 2.5 元 / 小时。假定固定制造费用各季均衡，全年预计为 700 000 元，其中：人员工资 300 000 元，折旧费 150 000 元，维修费 50 000 元，保险费 70 000 元，其他费用 130 000 元。预计所有费用均需当季支付。

（6）采用变动成本法。变动制造费用的产品工时定额为 4 小时 / 件。

（7）预计单位变动销售费用为 15 元 / 件。预计固定销售及管理费用为每季 116 000 元（其中含每季折旧费 13 000 元）。

（8）2023 年年末现金余额为 140 000 元，每季季末最低现金余额为 300 000 ～ 400 000 元。预计 2024 年 4 月全款购置一套价值 470 000 元的设备。企业现有未到期长期借款 600 000 元，年利率 80%，每年年末付息。另外获得银行 3 月期贷款授信额度 600 000 元，年利率 10%，每季季初借入，下季季初还本付息。预计第二季度贷款 120 000 元，第四季度贷款 550 000 元。预计第四季度以现金 900 000 元对外投资入股。预计每季缴纳所得税 85 000 元（假定不考虑其他税费）。

（9）尼森企业 2023 年度资产负债表（简表），如表 3-30 所示。

表3-30　资产负债表（简表）

2023年12月31日　　单位：元

资产	金额	负债及所有者权益	金额
流动资产：		负债：	
库存现金	140 000	应付账款	90 000
应收账款	610 000	长期借款	600 000
原材料	80 000	负债小计	690 000
产成品	110 000	所有者权益：	
流动资产小计	940 000	股本	1 000 000
非流动资产：		留存收益	140 000
固定资产	890 000	所有者权益小计	1 140 000

续表

资产	金额	负债及所有者权益	金额
非流动资产小计	890 000		
资产总计	1 830 000	负债及所有者权益总计	1 830 000

要求：

请根据资料编制尼森企业 2024 年度各项预算（见表 3-31 至表 3-42）。

表3-31　尼森企业2024年度销售预算表

项目		第一季度	第二季度	第三季度	第四季度	全年
预计销售量（件）						
预计销售单价（元/件）						
预计销售额（元）						
预计现金收入	期初应收账款（元）					
	第一季度销售收入（元）					
	第二季度销售收入（元）					
	第三季度销售收入（元）					
	第四季度销售收入（元）					
	现金收入合计（元）					

表3-32　尼森企业2024年度生产预算表

项目	第一季度	第二季度	第三季度	第四季度	全年
预计销售量（件）					
减：预计期初存货（件）					
加：预计期末存货（件）					
预计生产量（件）					

表3-33　尼森企业2024年度直接材料预算表

项目	第一季度	第二季度	第三季度	第四季度	全年
预计生产量（件）					
单耗定额（千克）					
材料用量（千克）					
加：预计期末材料库存量（千克）					
减：预计期初材料库存量（千克）					
预计材料采购量（千克）					
采购单价（元/千克）					
预计采购金额（元）					

续表

项目		第一季度	第二季度	第三季度	第四季度	全年
预计现金支出	期初应付账款（元）					
	第一季度购料款（元）					
	第二季度购料款（元）					
	第三季度购料款（元）					
	第四季度购料款（元）					
	现金支出合计（元）					

表3-34　尼森企业2024年度直接人工预算表

项目	第一季度	第二季度	第三季度	第四季度	全年
预计生产量（件）					
工时定额（小时）					
人工总工时（小时）					
小时工资（元）					
人工总成本（元）					

表3-35　尼森企业2024年度制造费用预算表　　单位：元

项目		小时费用率	第一季度	第二季度	第三季度	第四季度	全年
变动制造费用	人工总工时（小时）						
	间接材料						
	间接人工						
	水电费						
	维修费						
	其他费用						
	小计						
固定制造费用	人员工资						
	折旧费						
	维修费						
	保险费						
	其他费用						
	小计						
制造费用合计							
减：折旧费							
预计现金支出							

表3-36　尼森企业2024年度单位产品生产成本预算表　　单位：元

项目	定额（标准）	单价	单位变动成本
直接材料			
直接人工			
变动制造费用			
合计			

表3-37　尼森企业2024年度期末库存产成品成本预算表

季度	期末库存量（件）	单位成本（元）	库存产成品成本（元）
第一季度			
第二季度			
第三季度			
第四季度			

表3-38　尼森企业2024年度生产成本及销售成本预算表　　单位：元

项目	第一季度	第二季度	第三季度	第四季度	全年
直接材料					
直接人工					
变动制造费用					
生产成本合计					
加：期初库存产品成本					
减：期末库存产品成本					
销售成本合计					

表3-39　尼森企业2024年度销售费用及管理费用预算表

项目	第一季度	第二季度	第三季度	第四季度	全年
预计销售量（件）					
单位变动销售费用（元/件）					
变动销售费用小计（元）					
固定销售及管理费用（元）					
销售及管理费用合计（元）					
减：折旧费（元）					
预计现金支出（元）					

表3-40 尼森企业2024年度现金预算表

单位：元

项目	第一季度	第二季度	第三季度	第四季度	全年
期初现金余额					
加：销售现金收入					
可供使用的现金					
减：现金支出					
直接材料					
直接人工					
制造费用					
销售及管理费用					
购置设备					
对外投资					
缴纳税费					
现金支出合计					
现金余缺					
向银行贷款					
归还贷款本金					
支付贷款利息					
期末现金余额					

表3-41 尼森企业2024年度预计利润表

单位：元

项目	第一季度	第二季度	第三季度	第四季度	全年
销售收入					
变动成本：					
销售成本					
销售费用					
小计					
边际贡献					
固定成本：					
制造费用					
销售及管理费用					
小计					
营业利润					
减：利息					
税前利润					
减：所得税					
净利润					

表3-42　尼森企业2024年度预计资产负债表　　单位：元

资产	金额	负债及所有者权益	金额
流动资产：		负债：	
现金		应付账款	
应收账款		短期借款及利息	
材料		长期借款	
产成品		负债小计	
流动资产小计		所有者权益：	
非流动资产：		股本	
固定资产		留存收益	
长期投资		所有者权益小计	
资产合计		负债及所有者权益合计	

预算管理之六　完成工作任务的感受与总结

一、感受与总结

请同学们以个人或小组为单位，填写完成工作任务的感受与总结（见表3-43）。

表3-43　感受与总结

组别	完成工作任务的感受	分值
1		
2		
3		
4		

二、延伸学习资源

中华人民共和国财政部网站：http：//www.mof.gov.cn/index.htm。

情境四

做好企业的战略参谋官

情境导航

微课

成本管理的概念

拜里斯公司是一家中小型英资制造企业，产品以钞票识别器、自动售货机、防伪点钞机、捆钞机、硬币兑换机为主，主要销往欧美等发达国家。公司产品种类繁多，原材料占比较高。产品是按生产订单分批次生产的，每个批次的产量不一样，原材料质量也不一样，这导致每个批次的成本不一样，管理上有分批次/分产品核算实际成本的需要，而标准成本法和与其相关的成本差异分析正好满足了公司的成本核算要求。

在实施标准成本法之前，拜里斯公司计算成本的方法较为简单，只按照每种成品的标准材料消耗标准来计算产品的标准物料成本，并没有将直接人工和制造费用分摊到具体的产成品中。简单来说，就是仓库将原材料发到生产车间后，系统会将原材料的数量转移到在产品，等产品完工后，系统按原材料的耗费标准做反冲扣数，这种做法会让原材料的数量差异沉积在产品库中。由于在产品数量庞大，每月都盘点太费时间，因此公司会在每年年末进行大盘点，得出全年的实际原材料的数量差异并一次性转入产品成本。这种成本计算方法的好处是较为简单、工作量小，对物资需求计划系统的录入工作要求也不高，但是缺点也很明显：第一，产品成本没有归集人工成本和制造费用，只是包含原材料成本，不够科学。第二，每月的原材料成本实际上只是按标准耗用量计算标准材料成本，而不是实际材料成本，不能及时反映实际材料成本的动态变化，不能给生产经营及时提供有用的成本变化信息。如果等年末才计算材料成本差异，会掩盖很多生产管理上的问题。为了改善以上成本计算方法，及时准确地反映公司的真实成本情况，公司决定组织实施标准成本法。

为实施标准成本法，公司成立了标准成本管理小组，组长由厂长担任，组员包括各部门经理及相关部门业务骨干。由于公司产品成本中原材料成本占据较大比例，制造费用的占比不高，因此实际工作中主要是运用标准成本法分析材料成本和人工成本。直接材料成本标准：直接材料的标准用量由生产部和工程部负责，当出现工程变更或设计变更时，需及时在系统中调整。直接材料的标准价格采用过去一年采购的平均价格，因为原材料的每年变动幅度不小，如果采用更长时间的平均价格，会降低参考意义。直接人工成本标准：标准工时由生产部和工程部负责，对产品生产中所需的必要工作时间进行技术测定，同时还综合考虑正常的工作间隙、生产线调整时间、产品通过率、返修产品所需的时间等，最后得出一个合理的标准工时。标准工资率，按近一年的实际人工工资率来计算，每年会在系统中修订一次。

为了配合标准成本法在公司落地，相关人员重新梳理了成本计算的相关流程，并对相关业务人员进行系统操作培训，以确保与标准成本相关的基础数据能及时录入系统。财务部门作为主导部门，协调做好各部门的工作，并对标准成本实际落地过程中出现的问题及时进行处理。

在应用标准成本法的实际操作中，拜里斯公司对生产流程和物料流转流程进行了梳理，合理确定了产成品各项成本标准。同时，结合运用 ERP 系统，做到对每个工单生产成本的精准控制，及时发现异常的成本波动及其背后的原因，为提高公司整体运营水平贡献了力量。

资料来源：蔡亮．标准成本法在中小制造企业生产管理中的应用：以拜里斯公司为例．中国农业会计，2022（8）．

思考：

拜里斯公司是如何实施标准成本法的？

思政园地

“十四五”规划中提到服务制造业的“高质量发展”，当前，我国社会主要矛盾已经转化为人民日益增长的美好生活需要和不平衡、不充分的发展之间的矛盾。不平衡、不充分本质上是发展质量不高。质量发展必须培育有核心竞争力的优秀企业，我国大企业存在大而不强的问题，虽然近两年我国位列世界 500 强的企业数量连续攀高，但主要依赖规模，创新引领力、国际竞争力与世界一流水平还存在差距。数量庞大的小企业活力强，但存在市场竞争力弱、升级能力不足的现象。企业要向“专精特新”方向发展，生产具有竞争力的产品、技术和服务，在更高水平的竞争中创造价值、实现互利共赢。企业在生产过程中要更加重视“质”的提升，生产适销对路，能为人民创造价值和幸福感、安全感的产品。

在全面建设小康社会阶段主要解决的是量的问题；在全面建设社会主义现代化国家阶段，已经解决好质的问题，在质的大幅提升中实现量的持续增长。以习近平总书记为核心的党中央提出加快构建以国内大循环为主体、国内国际双循环相互促进的新发展格局，这是推动高质量发展的重大战略。要发挥我国超大规模市场优势，为新产品新技术新业态迭代提供应用场景，推动供应链产业链优化升级。我国经济运行面临的主要矛盾在供给侧，实现高质量发展的关键在于提升供给体系的水平和质量，更好适应、引领和创造新需求。壮大实体经济，加快建设制造强国。在坚持以供给侧结构性改革为主线的过程中，重视需求侧管理，始终把扩大内需同深化供给侧结构性改革有机结合起来。有序落实碳达峰、碳中和，加强全国统筹，通过市场竞争推动淘汰落后产能。

要加强供给侧结构改革，提升企业发展质量，优化企业产品生产，需要推动企业降成本，帮助企业开源节流。"降成本"是供给侧结构性改革重大战略部署的重要环节，在降低成本过程中企业产品成本计算方法的选择至关重要，无论是目标成本法、标准成本法、变动成本法还是作业成本法都有其适用的情形及优势。

成本管理之一　学习目标

1. 了解目标成本法、标准成本法、变动成本法、作业成本法的概念和应用条件。
2. 掌握目标成本法的应用程序。
3. 熟悉目标成本法的优缺点。
4. 了解标准成本的种类。
5. 掌握标准成本的制定。
6. 掌握成本差异的计算与分析。
7. 掌握变动成本法的成本构成内容。
8. 掌握变动成本法与完全成本法的区别。
9. 熟悉变动成本法的优缺点与应用。
10. 了解资源、作业、资源动因、作业动因的含义。
11. 掌握作业成本法的计算程序。

成本管理之二　具体工作任务

工作任务一　目标成本法：恒祥股份有限公司目标成本法的应用

■ 教学案例背景

恒祥股份有限公司是一家生产洗衣机的企业，主要生产甲型洗衣机、乙型洗衣机、丙型洗衣机。由于洗衣机市场竞争激烈，因此公司为了更好地进行成本管理和控制，提高企业的经济效益，决定在全公司范围内实施目标成本管理制度，在满足消费者需求的宗旨下，努力降低产品成本。

■ 工作步骤一　分解目标成本

恒祥股份有限公司 2022—2023 年成本及成本分解资料如表 4-1 至表 4-4 所示。

表4-1　恒祥股份有限公司2022—2023年成本资料　　金额：万元

生产成本	2022年	2023年	期间费用	2022年	2023年
直接材料	8 370	6 696	管理费用	1 633	1 371.55
直接人工	1 841	1 656.9	销售费用	204	183.6
制造费用	2 511	2 134.35	财务费用	74	66.6

表4-2　直接材料目标成本分解　　金额：万元

产品系列名	2022年	2023年
甲型洗衣机	4 050	3 240
乙型洗衣机	2 340	1 872
丙型洗衣机	1 980	1 584
合计	8 370	6 696

注：（1）材料成本降低过程中，不要求每种材料成本都降低相同的幅度，总体达到要求即可。
（2）基于权责利相结合的原则，材料采购成本主要由采购部门负责。

表4-3　直接人工目标成本分解　　金额：万元

产品系列名	2022年	2023年
甲型洗衣机	891	801.9
乙型洗衣机	515	463.5
丙型洗衣机	435	391.5
合计	1 841	1 656.9

注：（1）工资项目具有刚性，降低工资会影响工人积极性。
（2）主要通过提高劳动效率、降低单位产品的生产工时来降低人工费用。

表4-4　制造费用目标成本分解　　金额：万元

车间名	2022年	2023年
注塑车间	904	768.4
钣金车间	854	725.9
组装车间	502	426.7
包装车间	251	213.35
合计	2 511	2 134.35

注：（1）按照部门归集并分配，谁受益谁承担。
（2）不能区分受益对象的，按照权力控制方进行归集。

■ 工作步骤二　实施目标成本

在设计阶段，恒祥股份有限公司决定将机电由进口改为国产，轴承配件由进口改为国产，从而使得每台甲型洗衣机降低材料成本 320 元，乙型洗衣机降低材料成本 270 元，丙型洗衣机降低材料成本 264 元。

采购过程采用讨价还价的方法，使得每台甲型洗衣机降低 112.85 元，乙型洗衣机降低 73.3 元，丙型洗衣机降低 53 元。

生产过程加强内控管理，使得每台甲型洗衣机降低 17.15 元，乙型洗衣机降低 16.7 元，丙型洗衣机降低 13 元。

2023 年直接材料目标成本降低额，如表 4-5 所示。

表4-5　2023年直接材料目标成本降低额　　单位：元

产品系列名	产量（台）	设计阶段		采购过程		生产过程		总计
		单位	合计	单位降低额	合计	单位降低额	合计	
甲型洗衣机	18 000	320	5 760 000	112.85	2 031 300	17.15	308 700	8 100 000
乙型洗衣机	13 000	270	3 510 000	73.3	952 900	16.7	217 100	4 680 000
丙型洗衣机	12 000	264	3 168 000	53	636 000	13	156 000	3 960 000
合计	—	—	12 438 000	—	3 620 200	—	681 800	16 740 000

直接人工控制：

加强生产现场管理工作，切实提高设备的有效作业率；

组织班组、生产工人进行专业技能培训，提高生产技能。

2023 年单位产品直接人工成本控制，如表 4-6 所示。

表4-6　2023年单位产品直接人工成本控制　　单位：元

产品系列名	2022年			2023年			降低额
	实际工时（小时）	实际工资率	工资总额	目标工时（小时）	目标工资率	工资总额	
甲型洗衣机	20.2	24.5	495	18.18	24.5	445.4	49.6
乙型洗衣机	16.17	24.5	396.17	14.55	24.5	356.48	39.69
丙型洗衣机	14.8	24.5	362.6	13.32	24.5	326.34	36.26

工作内容：根据表 4-5 和表 4-6，完成 2023 年直接人工目标成本降低额（见表 4-7）。

表4-7　2023年直接人工目标成本降低额　　单位：元

产品系列名	产量（台）	单位降低额	合计
甲型洗衣机			
乙型洗衣机			
丙型洗衣机			
合计			

制造费用控制：

机物料耗用：严格审批、专人经办。

低值易耗品摊销：兼职资产管理员、专人登记明细账、每季盘点，及时查明原因。

厂房租金及电费：与出租方据实谈判，外购电力。

2023 年制造费用目标成本降低额，如表 4-8 所示。

表4-8　2023年制造费用目标成本降低额　　单位：元

项目	金额
机物料耗用	685 600
低值易耗品摊销	1 235 500
厂房租金	330 000
电费	1 324 300
其他	194 700
合计	3 770 100

2023 年期间费用目标成本降低额，如表 4-9 所示。

表4-9　2023年期间费用目标成本降低额　　单位：元

项目	金额
管理费用	2 614 500
销售费用	204 100
财务费用	74 000
合计	2 892 600

由于现在洗衣机市场竞争激烈，为了更好地进行成本管理和控制，提高企业的经济效益，决定在全公司范围内实施目标成本管理制度，在满足消费者需求的宗旨下，努力降低产品成本。

■ 工作步骤三　目标成本的确定

工作内容：根据上述资料，完成表 4-10 中恒祥股份有限公司 2022—2023 年销售量及销售额的填写和计算，并计算出目标成本额。

1. 确定市场价格

（1）销售量不变。

（2）产品结构不变，市场价格下降 15%。

2. 确定目标利润

由于市场不佳，利润不少于去年，定在 2 120 万元。

3. 确定目标成本

目标成本额 = 市场价格 − 目标利润

表4-10　恒祥股份有限公司2022—2023年销售资料　　单位：元

产品系列名	2022年		2023年（预计）	
	销售量（台）	销售额	销售量（台）	销售额
甲型洗衣机				
乙型洗衣机				
丙型洗衣机				
合计				

工作任务二　标准成本法：北京京华纸制品有限公司标准成本法的应用

■ 教学案例背景

北京京华纸制品有限公司是一家纸制品深加工企业。公司造纸工艺主要由两个环节组成：制浆段和造纸段。制浆段是造纸的第一步，一般是指将木材转变为纸浆的过程（现在大型造纸厂使用的造纸原料是已加工好的木浆和回收的废纸）。造纸段是将调制好的纸浆，均匀地交织和脱水，再经干燥、压光、卷纸、复卷、计量、检验和入库的过程。北京京华纸制品有限公司产品生产步骤如图 4-1 所示。

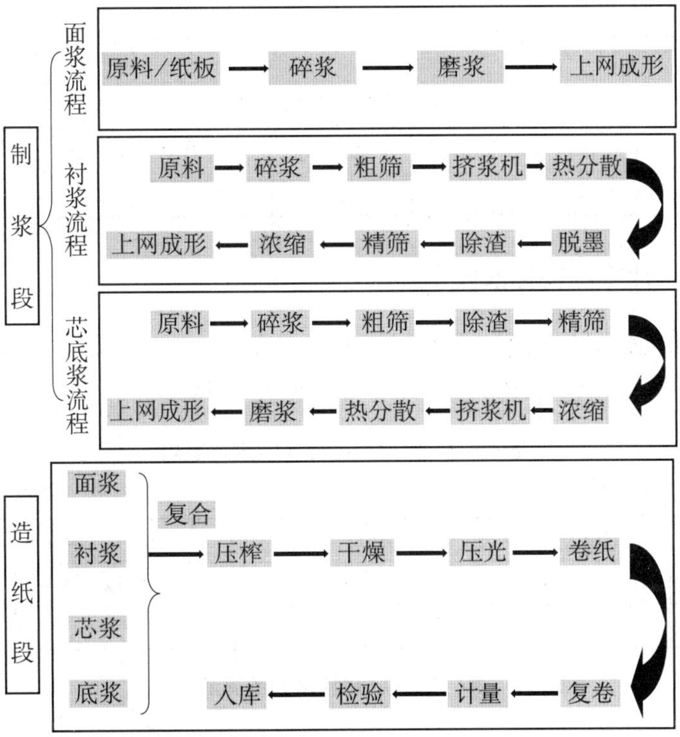

图 4-1　北京京华纸制品有限公司产品生产步骤

该公司第一制浆车间利用废纸制浆，生产能力表现为生产一线工人直接人工工时，每月的理论直接人工工时为 10 000 工时，现实可用直接人工工时为 9 500 工时，正常直接人工工时为 9 000 工时，3 月份预算工时与正常直接人工工时相同。该公司确定制造费用分配率时选择正常负荷作为基础生产能量。2024 年 3 月份制浆车间正常生产能力为 9 000 直接人工工时，预算直接人工工资总额为 81 000 元，制造费用预算总额为 18 720 元，其中变动制造费用预算为 7 200 元，固定制造费用预算为 11 520 元。假设制造每件 A 产品的直接人工标准工时为 10 小时，直接材料的标准消耗数额为 8 千克，每千克标准单价为 10 元。

■ 工作步骤一　计算产品标准成本下的总成本

工作内容：根据教学案例背景，编制产品标准成本计算表（见表 4-11），计算出各成本项目单位产品成本。

表4-11　产品标准成本计算表　　年份：2024　　单位：元

项目	标准用量	标准价格	单位产品成本
直接材料			
直接人工			
变动制造费用			
固定制造费用			
合计			

根据表 4-11 的资料，完成产品标准成本计算表（见表 4-12）中纸浆的总成本。

表4-12　产品标准成本计算表　　年份：2024　　金额单位：元

成本中心编码	成本中心名称	产品编码	产品名称	计量单位	产量	单位成本	总成本
01	制浆车间		纸浆	千克	700		

■ 工作步骤二　计算材料标准成本

工作内容：根据原材料预计采购量计算表（见表 4-13）及原材料采购预算表（见表 4-14），计算并填写原材料标准成本计算表（见表 4-15）。

表4-13　原材料预计采购量计算表

年份：2024　　单位：千克

材料名称	预计生产需要量	期末存货量	期初存货量	预计采购量
废纸	500	300	200	600
木浆				

表4-14　原材料采购预算表

年份：2024　　金额单位：元

材料名称	规格型号	供应商	采购数量（千克）	单价	订货批量	订货次数	全年支出	每季度支出
废纸			600	3			1 800	450
木浆								

表4-15　原材料标准成本计算表

年份：2024　　金额单位：元

材料编码	材料名称	型号	供应商	计量单位	用量	单位成本	总成本
	废纸			千克			
	木浆			千克			

根据“标准成本的制定——直接材料”（见表4-16）中已有资料，分别计算废纸和木浆的成本标准并填写表格。

表4-16　标准成本的制定——直接材料　　年份：2024

标准	废纸	木浆
价格标准（元）		
发票单价	1.00	7.00
装卸检验费	0.05	0.25
每千克标准价格	1.05	7.25
用量标准（千克）		
设计用量	10.0	1.2
允许损耗量	0.4	0.2
单产标准用量	10.4	1.4
成本标准		
废纸		
木浆		

根据“标准成本的制定——直接人工”（见表4-17）中已有资料，计算直接人工标准成本并填写表格。

表4-17　标准成本的制定——直接人工　　年份：2024

小时工资率	第一工序	第二工序
基本生产工人人数（人）	20	50
每人每月工时（8小时×25.5天）	204	204
出勤率	98%	98%
每人平均可用工时（小时）	200	200
每月总工时（小时）	4 000	10 000
每月工资总额（元）	3 600	12 600

续表

小时工资率	第一工序	第二工序
每小时工资（元）	0.9	1.26
单位产品工时		
理想作业时间（小时）	1.5	0.8
调整设备时间（小时）	0.3	—
工间休息（小时）	0.1	0.1
其他（小时）	0.1	0.1
单位产品工时合计（小时）	2	1
直接人工标准成本（元）		
合计（元）		

根据“标准成本的制定——变动制造费用”（见表 4-18）中已有资料，计算生产车间的变动制造费用标准成本及单位产品标准变动制造费用并填写表格。

表4-18　标准成本的制定——变动制造费用

年份：2024　　单位：元

部门	第一车间	第二车间
变动制造费用预算		
运输	800	2 100
电力	400	2 400
消耗材料	1 400	1 800
间接人工	2 000	3 900
燃料	400	1 400
其他	200	400
合计	5 200	12 000
生产量标准（人工工时）	4 000	10 000
变动制造费用标准分配率（元/工时）	1.3	1.2
直接人工用量标准（人工工时）	2	1
变动制造费用标准成本		
单位产品标准变动制造费用		

根据“标准成本的制定——固定制造费用”（见表 4-19）中已有资料，计算生产车间固定制造费用标准成本及单位产品标准固定制造费用并填写表格。

表4-19　标准成本的制定——固定制造费用

年份：2024　　单位：元

部门	第一车间	第二车间
固定制造费用预算		
折旧	200	2 350
管理人员工资	700	1 800
间接人工	500	1 200
保险费	300	400
其他	300	250
合计	2 000	6 000
生产量标准（人工工时）	4 000	10 000
固定制造费用标准分配率（元/工时）	0.5	0.6
直接人工用量标准（人工工时）	2	1
生产车间固定制造费用标准成本		
单位产品标准固定制造费用		

根据表 4-16 至表 4-19 的资料，计算各成本项目的用量标准、价格标准、标准成本并填写“标准成本的制定——标准成本卡”（见表 4-20）。

表4-20　标准成本的制定——标准成本卡

年份：2024　　金额单位：元

成本项目	用量标准	价格标准	标准成本
直接材料：			
废纸			
木浆			
合计			
直接人工：			
第一车间			
第二车间			
合计			
制造费用：			
变动费用（第一车间）			
变动费用（第二车间）			
合计			

续表

成本项目	用量标准	价格标准	标准成本
固定制造费用（第一车间）			
固定制造费用（第二车间）			
合计			
单位产品标准成本总计			

■ 工作步骤三　直接材料效率差异分析

假设北京京华纸制品有限公司 2024 年 3 月份实际生产了 A 产品 700 件，实际使用直接材料 5 810 千克，每千克实际价格为 10.10 元，直接材料的标准成本如表 4-16 所示，标准用量为 8 千克，每千克标准单价为 10 元，完成表 4-21。

表4-21　直接材料效率差异表

年份：2024

材料名称	产量	单位产品的材料耗用	总标准材料用量	实际材料用量	材料用量差异	材料的标准单位成本	材料用量差异	材料用量差异占标准用量的百分比（%）

■ 工作步骤四　计算直接人工差异

假设北京京华纸制品有限公司 2024 年 3 月份在实际生产 700 件 A 产品的生产量水平上，实际用直接人工工时 7 200 小时，实际工资率为每小时 8.8 元。生产每件 A 产品的直接人工标准工时为 10 小时，标准工资率为 9 元 / 小时。将结果填入表 4-22、表 4-23。

表4-22　工时数据表

产品名称	实际直接人工成本	实际直接人工工时	实际产量	单位产品标准工时	标准人工工资率（成本/小时）	实际人工工资率（成本/小时）

表4-23　直接人工差异表

年份：2024

产品名称	实际直接人工成本	实际直接人工工时	实际产量	单位产品标准工时	标准人工工资率（成本/小时）	实际人工工资率（成本/小时）	小时工资差异	人工工资差异	人工效率差异	人工总差异

续表

产品名称	实际直接人工成本	实际直接人工工时	实际产量	单位产品标准工时	标准人工工资率（成本/小时）	实际人工工资率（成本/小时）	小时工资差异	人工工资差异	人工效率差异	人工总差异

■ 工作步骤五　填写差异分析报告

工作内容： 根据北京京华纸制品有限公司 2023 年各成本项目标准成本制定工作，编写预计采购量计算表（见表 4-24）。

表4-24　预计采购量计算表

材料名称	预计生产需要量	期末存货量	期初存货量	预计采购量

工作任务三　变动成本法：无锡电器科技有限公司变动成本法的应用

■ 教学案例背景

无锡电器科技有限公司连续两年出现亏损，股票被标记为 *ST1（退市预警）。董事长召集相关部门的负责人开会，研究帮助公司扭亏为盈的办法。

会议纪要如下：

董事长：公司连续两年出现亏损，2023 年亏损 100 万元，比 2022 年还要糟糕。如果 2024 年公司不能扭亏为盈，公司将面临退市！

销售经理：问题的关键是我们生产的电饭煲以 320 元出售，而每台电饭煲的成本是 340 元。如果提高售价，电饭煲就卖不出去了。我认为出路就是想办法降低成本，否则销售越多，亏损越大。

生产经理：我不同意，每台电饭煲的制造成本只有 290 元，公司的生产设备和产品工艺都是国内最先进的，技术能力强，熟练工人多，控制物耗成本的经验得到行业的认可。问题在于生产线的设计能力是年产 10 万台，目前因为销路打不开，2023 年只生产了 4 万台，所销售的 5 万台中，有 1 万台是 2022 年生产的。

财务经理：每台电饭煲的变动生产成本是 210 元，固定制造费用总额是 320 万元，销售和管理费用总额是 250 万元。我建议，生产部门满负荷生产，通过提高产量来降低单位产品负担的固定制造费用。这样，即使不提价、不扩大销售也能使公司扭亏为盈，渡过危机。为了减少风险，2024 年应追加 10 万元来改进产品质量，这笔费用计入固定制造费用；追加 10 万元用于广告宣传；追加 20 万元作为职工销售奖励。

请根据财务经理的建议，填写完全成本法损益表和变动成本法损益表。

■ 工作步骤一　填写完全成本法损益表

请根据教学案例背景，编制完全成本法损益表（见表 4-25）。

表4-25　完全成本法损益表

项目	公式	2024年
销售额（单价 × 销售量）	①	
销货成本	②	
期初存货	0	0
加：完工产品成本		
可售产品成本		
减：期末存货		
销货成本		
销售毛利	①－②	
销售及管理费用	③	

续表

项目	公式	2024年
营业利润	①－②－③	

■ 工作步骤二　填写变动成本法损益表

根据教学案例背景，编制变动成本法损益表（见表4-26）。

表4-26　变动成本法损益表

项目	公式	2024年
销售额（单价×销售量）	①	
变动成本	②	
变动销货成本		
期初存货		
加：变动制造成本		
可售产品成本		
减：期末存货		
变动销货成本		
变动销售与管理费用		
变动成本小计		
边际贡献	①－②	
固定成本		
固定制造费用	③	
固定销售与管理费用	④	
固定成本小计	③+④	
营业利润	①－②－③－④	

工作任务四　作业成本法：ABC公司作业成本法的应用

■ 教学案例背景

ABC公司除了制造及销售汽车，同时还生产汽车贴膜。主要产品有染色膜、金属膜、磁控溅射膜。三种产品的生产工序都一样，差异在于材料与加工时间及生产机器。金属膜销量最大；磁控溅射膜价格最高，销量最少。公司设有一大一小两个生产车间。生产工序主要包括：配料准备、捏合、密炼、开炼、过滤机过滤、卷取、包装。原材料、外购动力及低值易耗品（主要用于部分工序间）均外购。ABC公司一直采用传统成本计算方法计算产品成本。

（一）采取传统方法制造费用的核算情况

ABC 公司 2023 年 1 月生产的染色膜、金属膜、磁控溅射膜三种产品的直接材料、直接人工和制造费用相关成本资料如表 4-27 所示。

表4-27　染色膜、金属膜、磁控溅射膜的相关成本资料

项目	染色膜	金属膜	磁控溅射膜	合计
产量（吨）	2 000	1 000	500	
直接材料（元/吨）	7 200	8 000	9 200	
直接材料成本（元）	14 400 000	8 000 000	4 600 000	27 000 000
直接人工（元/吨）	500	500	600	
直接人工成本（元）	1 000 000	500 000	300 000	1 800 000
制造费用				4 203 000
月直接人工工时（小时）	28 000	14 000	6 500	48 500

（二）公司成本管理的困惑

公司原本计划三种产品每吨均获利润 300 元左右，价格分别为：染色膜 9 400 元 / 吨、金属膜 11 000 元 / 吨、磁控溅射膜 12 000 元 / 吨。按照上面的出售价格，染色膜的订单数量较大，超过其生产能力，因此公司将其价格提高到 9 500 元 / 吨。在这个价格下，公司仍然收到很多订单。公司以为是这段时间市场上染色膜处于需求旺盛阶段，但是一段时间后，这种情况仍未变化。公司管理人员发现不是需求问题，而是成本计价及定价的问题。再看磁控溅射膜，刚好相反，市场上同类产品价格为 11 000 元 / 吨，如果按照这个价格销售，利润很低，如果计入各项消费及管理费用，可能无利润可言。近几年高档汽车销售一直比较火热，公司管理人员认为磁控溅射膜需求量应该比较大，但是公司接到的订单却不多，可见，问题出在产品成本的计算和定价上。公司需要一个更为精确的产品成本计算方法，以便更准确地决定染色膜及磁控溅射膜的生产与销售。经过反复讨论，管理人员认为制造费用的分配可能存在问题，财务经理决定采用作业成本法进行成本计算。

（三）采用作业成本法进行重新计算

继续使用表 4-27 中的数据，公司会计人员在实际观察和对一些生产管理人员询问的基础上，对制造费用进行了详细的分析，将生产过程中的各项作业分成 8 个作业中心（即将制造费用划分为 8 个成本库），各作业中心 1 个月的作业成本如表 4-28 所示。

表4-28　制造费用在8个作业中心的分摊

作业成本库	制造费用（元）
起动准备	140 000
物料处理	300 600

续表

作业成本库	制造费用（元）
设备维修	44 000
电费	1 180 500
外购动力	250 200
材料采购	82 500
生产协调	842 040
质量控制	1 363 160
合计	4 203 000

会计人员及管理人员认定各作业成本库的成本动因，如表4-29所示。

表4-29　各作业成本库的成本动因

作业成本库	成本动因	作业量			
		染色膜	金属膜	磁控溅射膜	合计
起动准备	准备次数（次数）	18	11	9	38
物料处理	材料移动（次数）	108	65	54	227
设备维修	维修工时（小时）	40	18	8	66
电费	用电量（度）	420 000	220 000	100 000	740 000
材料采购	采购次数（次数）	11	6	4	21
生产协调	协同次数（次数）	110	50	30	190
质量控制	检验小时（小时）	8 000	3 500	1 800	13 300
外购动力	使用数量（吨）	230	110	60	400

工作要求：

1. 采用传统方法

（1）ABC公司1月发生的制造费用总额为4 203 000元，需要在染色膜、金属膜、磁控溅射膜三种产品之间进行分配，按传统成本计算方法以直接人工工时作为制造费用的分摊基础，分配制造费用。

（2）计算产品单位成本。

2. 采用作业成本法

（1）计算成本动因分配率，根据ABC公司作业成本中心的成本数据以及成本动因数，计算成本动因分配率。

（2）分配制造费用，将作业成本库的制造费用按成本动因分配率分摊到各产品。

（3）计算单位产品成本。

3. 传统成本法与作业成本法两种方法计算的比较

（1）计算单位产品成本。

（2）作业成本法与传统成本法差异原因。

■ 工作步骤一　采用传统成本法分配制造费用

工作内容：根据教学案例背景，采用传统成本法分配制造费用。

ABC 公司 1 月发生的制造费用总额为 4 203 000 元，需要在染色膜、金属膜、磁控溅射膜三种产品之间进行分配，采用传统成本法以直接人工工时作为制造费用的分摊基础分配制造费用（见表 4-30）。

表4-30　染色膜、金属膜、磁控溅射膜三种产品应分摊的制造费用

项目	染色膜	金属膜	磁控溅射膜	合计
月直接人工工时				
分配率				
制造费用（元）				

■ 工作步骤二　产品单位成本计算

工作内容：根据教学案例背景，完成产品单位成本计算。

结合前面的有关资料，综合可以确定每种产品的单位成本，填写表 4-31 。

表4-31　染色膜、金属膜、磁控溅射膜三种产品的单位成本

项目	染色膜	金属膜	磁控溅射膜	合计
直接材料（元）				
直接人工（元）				
制造费用（元）				
合计（元）				
产量（吨）				
单位产品成本（元）				

■ 工作步骤三　计算成本动因分配率

工作内容：根据教学案例背景，计算成本动因分配率。

根据 ABC 公司作业成本中心的成本数据以及成本动因数，计算成本动因分配率如表 4-32 所示。

表4-32　成本动因分配率

作业成本库	成本动因	月制造费用（元）	月作业量（吨）	成本动因分配率
起动准备	准备次数（次数）			
物料处理	材料移动（次数）			

续表

作业成本库	成本动因	月制造费用（元）	月作业量（吨）	成本动因分配率
设备维修	维修工时（小时）			
电费	用电量（度）			
材料采购	采购次数（次数）			
生产协调	协同次调（次数）			
质量控制	检验小时（小时）			
外购动力	使用数量（吨）			

■ 工作步骤四　制造费用分配

工作内容：完成制造费用分配。

将作业成本库的制造费用按成本动因分配率分摊到各产品（见表 4-33）。

表4-33　作业成本库的制造费用按成本动因分配率在三种产品中的分配

作业成本库	成本动因分配率	染色膜		金属膜		磁控溅射膜	
		作业量	作业成本（元）	作业量	作业成本（元）	作业量	作业成本（元）
起动准备							
物料处理							
设备维修							
电费							
材料采购							
生产协调							
质量控制							
外购动力							
合计							

■ 工作步骤五　传统成本法与作业成本法两种方法计算单位成本的对比

工作内容：完成传统成本法与作业成本法两种方法计算单位成本的对比。

将作业成本法下的单位成本与传统成本法下的单位成本进行对比（见表 4-34）。

表4-34　作业成本法下与传统成本法下的单位成本对比

项目	染色膜	金属膜	磁控溅射膜
作业成本法计算的单位成本（元）			
传统成本法计算的单位成本（元）			
成本差异（元）			

通过表 4-34 的比较，我们可以发现作业成本法下磁控溅射膜的单位成本反而比传统成本计算法下的单位成本要低，而金属膜却恰恰相反，作业成本法下的单位成本远远高于传统成本计算法下的单位成本。这是一个比较意外的结果，要是在进行制造费用分配的时候采用作业成本法，就可以清晰地发现潜在的问题。

■ 工作步骤六　单位产品成本计算

工作内容：进行单位产品成本的计算。

■ 工作步骤七　作业成本法与传统成本法差异原因

工作内容：比较作业成本法与传统成本法的差异并分析产生差异的原因。

成本管理之三　背景知识导学

一、目标成本法

（一）目标成本法的定义

微课

什么是目标成本法？

目标成本法，是指以市场为导向，以客户愿意支付的价格为基础确定产品或者服务的售价，然后以具有竞争性的市价和目标利润倒推出产品或服务的目标成本，在产品投产前运用价值工程等手段，从产品设计阶段开始，通过各部门、各环节乃至供应商的通力合作，共同实现目标成本的成本管理方法。

企业应将市场容许成本与新产品设计成本或老产品当前成本进行比较，确定差异及成因，设定可实现的目标成本。市场容许成本，是指目标售价减去目标利润之后的余额。企业一般采取价值工程、拆装分析、流程再造、全面质量管理、供应链全程成本管理等措施和手段，寻求消除当前成本或设计成本偏离容许成本差异的措施，使容许成本转化为可实现的目标成本。

目标成本 = 目标售价 ×（1- 适用税率）- 目标利润

式中：

（1）目标售价 = 市场价格 × 预计销量。

（2）税率的确定：按消费税、城建税、教育费附加的比率测算。

（3）目标利润的确定：

1）用本企业同类产品或国内外同行业同类产品的销售利润率乘以产品的预计销售收入求得。

2）用国内外和本企业同种或同类产品的成本利润率乘以目标成本求得。

3）可以根据企业上年度已实现的利润，结合计划年度的奋斗目标制定出目标利润。

微课

目标成本法的应用

（二）目标成本法的应用

目标成本法应用的一般程序如下所述。

1. 目标成本的制定

企业应根据目标成本法的应用目标及应用环境和条件，综合考虑产品的产销量和盈利能力等因素，确定应用对象。企业一般应将拟开发的新产品作为目标成本法的应用对象，或选择那些功能与设计存在较大的弹性空间、产销量较大且处于亏损状态或盈利水平较低、对企业经营业绩具有重大影响的老产品作为目标成本法的应用对象。

根据目标成本法的公式可以得到，在进行新产品开发或者老产品更新改造时，应通过市场调研及竞争对手分析确定消费者可以接受的价格，再根据企业的实际情况确定目标利润水平，最后倒推出产品或服务的目标成本。目标成本的计算公式还可以表示为：

目标成本 = 目标售价 ×（1- 产品税率）×（1- 销售利润率）

或：

目标成本 = 目标售价 ×（1- 产品税率）÷（1+ 成本利润率）

应用目标成本法一般需经过目标成本的设定、分解、实施到再设定、再分解、再实施多重循环，以持续改进产品方案。

2. 目标成本的可行性分析

确定好目标成本后，需要对目标售价、目标利润及目标成本进行可行性分析。目标售价的可行性分析主要通过市场调研来进行，一方面了解消费者对产品的功能和质量的需求以及可以接受的价格水平；另一方面还需要掌握竞争对手同类产品的价格、功能、质量以及售后服务水平，将收集到的资料与企业目标售价对应的资料进行对比，由此判断目标售价是否可行。目标利润的可行性分析主要分析其是否与企业中长期发展目标相匹配。目标成本的可行性分析通过对比其与企业或竞争对手同类产品成本水平，分析成本节约的潜力。

3. 目标成本的实施过程

（1）目标成本的分解。

运用目标成本法进行成本控制，需要把企业的目标成本采用一定的方式，科学合理

微课

目标成本的制定方法与实施

地划分并分解为一个个小指标，下达到各职能部门、生产车间和生产班组，乃至每个企业员工，明确他们各自所承担的成本责任，建立成本责任分工体系，达到目标成本分解过程中全员参与、全过程控制。

成本可以按照成本项目、产品构成及责任部门分解。如企业按产品构成对可实现的目标成本进行分解，应确定产品所包含的每一零部件的目标成本。在分解时，首先应确定主要功能的目标成本，其次寻求实现这种功能的方法，并把主要功能和主要功能级的目标成本分配给零部件，形成零部件级目标成本。同时，企业应将零部件级目标成本转化为供应商的目标售价。最后将分解后的小指标具体落实到各设计小组和设计人员。企业负责目标成本管理的跨部门团队之下，可以建立成本规划、成本设计、成本确认、成本实施等小组，各小组根据管理层的授权合作完成相关工作。这个过程称为目标成本的分解或者细化。

（2）设计成本的计算。

1）直接法。

产品直接材料设计成本＝Σ（单位产品材料消耗定额 × 材料单价）

产品直接人工设计成本＝单位产品工时定额 × 小时薪酬率

产品制造费用设计成本＝单位产品工时定额 × 小时薪酬率

产品设计成本＝产品直接材料设计成本＋产品直接人工设计成本＋产品制造费用设计成本

2）概率法。

在概率法下，新产品设计成本中直接材料设计成本需采用直接法计算，直接人工设计成本和制造费用设计成本比照同类产品成本中该项目所占比重计算。

产品设计成本＝直接材料成本 ÷［1-（直接人工设计成本比重＋制造费用设计成本比重）］

（3）设计成本与目标成本的比较。

将计算出的设计成本与目标成本进行比较分析，如设计成本小于或者等于目标成本，说明按照此设计方案可以实现预期的目标利润水平；如果设计成本大于目标成本，则说明该方案不可行，企业需要重新设计或者改进现有方案，寻求降低成本的方法。

4. 目标成本的考核与修订

（1）评价设计方案。

企业应将设定的可实现目标成本、功能级目标成本、零部件级目标成本和供应商目标售价进一步量化为可控制的财务和非财务指标，落实到各责任中心，形成各责任中心的责任成本和成本控制标准，并辅之以相应的权限，将达成的可实现目标成本落到实处。

企业依据各责任中心的责任成本和成本控制标准，按照业绩考核制度和办法，定期进行成本管理业绩的考核与评价，为激励各责任中心和人员奠定基础。

（2）修订设计方案。

企业应定期将产品实际成本与设定的可实现目标成本进行对比，确定其差异及其性质，分析差异的成因，提出消除各种重要不利差异的可行途径和措施，进行可实现目标成本的重新设定、再达成，推动成本管理的持续优化。

（三）目标成本法的适用要求

目标成本法一般适用于制造业企业成本管理，也可在物流、建筑、服务等行业应用。

一般来说，在企业管理过程中应用目标成本法，应遵循以下要求：

（1）企业应用目标成本法，要求处于比较成熟的买方市场环境，且产品的设计、性能、质量、价值等呈现出较为明显的多样化特征。

（2）企业应以创造和提升客户价值为前提，以成本降低或成本优化为主要手段，谋求竞争中的成本优势，保证目标利润的实现。

（3）企业应成立由研究与开发、工程、供应、生产、营销、财务、信息等有关部门组成的跨部门团队，负责目标成本的制定、计划、分解、下达与考核，并建立相应的工作机制，有效协调有关部门之间的分工与合作。

（4）企业能及时、准确取得目标成本计算所需的产品售价、成本、利润以及性能、质量、工艺、流程、技术等方面的财务和非财务信息。

（四）目标成本法的优缺点

1. 目标成本法的优点

（1）突出从原材料到产品出货全过程成本管理，有助于提高成本管理的效率和效果。

（2）强调产品生命周期成本的全过程和全员管理，有助于提高客户价值和产品市场竞争力。

（3）谋求成本规划与利润规划活动的有机统一，有助于提升产品的综合竞争力。

2. 目标成本法的缺点

目标成本法在实际应用中不仅要求企业具有各类所需要的人才，更需要各有关部门和人员的通力合作，对企业的管理水平要求较高，实施起来有一定的难度。

二、标准成本法

（一）标准成本的定义

标准成本是指按照成本项目反映的、在已经达到的生产技术水平和有效经营管理条件下，应当发生的单位产品成本目标。标准成本包括理想标准成本、正常标准成本和现实标准成本。

1. 理想标准成本

理想标准成本是指在最优条件下，利用现有的规模和设备能够达到的最低成本。

2. 正常标准成本

正常标准成本是指在效率良好的条件下，根据下期一般应该发生的生产要素消耗量、预计价格和预计生产经营能力利用程度制定出来的标准成本。

3. 现实标准成本

现实标准成本是指根据适用期间应该发生的价格、效率和生产经营能力利用程度等预计的标准成本。

微课

标准成本法的概念

（二）标准成本法的定义

标准成本法，又称标准成本会计，是指以预先制定的标准成本为基础，比较标准成本与实际成本，核算和分析成本差异的一种产品成本计算方法。

（三）标准成本的制定

实施弹性预算制度的企业，要制定各主要成本的一些标准。进行成本预算，应先制定单位产品的标准成本，然后在此基础上确定特定业务量水平上的标准成本总额，即预算总成本。产品的标准成本是由产品的直接材料、直接人工和制造费用组成的。制定单位产品的标准成本，应分别根据直接材料、直接人工的标准用量，材料价格标准，人工工资率标准和制造费用分配率标准等进行计算，按成本要素逐一确定。

每一成本项目的标准成本都包括“数量”标准和“价格”标准两项内容，它们应由管理人员组织工程技术、生产、会计、采购、销售、人事部门等相关人员分析研究确定。

每一成本项目的标准成本的基本计算公式为：

标准成本＝用量标准 × 价格标准

微课

标准成本的制定

标准成本通常只对产品生产成本的直接材料、直接人工和制造费用三个项目进行制定。销售及管理费用，一般采用编制预算的方法进行控制，不制定标准成本。直接材料、直接人工和制造费用各项目的具体内容虽然不同，但构成其标准成本的因素都是：价格与数量。

价格标准一般由会计部门和有关其他部门共同研究确定，通常采用企业编制的计划价格。

数量标准一般由生产技术部门主持制定，执行标准的部门和职工参加制定工作。

1. 直接材料标准成本的制定

直接材料标准成本等于单位产品所需要的各种材料标准用量与各自的标准价格的乘积之和。

直接材料标准成本＝∑（直接材料标准用量 × 直接材料标准价格）

2. 直接人工标准成本的制定

直接人工标准成本等于生产单位产品的各项作业的标准工时与各自的标准工资率乘积之和。

直接人工标准成本＝∑（各项作业的标准工时 × 相应的标准工资率）

3. 固定制造费用标准成本的制定

固定制造费用标准成本等于直接人工用量标准与固定制造费用标准分配率的乘积之和。

固定制造费用标准分配率＝固定制造费用 / 直接人工标准总工时

固定制造费用标准成本＝ Σ 直接人工用量标准（人工工时）× 固定制造费用标准分配率

4. 标准成本的制定：变动制造费用

变动制造费用标准成本等于工时标准与变动制造费用标准分配率的乘积。

变动制造费用标准分配率 = 变动制造费用预算总额 / 标准总工时

变动制造费用标准成本 = 工时标准 × 变动制造费用标准分配率

微课

成本差异分析

（四）成本差异分析的一般模式

在标准成本系统下，企业在生产经营过程中以预定的目标成本——标准成本为尺度衡量实际成本，而实际成本往往由于种种原因与预定的目标成本不符，有一定的差异。实际投入成本低于标准投入成本所形成的差异称为有利差异（Favorable Variance），在有关差异账户的贷方反映，表示成本的节约。若实际投入成本高于标准投入成本所形成的差异称为不利差异（Unfavorable Variance），在有关差异账户的借方反映，表示成本的浪费。

实际成本与标准成本之间的差异又可分解为两个因素，即价格差异和效率差异。

价格差异（ Price Variance）是由实际价格和标准价格之间的差异所引起的，其计算建立在实际投入数量的基础上，计算公式如下：

价格差异＝（实际投入数量 × 实际价格）－（实际投入数量 × 标准价格）

＝实际投入数量 ×（实际价格 － 标准价格）

效率差异（ Efficiency Variance）是由于实际产出下的实际投入量和实际产出下的标准投入量之间的差异所引起的，其计算建立在标准价格的基础上，计算公式如下：

效率差异＝（实际投入数量 × 标准价格）－（标准投入数量 × 标准价格）

＝（实际投入数量 － 标准投入数量）× 标准价格

微课

成本差异分析案例

价格差异和数量差异要素分解，如图 4-2 所示。

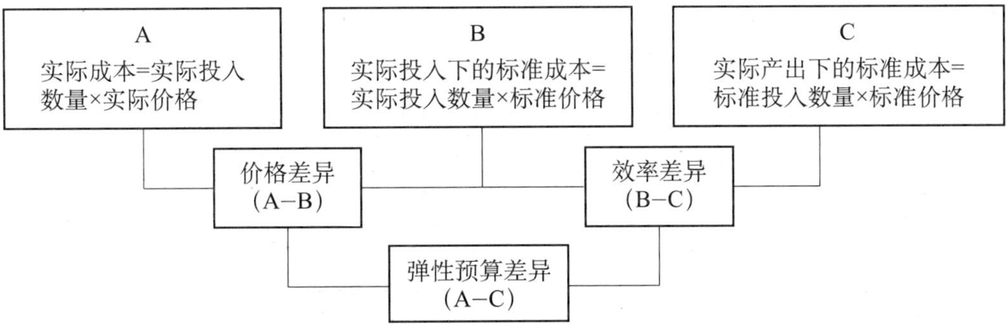

图 4-2　价格差异和数量差异要素分解

1. 直接材料成本差异

例4-1

假设新兴制品公司2023年3月份实际生产了A产品700件，实际使用直接材料5 810千克，每千克实际价格为10.10元。A产品标准成本计算表如表4-35所示，其中，直接材料标准用量为8千克，每千克标准单价为10元。

表4-35　A产品标准成本计算表

项目	标准用量	标准价格	单位产品成本
直接材料	8千克	10元/千克	80元
直接人工	10小时	9元/小时	90元
变动制造费用	10小时	0.8元/小时	8元
固定制造费用	10小时	1.28元/小时	12.8元
合计	–	–	190.8元

要求：计算直接材料的成本差异。

解析：直接材料实际成本＝5 810×10.10=58 681（元）

直接材料标准成本＝700×8×10＝56 000（元）

直接材料成本差异＝58 681−56 000=2 681（元）（不利差异U）

其中：

直接材料数量差异＝（5 810−700×8）×10=2 100（元）（不利差异U）

直接材料价格差异=5 810×（10.10−10）=581（元）（不利差异U）

例4-1的直接材料成本差异分解图，如图4-3所示。

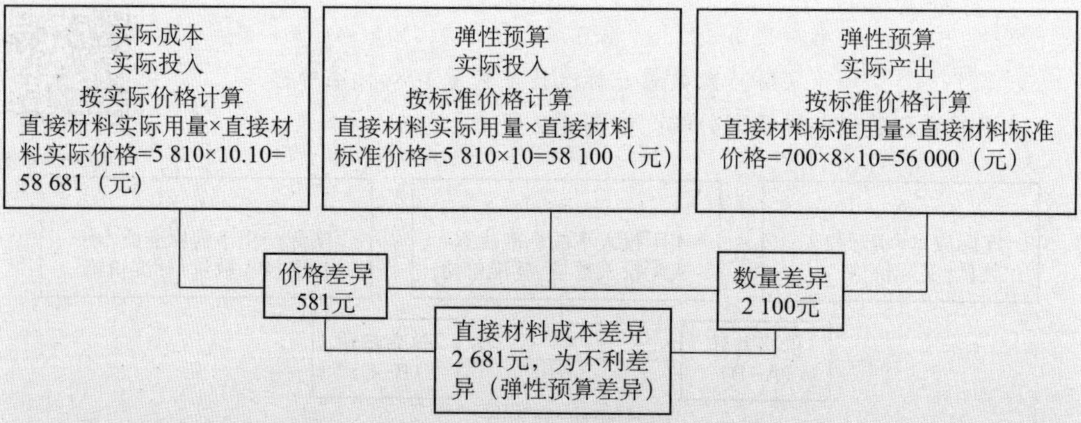

图4-3　例4-1的直接材料成本差异分解图

例4-1中，直接材料成本差异为不利差异，是直接材料数量不利差异及价格不利差异之和。进一步分析差异原因，可能是由于价格上涨，相对便宜的材料（仍比预算价格高）

质量较差，引起材料用量增加，或加工过程中材料使用浪费等因素所致。

（1）直接材料数量差异是产品生产过程中材料耗用量的增加，一般应由生产部门负责。在正常情况下，生产部门可以控制耗用材料的数量，但还应该进行具体分析。在有些情况下，如企业采购部门采购质量较差或不符合规格的材料、材料在储存中变质损坏等，也会造成材料耗用量的增加。这种情况下直接材料数量差异应由相关采购部门或仓储部门负责。

（2）直接材料价格差异一般由采购部门负责，因为在正常情况下，采购部门可选择采购价格合理、运输方便、采购费用较低、质量较好的材料。但材料的实际价格客观上又受许多因素的影响，如市场供求的变化、价格的变动、采购数量、紧急订货和运费涨价等的影响，这些原因引起的价格差异不应归责于采购部门，而应对差异形成的原因和责任做进一步的分析。例如应生产上的要求，对某项材料进行小批量的紧急订货，由于订货和运输形成的不利差异不能由采购部门承担责任。

2. 直接人工成本差异

（1）直接人工效率差异。

直接人工效率差异是指因生产单位产品实际耗用的直接人工工时偏离其预定的标准工时所形成的直接人工成本差异。

直接人工效率差异 =（实际工时 × 标准工资率）-（标准工时 × 标准工资率）

（2）直接人工工资率差异。

直接人工工资率差异是指因直接人工实际工资率偏离其预定的标准工资率而形成的直接人工成本差异。

直接人工工资率差异 =（实际工时 × 实际工资率）-（实际工时 × 标准工资率）

= 实际工时 ×（实际工资率 - 标准工资率）

例4-2

沿用例 4-1 的资料，假设新兴公司 3 月份在实际生产 700 件 A 产品的生产量水平上，实际直接人工工时为 7 200 小时，实际工资率为每小时 8.8 元。生产每件 A 产品的直接人工标准工时为 10 小时，标准工资率为 9 元 / 小时。

要求：计算直接人工的成本差异。

解析：

直接人工实际成本 =7 200×8.8=63 360（元）

直接人工标准成本 =700×9×10=63 000（元）

直接人工成本差异 =63 360−63 000=360（元）（不利差异 U）

其中：

直接人工效率差异 =（7 200−7 000）×9=1 800（元）（不利差异 U）

直接人工工资率差异 =7 200×（8.8−9）=−1 440（元）（有利差异 F）

直接人工成本差异分解图，如图 4-4 所示。

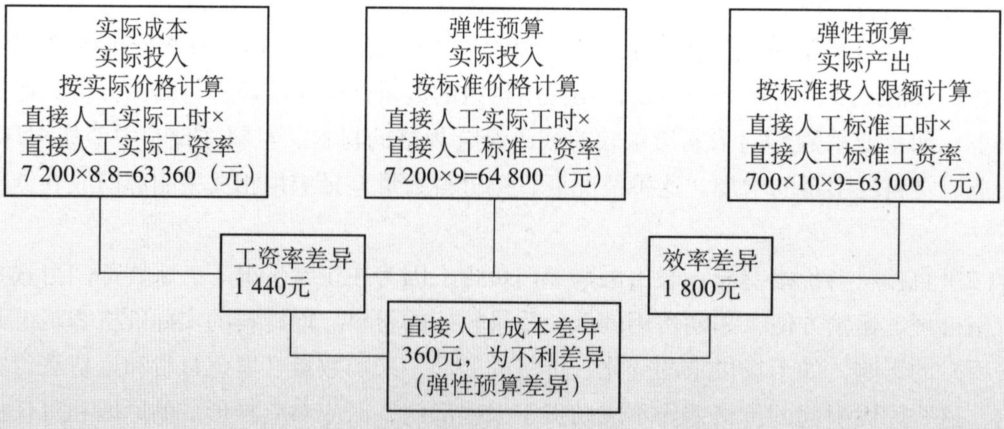

图 4-4 例 4-2 的直接人工成本差异分解图

例 4-3 中，直接人工成本差异为不利差异，是直接人工工资率有利差异小于直接人工效率不利差异的结果。其原因可能是低水平技术工人造成了生产效率的下降，或材料质量问题导致加工难度增加。

（1）直接人工效率差异即数量差异，主要受劳动生产率、生产工艺、劳动组织和生产管理水平、生产工人配备的合理程度以及劳动积极性等因素影响。

（2）直接人工工资率差异往往是由于工种的调配、不同工资级别工人实际工时比例的变动、工资制度变化和工人工资级别的调整等引起的。

3. 制造费用成本差异

（1）变动制造费用支出差异，是指因变动制造费用实际分配率偏离其标准分配率而形成的变动制造费用差异部分。其计算公式为：

变动制造费用支出差异 =（实际费用分配率 − 标准费用分配率）× 分配基础实际用量

（2）变动制造费用效率差异，是指因生产单位产品实际耗用的直接人工工时偏离预定的工时而形成的变动制造费用差异部分。

变动制造费用效率差异 =（分配基础实际用量 − 分配基础标准用量）× 标准费用分配率

例4-3

沿用例 4-1 的资料，假设新兴公司 2023 年 3 月份实际生产量 700 件，实际使用人工 7 200 小时，变动费用的标准分配率为 0.8 元 / 小时。

要求：计算变动制造费用成本差异。

解析：

变动制造费用实际分配率 =6 264 ÷ 7 200=0.87（元 / 小时）

变动制造费用支出差异 =（0.87−0.8）×7 200=504（元）（不利差异 U）

变动制造费用效率差异 =（7 200−7 000）×0.8=160（元）（不利差异 U）

变动制造费用成本差异分解图，如图 4-5 所示。

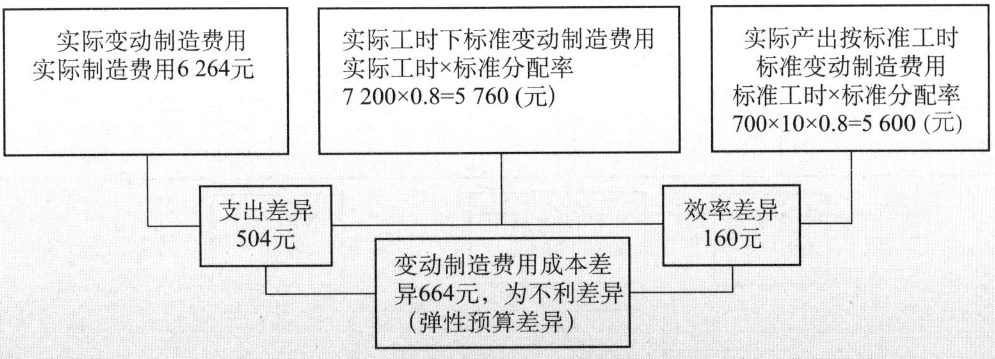

图 4-5　例 4-3 的变动制造费用成本差异分解图

例 4-3 中，变动制造费用发生不利支出差异 504 元，不利效率差异 160 元，导致变动制造费用总差异为不利差异 664 元。引起变动制造费用不利差异的原因可能是多方面的，如构成变动制造费用的各要素价格的上涨（间接材料价格的上涨、动力费价格上涨等），或者是间接材料和人工使用的浪费、动力和设备使用的浪费等。变动制造费用的效率差异是同变动制造费用的分配基础联系在一起的。所以变动制造费用分配基础的选择非常重要，通常负责控制分配基础水平的部门应对变动制造费用的效率差异承担责任。

（3）固定制造费用差异。

固定制造费用差异分析中不计算效率差异，把实际的固定制造费用同预算的固定制造费用相比较，揭示固定制造费用的支出差异。

固定制造费用总差异 = 实际总成本 − 实际产品下标准成本

1）两差异分析法。

固定制造费用预算差异 = 固定费用实际发生总额 − 固定费用预算总额

固定制造费用生产量差异 = 固定制造费用预算总额 − 实际产量下标准工时 × 固定制造费用标准分配率

2）三差异分析法。

固定制造费用支出差异 = 固定费用实际发生总额 − 固定费用预算总额

固定制造费用生产能力差异 = 固定制造费用预算总额 − 实际工时 × 固定费用标准分配率

（4）固定制造费用效率差异。

例4-4

沿用例 4-1 的资料，假设新兴公司 3 月份固定制造费用的预算总额为 11 520 元，实际发生额为 11 480 元，固定制造费用的标准分配率为 1.28 元 / 小时。

要求：对于采用变动成本法计算成本的企业，计算固定制造费用差异。

解析：固定制造费用三差异分析图，如图 4-6 所示。

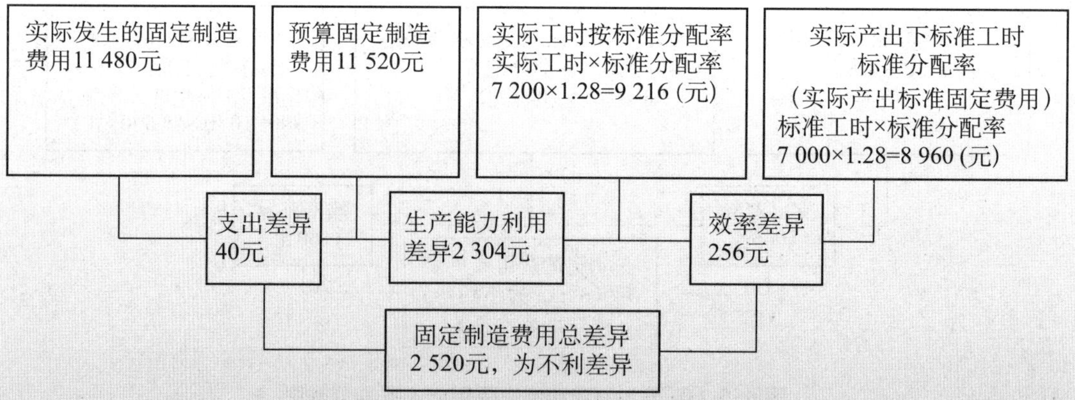

图 4-6　例 4-4 的固定制造费用三差异分解图

固定制造费用发生的不利差异 2 520 元被分解为三个差异：有利的支出差异 40 元，不利的生产能力利用差异 2 304 元，以及不利的效率差异 256 元。支出差异反映了费用项目价格的变动或费用开支方面的节约或浪费。效率差异反映人工效率情况。生产能力利用差异反映生产能力的使用情况。该企业预算正常生产能力为 9 000 小时，而实际用人工工时仅为 7 200 小时，形成了 1 800 个工时生产能力的闲置，产生 2 304 元的不利差异。如果该公司选用现实可用的人工工时数量（9 500 小时）作为基础生产能量，则生产能力的闲置差异将更大。

（五）标准成本法的实施步骤

（1）制定单位产品标准成本。

（2）根据实际产量和成本标准计算产品的标准成本。

（3）汇总计算实际成本。

（4）计算标准成本与实际成本的差异。

（5）分析成本差异的原因。

（6）向成本负责人提供成本控制报告。

（六）标准成本法的实施条件

（1）工艺操作过程的标准化。

（2）健全的成本管理系统。

（3）全体员工成本意识的提高。

（七）标准成本法的作用

（1）控制成本，提高成本管理水平。

（2）为企业的预算编制和经营决策提供依据。

（3）正确评价和考核工作成果，调动员工的积极性。

（4）简化成本计算，为对外财务报表的编制提供资料。

三、变动成本法与完全成本法

（一）成本性态分析

微课

成本性态分析

成本对象即成本的属性，分为变动成本、固定成本、混合成本。变动成本是指成本的变动与某个成本动因在相关范围内的数量变化成比例关系。固定成本是指当成本动因的数量在相关范围内发生变化时，总成本中保持不变的部分，可进一步分解为酌定成本和既定成本。混合成本是指总成本中既包括固定成本也包括变动成本。成本行为是成本发生变化的前提，它是成本发生变化的相关范围（也叫产能范围），固定成本和变动成本的界定只有在相关范围内才存在意义。相关范围内，固定成本总额固定不变，单位变动成本保持不变。成本性态分析如图 4-7 所示。

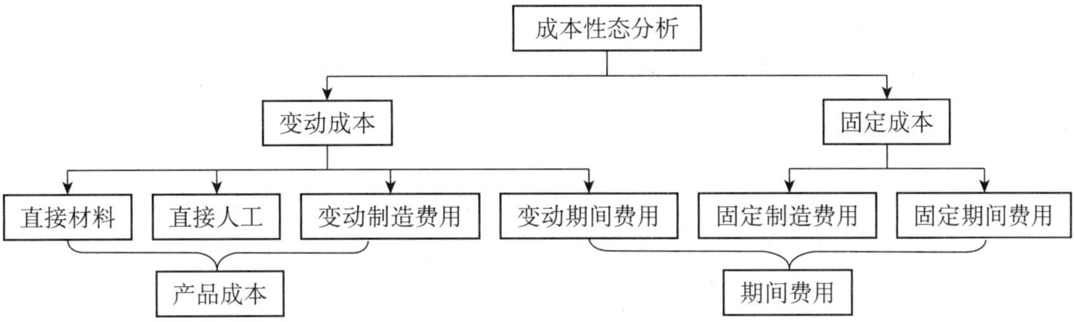

图 4-7　成本性态分析

（二）变动成本法与完全成本法的概念

微课

变动成本法的概念

变动成本法，又叫直接成本法，是一种产品成本仅包含变动制造成本，采用边际贡献格式损益表的成本核算方法。产品成本仅包含直接材料、直接人工、变动制造费用。期间成本包含固定制造费用、变动和固定销售费用、变动和固定管理费用。损益表框架为边际贡献式损益表。销售收入减去产品销货成本（包括直接材料、直接人工、变动间接制造费用）和变动销售管理费用，得到边际贡献，边际贡献再减去固定期间成本（包括固定间接制造费用、固定销售管理费用），得到营业利润。

完全成本法，又叫吸纳成本法，是一种产品成本包含全部制造成本，采用毛利格式损益表的成本核算方法。产品成本包含直接材料、直接人工、变动间接制造费用、固定间接制造费用。期间成本包含变动和固定销售费用、变动和固定管理费用。销售收入减去产品销售成本（包括直接材料、直接人工、变动和固定间接制造费用）得到销售毛利，销售毛利再减去期间成本（包括变动销售管理费用和固定销售管理费用），得到营业利润。

（三）变动成本法与完全成本法的差异

完全成本法下，首先将成本按照经济用途分类，将一定时期内发生的所有生产耗费归属为产品成本，包括直接材料、直接人工和全部制造费用，其中制造费用不分变动制造费用和固定制造费用，而是全部计入产品成本，随产品的销售而得到补偿；未销售前不影响当期利润，作为存货计入资产负债表。将发生的非生产领域的耗费归属为期间费用，称为非生产成本，包括销售费用、管理费用和财务费用，该部分费用和产品生产没有直接关系，不计入产品成本，直接计入当期损益。

微课

变动成本法与完全成本法差异分析

变动成本法与完全成本法的主要区别就在于对固定生产成本（固定制造费用）的处理方法不同，前者作为期间费用处理；后者作为产品成本的一部分，固定制造费用归属于产品，是产品成本的一部分。由此造成两种成本计算方法的产品成本组成不同，存货计价内容不同，当期的销售成本不同，从而使得两种方法得到的利润有时也会出现差异。

变动成本法区别于完全成本法，概括起来主要具有以下特点：

（1）变动成本法以成本性态分析为基础，将成本区分为变动成本和固定成本。

（2）存货资产只包括直接生产成本（直接材料、直接人工和变动制造费用）。

（3）间接成本（包括固定性制造费用）全部视为期间费用，在当期收入中抵减。

（4）成本信息主要服务于企业内部管理。由于现行的企业会计准则和税收制度仍然要求以完全成本计算法为基础确定利润和对外报告，因而变动成本法并不能完全取代完全成本法。

由于变动成本法下损益的确定程序与完全成本法不同，因此变动成本法使用贡献式利润表，完全成本法使用传统式利润表。

完全成本法适用于财务会计，主要对外提供会计信息；变动成本法适用于成本管理和控制，主要对内提供决策信息，在一定程度上不严格受企业会计准则的约束。由此可见，变动成本法主要适用于企业内部管理，对外进行信息的报送还要依赖于完全成本法。

（四）变动成本法的应用程序

1. 进行成本性态分析，划分变动成本和固定成本

变动成本法首先要求进行成本性态分析，通常是由会计部门会同采购、生产、技术、质量部门以及其他有关经营管理部门，在对企业生产经营的现状和具体条件进行分析、研究和技术测定的基础上，把全部成本划分为变动成本和固定成本两大部分。尤其是要把属于混合性质的制造费用按生产量分解为变动制造费用和固定制造费用两部分。

2. 确定产品成本及期间成本的构成内容

变动成本法下，产品成本只包括变动生产成本，固定生产成本和非生产成本则全部作为期间成本处理。

3. 计算存货成本和销货成本

变动成本法下，不论在产品、产成品还是已经售出产品，其成本组成内容中制造费用

部分只包含变动制造费用，期末存货的计价中制造费用也仅包括变动制造费用，而固定制造费用作为固定成本，在发生当期直接抵减当期损益。即

在产品、产成品存货价值 = 直接材料 + 直接人工 + 变动性制造费用 = 变动成本

完全成本法下，不论在产品、产成品还是已经售出产品，其成本组成内容中制造费用部分既包括变动制造费用也包括固定制造费用，期末存货计价相应也包括变动制造费用和固定制造费用。

在产品、产成品存货价值 = 制造成本

= 直接材料 + 直接人工 + 制造费用

= 直接材料 + 直接人工 + 变动制造费用 + 固定制造费用

= 变动成本 + 固定制造费用

当期末存货不为零时，在变动成本法下，由于固定生产成本被作为期间成本计入当期的损益，便不可能转化期末存货成本或当期销货成本；而在完全成本法下，固定生产成本被计入产品成本，并要在存货和销货之间进行分配，使得一部分固定生产成本被期末存货吸收递延到下期，另一部分固定生产成本随着产品售出结转为销货成本被计入当期损益，这就导致两种方法下所计算的期末存货成本以及当期销货成本的不同。

4. 计算营业利润

变动成本法下，营业利润是按贡献式损益确定程序进行计量。计算分为两步：第一步计算边际贡献总额；第二步计算当期营业利润。

贡献式损益确定程序是指在变动成本法的损益计量过程中基于成本性态分析，首先将成本划分为变动成本和固定成本，因销售收入减去变动成本（包括变动销售费用和管理费用）得出企业的边际贡献，然后因边际贡献再减去固定成本（包括固定销售费用、固定管理费用和固定制造费用），从而得出企业的息税前利润，即营业利润。

（五）变动成本法与完全成本法的结合应用

1. 日常核算

企业的日常核算建立在变动成本法的基础上。

2. 期末调整

期末将固定制造费用的本期发生额进行分配结转，使生产成本、销售成本和期末存货价值按照完全成本法反映，从而满足期末编制会计报表的需要。

（六）变动成本法与完全成本法的优缺点

1. 变动成本法的优点

（1）更符合配比性原则。

（2）便于分清各部门的经济责任。

（3）重视销售环节，防止盲目生产。

（4）为企业改善经营管理、提高经济效益提供有用的管理信息。

2. 变动成本法的缺点

（1）变动成本和固定成本的划分并不完全精确。

（2）不符合传统的成本概念的要求。

（3）不能满足长期经济决策和定价决策的需要。

3. 完全成本法的优点

（1）刺激企业加速发展生产的积极性。

（2）符合传统的成本概念，有利于企业编制对外报表。

4. 完全成本法的缺点

（1）固定生产成本的分配具有主观性。

（2）不利于管理层理解当期损益。

（3）完全成本法下确定的营业利润不能客观地评价管理人员的业绩。

四、作业成本法

（一）作业成本法的概念

微课

作业成本法提出的背景

作业是企业组织为了特定目的而消耗资源的活动或事项，作业成本管理正是以作业为核心，以资源流动为线索，以成本动因为媒介，作业成本计算与作业基础管理相结合的全面成本管理制度。

作业成本法是以作业作为联系资源和成本对象的媒介，以多样化成本动因为依据，将资源追踪到作业，将作业追溯到成本对象的一种成本计算思路，简而言之，就是作业消耗资源，产品消耗作业。

（二）作业成本法的核心

作业成本法的核心在于把“作业量”与传统成本计算系统中的“数量”（如人工工时、机器工时）区别开来，并主张以作业量作为分配大多数间接成本的基础。

微课

作业成本法的核心

作业成本法首先根据资源与作业（或作业库、作业中心）的因果关系（即资源动因关系）将各作业所消耗的资源计入特定作业（或作业中心），然后，根据作业与产品（或劳务）的因果关系（即作业动因）计入特定产品（或劳务）。以上分配方法就是作业成本法中所称的成本分配的“动因追溯法”。

作业成本法对制造费用的核算作了根本性变革，主要表现为：第一，将制造费用由全厂统一或按部门归集和分配，改为由若干个作业中心分别进行归集和分配；第二，增加了分配标准，由单一标准分配改为按引起制造费用发生的多种成本动因进行分配。

（三）作业成本法的应用前提

在作业成本法下资源与产品成本（或劳务成本）的关系分为：直接因果、间接因果和无因果三种关系，这是作业成本计算法下首先需要解决的问题。

1. 直接成本

与产品成本等有直接因果关系的资源就是直接成本，它是指产品制造过程中，直接用于产品生产的材料、生产工人的职工薪酬以及其他直接耗费等，它直接计入产品的生产成本，通常称为“直接追溯成本”。

2. 间接成本

与产品成本等有间接因果关系的资源就是间接成本，它是指制造企业各生产单位（分厂、车间）为组织和管理生产所发生的各种耗费，包括生产单位管理人员的职工薪酬、办公费、水电费、机物料消耗、劳动保护费、机器设备的折旧费、低值易耗品摊销等。由于间接发生时，不能或不便于直接计入某一成本计算对象，因此，制造成本法下通常是按照间接成本发生的部门（地点）和用途，先通过“制造费用”账户对这些耗费进行归集，在每个会计期间终了，再按一定的标准（比如生产各种产品所耗的工时）将所归集的制造费用分配计入相关产品的生产成本之中，而作业成本法下是要将归集的间接费用按照作业进行分配。

3. 无因果关系成本

无因果关系的资源是指不可追溯成本，其与成本对象之间没有因果联系，或追溯不具有经济可行性。把不可追溯成本分配至各成本对象的过程称为分摊。由于不存在因果联系，因此分摊不可追溯成本往往建立在简便原则或假定联系的基础上。例如，一家工厂生产五种产品，供热和照明成本需要分配至各种产品。显然，很难找到其中的因果联系，一个简便的方法是按各产品消耗人工小时的比例分摊这些成本。任意地分摊不可追溯成本将会降低整个成本分配的准确性，因而应尽可能避免。

微课

动因追溯法

（四）动因追溯法

动因追溯法，是指依据成本动因将成本分配至各成本对象的方法。1987 年，库伯和卡普兰提出了成本动因概念，他们认为作业成本法应把间接成本与隐藏其后的推动力联系起来，这种推动力就是成本动因。根据成本动因在资源流动中所处的位置，通常可将其分为资源动因和作业动因两类。

（1）所谓资源动因，通俗地讲就是资源被各种作业消耗的方式和原因，它反映作业中心对资源的消耗情况，是资源成本分配到作业中心的标准。

资源动因计量各作业对资源的需要，用以将资源成本分配到各个作业上。以“维修设备”作业为例，这项作业消耗的资源包括零部件、设备、工具、人工和能源。其中一些资源，如工具的材料可以直接追溯到作业上。而其他一些资源，如动力和人工就无法直接追溯。实地观察动力消耗情况需要相应的计量仪器，而采用计量仪器有时不一定可行。结果，可能转而采用“机器小时”这一资源动因来分配动力成本。假设动力成本为 0.50 元/机器小时，“维修设备”作业使用了 5 000 机器小时，则动力成本应分配给该项作业 2 500（0.50 × 5 000）元。这项作业的总成本等于可直接追溯的资源成本与按资源动因分配的成本之和。维修设备的总成本确定以后，便可按照作业动因将这项作业成本再分配到消耗该

微课

作业成本法的四大关键要素

作业的各个对象。

（2）所谓作业动因，通俗地讲就是各项作业被最终产品或劳务消耗的方式和原因，反映产品消耗作业的情况，是作业中心的成本分配到产品或劳务的标准。

作业动因计量各成本对象对作业的需求，用以将作业成本分配至各成本对象。例如，作业动因“维修工作小时数”可被用来将“维修设备”作业的成本进一步分配至成本对象。例如，如果提供“维修设备”作业的成本是50元/小时，而某生产部门（如装配车间）使用了1 000维修小时，那么装配车间所应分担的作业成本就是50 000（50×1 000）元。

作业成本法的核心是“间接成本”（即作业成本）的分配问题，也就是前已述及的：作业消耗资源，产品消耗作业。

作业成本法的基本原理可以概括为：依据不同成本动因分别设置作业中心，再分别以各种产品所耗费的作业量分配其在该作业中心中的作业成本，然后，分别汇总各种产品的作业总成本，计算各种产品的总成本和单位成本。由此可见，作业成本法将着眼点放在作业上，以作业为核心，依据作业对资源的消耗情况将所消耗资源的成本分配到作业，再由作业依据成本动因追踪到产品成本的形成和积累过程，由此得出最终产品成本。

（五）作业成本法的适用范围

作业成本法在一定程度上弥补了传统成本计算方法的不足，并且在国内外的一些企业中广泛运用，取得了一定的效果，但是，并不是所有企业都需要采用作业成本法，该方法主要适用于以下类型企业。

1. 间接成本较高

随着现代企业制度的建立，企业采用高新技术，特别是计算机系统广泛运用于生产过程，使得间接成本水平大幅度上升。有些企业产品的生产工艺过程复杂，并且经常需要对生产设备进行调整，要发生一些调整耗费，客观上也导致了间接成本水平的提高，在这种情况之下，采用作业成本计算法可以提高成本信息的质量。

2. 生产非标准化产品较多

如果产品种类较多且大多是定制化产品，则间接成本发生的成本动因就多种多样，在各种产品中进行分配的情况就较复杂，采用单一的间接成本分配标准就不能准确、真实地反映成本信息。为了保证成本信息的准确性，可采用作业成本法。

3. 现代化计算机技术广泛应用

科技的飞速发展对制造业的影响巨大，消费者对产品的多样性和个性化需求不断提高，产品生产日益高科技化和定制化。进行成本计算时，由于需要进行诸多作业的划分、成本的分配等，因此计算分配工作日趋复杂，全部采用手工操作将难以实现成本核算目标。将现代计算机技术引入会计核算，提高了成本计算工作的效率和准确性，为实施作业成本法提供了先决条件。

（六）作业成本法的基本程序

作业成本法的基本原理告诉我们两个重要信息：一是资源与产品成本的关系，即产品消耗作业，作业消耗资源。二是作业成本法的基本框架或者思路，可直接追溯的成本直接计入产品成本，不可直接追溯的间接成本要通过作业的识别和划分，通过动因追溯，将归集的资源成本按照资源动因分配至作业中心，再将作业中心归集的成本，按照作业动因分配至产品成本当中，对于不可追溯成本则直接按照一定标准分配至成本计算对象。

基于上述两点，可将作业成本法的基本程序汇总如下。

微课

作业成本法的应用步骤

1. 确定成本计算对象

与传统成本计算一样，将产品的品种、批次或者步骤作为成本计算对象。

2. 确定直接计入产品成本的类别

确定直接材料、直接人工等直接追溯成本项目。

3. 确认作业类别和作业中心

确认进货作业、生产作业、质检作业、发货作业等，并确定作业中心。一个作业中心就是生产程序的一个部分，例如，检验部门就是一个作业中心。按照作业中心披露成本信息，便于企业管理层控制作业、评估业绩。

4. 将资源成本分配到作业中心

将归集的资源分配到各个作业中心，每个作业中心所代表的是它所在的那个中心所执行的作业，因此，该步骤的成本动因是要确认每个作业中心的资源耗用量。这一步骤的分配工作反映了作业成本法的基本前提：作业量的多少，决定着资源的耗用量，这种资源消耗量与作业量之间的关系就是资源动因，资源动因是本步骤分配的基础。例如，当检验部门被定义为一个作业中心时，那么，“检验小时”就成为一个资源动因。这时，许多与检验有关的成本将会归集到消耗该项资源的作业中心。

5. 将各个作业中心的成本分配到成本对象

将各个作业中心的成本分配到最终产品或劳务上，例如，调整准备作业的成本动因是“调整准备次数”或“调整准备小时”，调整准备次数假定每次调整准备作业耗用的资源都是相同的，调整准备小时则假定资源的消耗量是随着产品所需要的调整准备时间的变动而变动。这一步骤的分配工作，反映了作业成本计算法的基本前提：产出量的多少决定着作业的耗用量，这种作业消耗量与企业产出量之间的关系就是作业动因。

选择成本分配基础即成本动因分配作业成本。例如，抽样检验作业的成本动因是“生产的批次”，钢板打眼作业的成本动因是“打出的眼数”，组装作业的成本动因是“直接人工小时”。这种作业消耗量与企业产出量（成本对象）之间的关系就是前述的“作业动因”。

某作业中心成本分配率＝该作业中心的可追溯成本／该作业中心成本动因耗用总数

某产品应分配的间接制造费用＝该产品耗用的成本动因数量 × 该作业中心成本分配率

6. 计算产品成本

将各产品发生的直接计入成本和各作业中心的动因追溯成本及不可追溯成本的分配额分别汇总，计算出该产品的总成本和单位成本。

成本管理之四　分项考核标准

（1）结合案例分组讨论目标成本的制定流程。

（2）分组完成北京京华纸制品有限公司 2022 年标准成本的确定及成本差异分析工作任务。

（3）分组完成变动成本法和完全成本法下损益表的编制工作任务。

（4）分组完成作业成本法下产品成本的计算。

（5）完成复习思考问题。

成本管理之五　复习思考问题

一、单项选择题

1. 企业应成立由研究与（　　）有关部门组成的跨部门团队，负责目标成本的制定、计划、分解、下达与考核，并建立相应的工作机制，有效协调有关部门之间的分工与合作。

A. 供应、生产、营销

B. 开发、工程、财务、信息

C. 开发、生产、财务

D. 开发、工程、供应、生产、营销、财务、信息等

2. 目标成本法的主要缺点是（　　）。

A. 不是全过程管理

B. 不是全员式管理

C. 不能与利润规划相结合

D. 要求各类人才通力合作下的高水平管理

3. 在采用变动成本法的企业中，单位产品的标准成本不包括（　　）。

A. 直接材料　　B. 直接人工

C. 变动制造费用　　D. 固定制造费用

4. 某企业生产 A 产品，月标准总工时 1 560 小时，标准变动制造费用总额 5 616 元，单位产品标准工时 2 小时 / 件，则变动制造费用标准成本为（　　）元。

A. 7.2　　B. 7

C. 6.8　　D. 7.1

5. 直接人工效率差异是指单位（ ）耗用量脱离单位标准人工工时耗用量所产生的差异。

A. 实际人工工时 B. 定额人工工时
C. 预算人工工时 D. 正常人工工时

6. 下列各项中，属于变动成本的是（ ）。

A. 职工培训费 B. 管理人员基本薪酬
C. 新产品研究开发费 D. 销售人员按销售额提成的佣金

7. 在变动成本法下，构成产品生产成本的是（ ）。

A. 生产成本 B. 变动生产成本
C. 变动成本总额 D. 变动成本和固定成本之和

8. 某企业只生产一种产品，2023 年期初存货成本是 40 000 元，期末存货成本是 0 元，在这种情况下，按完全成本法确定营业利润比按变动成本法确定的营业利润（ ）。

A. 不确定 B. 相等 C. 大 D. 小

9. 下列成本项目中，与传统成本法相比，运用作业成本法核算更具有优势的是（ ）。

A. 直接材料成本 B. 直接人工成本
C. 间接制造费用 D. 特定产品专用生产线折旧费

10.在下列各项中，属于作业成本法中成本性态的是（ ）。

A. 成本与业务量之间的关系 B. 成本动因与成本之间的依存关系
C. 成本与生产之间的关系 D. 成本与作业之间的关系

二、多项选择题

1. 企业负责目标成本管理的跨部门团队之下，可以建立（ ）等，各小组根据管理层授权协同合作完成相关工作。

A. 成本规划小组 B. 成本设计小组 C. 成本确认小组 D. 成本实施小组

2. 企业应用目标成本法的程序一般包括（ ）。

A. 确定应用对象、成立跨部门团队
B. 收集相关信息、计算市场容许成本
C. 设定目标成本、分解可实现目标成本、落实目标成本责任
D. 考核成本管理业绩

3. 企业一般应将（ ）作为目标成本法的应用对象。

A. 拟开发新产品
B. 功能与设计已经成熟的老产品
C. 功能与设计有弹性空间、亏损或微盈，但产销量大而对业绩有重大影响的老产品
D. 对经营业绩影响不大的老产品

4. 下列各项中，不属于直接人工标准工时组成内容的是（ ）。

A. 由于设备意外故障产生的停工工时

B. 由于更换产品产生的设备调整工时

C. 由于生产作业计划安排不当产生的停工工时

D. 由于外部供电系统故障产生的停工工时

5. 产品标准成本的制定通常按成本项目进行，主要有（　　）。

A. 直接材料标准成本的制定　　B. 直接人工标准成本的制定

C. 变动制造费用标准成本的制定　　D. 固定制造费用标准成本的制定

6. 在确定直接人工正常标准成本时，标准工时包括（　　）。

A. 直接加工操作必不可少的时间　　B. 必要的工间休息

C. 调整设备时间　　D. 不可避免的废品耗用工时

7. 下列各项中，属于价格差异的是（　　）。

A. 工资率差异　　B. 人工效率差异

C. 变动制造费用效率差异　　D. 变动制造费用耗费差异

8. 下列各项中，属于固定成本项目的是（　　）。

A. 采用双倍余额递减法计提的折旧　　B. 不动产财产保险费

C. 直接材料费用　　D. 写字楼租金

9. 成本动因按其在作业成本中体现的分配性质不同，可以分为（　　）。

A. 资源动因　　B. 作业动因　　C. 产品动因　　D. 需求动因

10. 与作业成本法相比，下列关于传统成本法的说法中正确的是（　　）。

A. 传统成本法低估了产量大而技术复杂程度低的产品成本

B. 传统成本法高估了产量大而技术复杂程度低的产品成本

C. 传统成本法低估了产量小而技术复杂程度高的产品成本

D. 传统成本法高估了产量小而技术复杂程度高的产品成本

三、实训案例题

实训案例一　直接材料标准成本法及成本差异计算

某企业制定甲产品消耗直接材料的相关资料见表4-36。

表4-36　甲产品消耗直接材料的相关资料

标准	A材料	B材料	C材料
预计发票单价（元/千克）	15	50	23
装卸、检验等成本（元/千克）	1	2	0.5
小计	16	52	23.5
材料设计用量（千克/件）	30	15	40
允许损耗量（千克/件）	0.5	1	0
小计	30.5	16	40

2023 年 10 月，该企业实际购入 A 材料 2 600 千克，其中生产甲产品领用 2 500 千克，采购材料时实际支付 39 000 元，本期生产出甲产品 80 件。

要求：

1. 确定甲产品直接材料的标准成本。
2. 计算 A 材料的总差异和分差异。

实训案例二　完全成本法下成本计算、利润构成及变动成本法下营业利润的计算

某企业连续两年的产销量、成本资料如表 4-37 所示。

表4-37　某企业连续两年的产销量、成本资料

项目	第一年	第二年
生产量（件）	8 000	10 000
销售量（件）	8 000	6 000
单位产品变动生产成本（元）	15	15
固定制造费用（元）	40 000	40 000
固定销售及管理成本（元）	10 000	10 000

若第一年的期初存货量为 0，该企业按变动成本法计算的营业利润第一年为 150 000 元，第二年为 100 000 元。存货按先进先出法计价。

要求：

1. 计算完全成本法下的单位产品成本。
2. 直接回答第一年完全成本法下的营业利润。
3. 用利润差额简算法计算第二年两种方法下营业利润差额并分析出现差异的原因。
4. 计算第二年完全成本法下的营业利润。
5. 如果第三年的销售量是 6 000 件，确定变动成本法下第三年的营业利润。

实训案例三　传统成本法和作业成本法下产品总成本与单位产品成本的计算及对比

某企业生产甲、乙两种产品，有关资料如表 4-38、表 4-39 所示。

表4-38　产量及直接成本等资料表

项目	甲产品	乙产品
产量（件）	20 000	50 000
定购次数（次）	4	8
机器制造工时（小时）	40 000	150 000
直接材料成本（元）	2 200 000	2 500 000
直接人工成本（元）	300 000	750 000

表4-39　制造费用明细及成本动因表

项目	制造费用金额	成本动因
材料验收成本	36 000	订购次数
产品验收成本	42 000	订购次数
燃料与水电成本	43 700	机器制造工时
开工成本	21 000	订购次数
职工福利成本	25 200	直接人工成本
设备折旧	32 300	机器制造工时
厂房折旧	20 300	产量
材料储存成本	14 100	直接材料成本
车间管理人员工资	9 800	产量
合计	244 400	

要求：

1. 分别按传统成本计算法与作业成本法求出甲、乙两种产品所应负担的制造费用。
2. 分别按传统成本计算法与作业成本法计算甲、乙两种产品的总成本和单位成本。
3. 比较两种方法计算结果的差异，并说明其原因。

成本管理之六　完成工作任务的感受与总结

一、感受与总结

请同学们以个人或小组为单位，填写完成工作任务的感受与总结（见表4-40）。

表4-40　感受与总结

组别	完成工作任务的感受	分值
1		
2		
3		
4		

二、延伸学习资源

中华人民共和国财政部网站：http：//www.mof.gov.cn/index.htm。

情境五

如何实现企业生产经营各环节的价值增值

情境导航

本量利分析在伍佰本生鲜超市中的应用

伍佰本生鲜超市是一家社区零售公司，经营范围主要包括蔬菜、水果以及鱼类商品。伍佰本生鲜超市三类商品的基本数据，如表 5-1 所示。

表 5-1　伍佰本生鲜超市三类商品的基本数据　　金额单位：元

项目	蔬菜	水果	鱼类
售价（元/千克）	5	8	10
月销量（千克）	360 000	200 000	60 000
单位变动成本	4	4.8	7
单位边际贡献	1	3.2	3
边际贡献率	20%	40%	30%
月销售额	1 800 000	1 600 000	600 000
销售比重	45%	40%	15%

公司每月的固定成本为 590 000 元。

本文涉及公式如下：

单位边际贡献 = 单价 − 单位变动成本

边际贡献率 = 单位边际贡献 ÷ 售价

某商品销售比重 = 该商品月销售额 ÷ 本月销售总额

保本销售量 = 固定成本 ÷ 单位边际贡献

保本销售额 = 保本销售量 × 单价

综合边际贡献率 = 边际贡献合计 ÷ 综合销售额

综合保本额 = 固定成本 ÷ 综合边际贡献率

在公司营运分析例会上，财务经理将基本数据表打印分发给与会领导讨论。公司总经理看后向财务经理等人提出了以下几个问题：

（1）哪种商品是销售主力？

（2）哪种商品最赚钱？

（3）综合边际贡献率是多少？

（4）如果公司单独经营一种产品，保本销售量为多少？

（5）如果公司单独经营一种产品，保本销售额为多少？

（6）目前来看，蔬菜的销售比重最高，达到45%，如果把水果的销售比重提高到55%，蔬菜的销售比重降低到30%，鱼类的销售比重不变，综合边际贡献率是多少？

（7）如果把水果的销售比重提高到55%，蔬菜的销售比重降低到30%，鱼类的销售比重不变，那么，三种商品的保本销售量分别是多少？

（8）调整销售结构会对公司的业绩产生哪些影响？

会后，财务经理组织财务分析人员对三类商品进行保本分析，结果如表5-2所示。

表5-2　伍佰本生鲜超市三类商品保本分析　　单位：元

项目	蔬菜	水果	鱼类
综合保本额	2 000 000（固定成本/综合边际贡献率）		
销售比重	45%	40%	15%
保本销售额	900 000	800 000	300 000
保本销售量（千克）	180 000	100 000	30 000
边际贡献率	20%	40%	30%
实际销量（千克）	360 000	200 000	60 000
边际贡献	360 000	640 000	180 000
月销售额	1 800 000	1 600 000	600 000
边际贡献合计	1 180 000		
月销售额合计	4 000 000		
综合边际贡献率	29.5%		

假设其他因素不变，把水果的销售比重提高到55%，蔬菜的销售比重降低到30%，鱼类的销售比重不变，此时公司的保本分析如表5-3所示。

表5-3　调整销售比重后三类商品保本分析　　单位：元

项目	蔬菜	水果	鱼类
原销售比重	45%	40%	15%
新销售比重	30%	55%	15%
总销售额	4 000 000		
新销售额	1 200 000	2 200 000	600 000

续表

项目	蔬菜	水果	鱼类
单价	5	8	10
单位变动成本	4	4.8	7
单位边际贡献	1	3.2	3
新销售量（千克）	240 000	275 000	60 000
边际贡献	240 000	880 000	180 000
边际贡献合计	1 300 000		
综合边际贡献率	32.5%		
原综合边际贡献率	29.5%		
综合保本额	1 815 384（固定成本/综合边际贡献率）		
销售比重	30%	55%	15%
保本销售额	544 615	998 461.2	272 307.6
保本销售量	108 923	124 807.7	27 230.8

从表 5-3 可以发现，由于水果单位边际贡献率＞鱼类单位边际贡献率＞蔬菜单位边际贡献率，在提高水果销售比重的情况下，公司的综合边际贡献率由 29.5% 提升到 32.5%，综合保本额由 2 000 000 元降低至 1 815 384 元。因此，改变各商品的销售比重，可以降低公司的保本额，最终提高公司的利润。

公司总经理听取了财务团队的问题分析汇报，财务经理回答了总经理之前提出的问题。

（1）哪种商品是销售主力？

目前是蔬菜，销售比重为 45%。

（2）哪种商品最赚钱？

水果最赚钱，边际贡献率最高，达到 40%。

（3）综合边际贡献率是多少？

经计算，综合边际贡献率是 29.5%。

（4）如果公司单独经营一种产品，保本销售量为多少？

如果公司单独经营一种产品，要分别卖到 590 000 千克、184 375 千克、196 667 千克才能保本，用边际贡献赚回固定成本。（固定成本 ÷ 个别商品的单位边际贡献）

（5）如果公司单独经营一种产品，保本销售额为多少？

如果公司单独经营一种产品，要分别卖到 2 950 000 元、1 475 000 元、1 966 670 元才能保本，用边际贡献赚回固定成本。

（6）目前来看，蔬菜的销售比重最高，达到 45%，如果把水果的销售比重提高到 55%，蔬菜的销售比重降低到 30%，鱼类的销售比重不变，综合边际贡献率是多少？

如果把水果的销售比重提高到 55%，蔬菜降低到 30%，鱼类的销售比重不变，综合边际贡献率会提高到 32.5%。

（7）如果把水果的销售比重提高到55%，蔬菜降低到30%，鱼类的销售比重不变，那么，三种商品的保本销售量分别是多少？

如果把水果的销售比重提高到55%，蔬菜降低到30%，鱼类的销售比重不变，三种商品的保本销售量分别是108 923千克、124 807.7千克和27 230.8千克。对比之前的销售比重，蔬菜占比45%，水果占比40%，鱼类占比15%，那时的三种商品保本销售量分别是180 000千克、100 000千克和30 000千克。

（8）调整销售结构会对公司的业绩产生哪些影响？

销售结构的改变增加了企业的业绩。从计算结果得知，公司的边际贡献合计从118万元提升到130万元。

思考：

伍佰本生鲜超市是如何应用本量利分析法的？

思政园地

掌握本量利分析能力，培养严谨务实的职业精神

在当今竞争激烈的职场中，掌握本量利分析能力是非常重要的。本量利分析，即成本－业务量－利润分析（Cost-Volume-Profit Analysis，CVP Analysis），它是一种管理会计工具，帮助管理人员了解企业成本、产量和利润之间的关系，从而做出明智的经营决策。培养管理人员严谨务实的职业精神对于成功应对各项工作挑战至关重要。

1. 加强学习

你可以通过阅读相关书籍、参加培训课程或观看在线教程学习有关本量利分析的基本知识和技能，如固定成本、可变成本、利润等方面的概念与相互关系。

2. 实践分析技巧

理论知识是基础，但实践是检验真理的唯一标准。在学习了相关知识后，你需要在实际工作中应用本量利分析技巧，不断提高自己的分析能力。

3. 严谨的思考

分析问题时要求细致入微，对待数据要求严谨、客观。你应学会从多个角度分析问题，同时要注意对隐含的假设和前提进行审视。

4. 注重沟通和团队协作

在工作中，与同事保持良好沟通，善于听取他人意见，有效表达自己的观点。团队协作是提高工作效率的关键。

5. 不断提升技能

在职场中，不断学习和提升自己的知识和技能是非常重要的。你可以通过阅读专业书籍，参加企业成本管理实践和利润分析研讨会等方式不断丰富自己的知识储备，提高分析和实战能力。

6. 培养良好的时间管理和自律习惯

在工作中要合理安排时间，制订计划并执行。自律能够帮助你克服拖延，提高

工作效率，使你在面对挑战时表现出更强的职业精神。

通过以上几个方面，你可以逐步提高本量利分析能力，同时培养严谨务实的职业精神，为在职场中取得成功打下坚实的基础。

营运管理之一　学习目标

（1）理解营运管理的含义和应用环境。

（2）熟悉营运计划的制订、执行、调整要求。

（3）掌握营运监控的基本任务和营运分析的步骤。

（4）熟悉营运绩效管理的要求。

（5）理解本量利分析的定义、基本公式。

（6）掌握保本点分析和目标利润分析的基本要求。

（7）理解敏感性分析的定义和敏感性分析的适用情况。

（8）掌握短期、长期营运决策中敏感性分析的应用程序。

（9）理解边际分析的定义和安全边际分析的适用情况。

（10）掌握边际贡献分析和安全边际分析的主要指标。

营运管理之二　具体工作任务

工作任务一　英大公司保本点计算

英大公司生产甲、乙、丙三种产品，其固定成本总额为 100 800 元，三种产品的有关资料如表 5-4 所示。

表5-4　三种产品的资料

品种	销售单价（元）	销售量（件）	单位变动成本（元）
甲	1 600	400	1 200
乙	400	80	280
丙	800	160	600

工作要求：

（1）产品组合中各产品销售比重不变，采用加权平均法计算该公司产品组合的综合保本销售额及实现综合保本时各产品的销售量。

（2）计算该公司营业利润。

请将计算结果填入表 5-5。

表5-5　英大公司保本点计算结果

品种	销售比重（%）	边际贡献率（%）	综合边际贡献率（%）	综合保本额（元）	保本量（件）	营业利润
甲				—		—
乙				—		—
丙				—		—
产品组合	—	—			—	

注：计算结果除保本量取整外其他结果四舍五入保留两位小数。

工作任务二　盈海公司保本点计算

盈海公司只销售一种产品，2023 年单位变动成本为 16 元 / 件，变动成本总额为 64 000 元，共获税前利润 18 000 元。若该公司计划于 2024 年维持销售单价不变，变动成本率仍维持 2023 年的 40%。

工作要求：

（1）计算保本销售量，请将计算结果填入表 5-6。

表5-6　盈海公司保本销售量

销售量（件）	
销售收入（元）	
单件（元/件）	
保本销售量（件）	

注：计算结果除保本销售量取整外其他结果四舍五入保留两位小数。

（2）若 2024 年的计划销售量比 2024 年提高 12%，则可获得多少税前利润？请将计算结果填入表 5-7。

表5-7　盈海公司税前利润　　单位：元

销售收入	
变动成本总额	
固定成本总额	
税前利润	

注：计算结果四舍五入保留两位小数。

工作任务三　北京京亿不锈钢有限公司本量利分析

北京京亿不锈钢有限公司是一家集不锈钢材料批发与材料加工、仓储、配送为一体的大型不锈钢工贸型企业。公司占地面积 40 000 多平方米，建筑面积 15 000 平方米，职工 280 余人，年产不锈钢达 10 000 吨。

公司产品涵盖 201 型、304 型、304L 型、316L 型等不锈钢系列材料。公司备有冷热轧开平机、等离子切割机、激光切割机，以及磨砂拉丝、贴膜及镀钛等设备。生产销售不锈钢装饰管、不锈钢无缝管、焊管、法兰、弯头，可对不锈钢材料进行开平、分条、剪板、油磨拉丝、整卷油膜拉丝、钛金等加工。

工作要求：

以北京京亿不锈钢有限公司生产 201 型不锈钢板材和 304 型不锈钢板材两种产品为例，进行保本分析。

2023 年的业务数据如下：

（1）成本核算岗位提供的基期（2023 年）生产成本数据如表 5-8 和表 5-9 所示。

表5-8　201型不锈钢板材　　总产量：50 000张

单位：元

成本项目	单位产品成本	总成本
直接材料	48	
直接人工	15	
变动制造费用	2	
变动生产成本合计	65	
固定制造费用		800 000

表5-9　304型不锈钢板材　　总产量：20 000张

单位：元

成本项目	单位产品成本	总成本
直接材料	80	
直接人工	25	
变动制造费用	2	
变动生产成本合计	107	
固定制造费用		420 000

（2）费用核算岗位提供的基期（2023 年）数据。

201 型不锈钢板材 2023 年销售量为 45 000 张，发生及分摊的期间费用（不含财务费用）如表 5-10 所示。

表5-10　201型不锈钢板材相关费用　　单位：元

费用项目	固定费用	变动费用	合计费用
管理费用	600 000	200 000	800 000

续表

费用项目	固定费用	变动费用	合计费用
销售费用	200 000	250 000	450 000
合计	800 000	450 000	1 250 000

304 型不锈钢板材 2023 年销售量为 25 000 张，发生及分摊的期间费用（不含财务费用）如表 5-11 所示。

表5-11　304型不锈钢板材相关费用

单位：元

费用项目	固定费用	变动费用	合计费用
管理费用	400 000	100 000	500 000
销售费用	140 000	210 000	350 000
合计	540 000	310 000	850 000

（3）应收核算岗位提供的 2023 年销售数据如下：

201 型不锈钢板材的销售金额为 5 760 000 元，销售量为 45 000 张。

304 型不锈钢板材的销售金额为 5 000 000 元，销售量为 25 000 张。

计算综合盈亏平衡点销售额和各产品的盈亏平衡点销售额和销售量，完成表 5-12。

表5-12　本量利分析表

产品	项目									
	销售量（张）	单价	单位变动成本	销售收入	销售收入比率（%）	单位边际贡献	边际贡献率（%）	固定成本	保本额	保本量（张）
201型不锈钢板材	45 000									
304型不锈钢板材	25 000									
合计	—	—	—			—	—			—
加权平均边际贡献率										
加权平均保本销售额										

注：销售收入比率、边际贡献率百分比后保留两位小数，加权平均边际贡献率百分比后保留整数。

工作任务四　北京京亿不锈钢有限公司安全边际分析

公司相关资料见工作任务三。

工作要求：

以北京京亿不锈钢有限公司生产的 304 型不锈钢板材为例，进行安全边际分析。基期

（2023 年）和预算期（2024 年）的业务数据如下：

（1）成本核算岗位提供的基期（2023 年）生产成本数据如表 5-13 所示。

表5-13　304型不锈钢板材生产成本　　总产量：25 000张

单位：元

成本项目	单位产品成本	总成本
直接材料	64	1 600 000
直接人工	20	500 000
变动制造费用	1.6	40 000
变动生产成本合计	85.6	2 140 000
固定制造费用	—	420 000
生产成本合计	—	2 560 000

（2）费用核算岗位提供的数据：304 型不锈钢板材 2023 年销售量为 25 000 张，发生及分摊的期间费用（不含财务费用）如表 5-14 所示。

表5-14　304型不锈钢板材相关费用　　单位：元

费用项目	固定费用	变动费用	合计费用
管理费用	400 000	100 000	500 000
销售费用	140 000	210 000	350 000
合计	540 000	310 000	850 000

（3）应收核算岗位提供的数据：2023 年 304 型不锈钢板材的销售金额为 5 000 000 元，销售量为 25 000 张，增值税销项税额为 850 000 元。

（4）预算管理岗位提供的数据：2024 年 304 型不锈钢板材的市场销售价格预计将下降到 198 元 / 张，销售量比上一年预计增长 20%。

预计 2024 年 304 型不锈钢板材产品的成本性态不会发生变化。请将 2024 年 304 型不锈钢板材的安全边际分析数据填至表 5-15。（注：表 5-15 中“安全边际程度”的判断见表 5-16 所示的安全边际率与经营安全程度评价的一般性标准。）

表5-15　304型不锈钢板安全边际分析表　　年份：2024年

产品	项目											
	销售量（张）	单价（元）	单位变动成本（元）	销售收入（元）	单位边际贡献	固定成本（元）	保本额（元）	保本量（张）	安全边际量（张）	安全边际额（元）	安全边际率	安全边际程度
304型不锈钢板材												

表5-16　西方国家企业经营安全程度评价标准

安全边际率%	(40～100]	(30～40]	(20～30]	(10～20]	(0～10]
经营安全程度	很安全	安全	较安全	值得注意	危险

营运管理之三　背景知识导学

第一部分　营运管理认知

一、营运管理概述

微课

营运管理概述

（一）营运管理的含义

营运管理是指为了实现企业战略和营运目标，各级管理者通过计划、组织、指挥、协调、控制、激励等活动，实现对企业生产经营过程中的物料供应、产品生产和销售等环节的价值增值管理。

（二）加强营运管理的意义

1. 提高效率和产能

通过对业务流程的规划和优化，可以减少资源浪费，节约成本，提高生产力和服务效率。

2. 提高质量

通过对关键业务流程和控制点的管理和监控，可以更好地控制产品和服务的质量，降低缺陷率。

3. 降低成本

通过对业务流程的不断改进和优化，可以减少各种浪费，实现成本的有效控制和降低。

4. 满足客户需求

通过对客户购买行为和消费习惯的分析，可以使产品和服务更加符合客户的需求，提升客户体验。

5. 领先竞争对手

优秀的营运管理可以使企业在产品和服务的质量、成本控制、交付速度等方面获得竞争优势，从而在市场上获得领先地位。

6. 驱动业务增长

优秀的运营可以为企业创造更多增长机会，提高企业的市场份额，带来更高的利润和股东回报。

7. 风险防范

良好的营运管理有助于企业发现和预防各种运营风险，特别是在质量、安全、流程等方面，从而保证业务的连续稳定运行。

所以总体来说，加强营运管理有助于企业获得竞争优势，通过提高效率、控制成本、满足客户、防范风险，从而实现业务的长期稳定发展。

二、营造企业环境

企业环境，包括企业组织架构、制度体系、信息系统、企业文化等。那么，开展营运管理需要营造怎样的企业环境呢?

（一）企业组织架构建设

建立健全营运管理组织架构，明确各层级、各部门的职责，开展营运计划的制订审批、分解下达、执行监控、分析报告、绩效管理等日常营运管理工作。

（二）制度体系建设

建立健全营运管理的制度体系，明确营运管理各环节的工作目标、职责分工、工作程序、工具方法、信息报告等内容。

（三）信息系统建设

建立完整的业务信息系统，规范信息的收集、整理、传递和使用等，有效支持管理者决策。

（四）企业文化建设

开展营运管理最基本的要素是企业文化和管理理念的转变，需要构建全价值链观念，建立学习型组织，强化数据应用等，这需要管理者和员工共同努力，凝聚力量。

1. 以客户为中心的理念

企业需要树立以客户为中心的理念，不断监测客户需求，并根据需求变化调整产品和服务。

2. 构建全价值链管理意识

企业需要从全价值链的管理视角，了解各个环节的关联性，做到资源的优化配置和协同运作。

3. 强化数据和技术应用

企业需要建立完善的数据收集和分析机制，并利用数字化技术手段来支持作业管理和业务优化。

4. 构建学习型组织文化

企业需要建立学习型的组织文化，鼓励员工不断学习和交流，并根据学习结果进行业务创新和优化。

5. 提高绩效考核的激励性

企业需要建立科学的绩效考核机制，将绩效考核与业务目标和关键业绩指标挂钩，真正发挥考核的激励作用。

6. 强调员工的主人翁意识

企业管理者需要强调员工的主人翁意识，让员工深刻理解自身工作的重要性，积极主动地参与到业务流程的优化中来。

7. 建立变革机制

企业需要建立系统的业务优化和变革机制，定期检讨和优化管理机制及业务流程，以适应市场环境的变化。

三、营运计划

（一）营运计划的含义

营运计划是指企业根据战略决策和营运目标的要求，从时间和空间上对营运过程中各种资源所做出的统筹安排。营运计划的主要作用是分解营运目标，分配企业资源，安排营运过程中的各项活动。

（二）营运计划的分类

1. 按计划的时间分类

可分为长期营运计划、中期营运计划和短期营运计划。

2. 按计划的内容分类

可分为销售、生产、供应、财务、人力资源、产品开发、技术改造和设备投资等营运计划。

（三）制订营运计划的原则

1. 系统性原则

企业在制订营运计划时不仅应考虑营运的各个环节，还要从整个系统的角度出发，既要考虑大系统的利益，也要兼顾各个环节的利益。

2. 平衡性原则

企业应考虑内外部环境之间的矛盾，有效平衡可能对营运过程中的研发、生产、供应、销售等存在影响的各个方面，使其保持合理的比例关系。

3. 灵活性原则

企业应当充分考虑未来的不确定性，在制订计划时保持一定的灵活性和弹性。

（四）制订营运计划时应注意的问题

微课

营运计划的制订

在制订营运计划时，企业应当综合考虑以下几方面问题。

1. 通盘考虑

企业在制订营运计划时，应以战略目标和年度营运目标为指引，充分分析宏观经济形势、行业发展规律以及竞争对手情况等内外部环境变化，同时还应评估企业自身研发、生产、供应、销售等环节的营运能力，客观评估自身的优势和劣势，以及面临的风险和机会等。

2. 开展营运预测

营运预测，是指通过收集整理历史信息和实时信息，恰当运用科学预测方法，对未来经济活动可能产生的经济效益和发展趋势做出科学合理的预计和推测的过程。

3. 使用工具方法

在使用工具方法制订营运计划时，企业应根据自身实际情况，选择单独或综合应用管理会计工具方法。同时，应充分应用本量利分析、敏感性分析、边际分析等管理会计工具方法，为营运计划的制订提供具体量化的数据分析，有效支持决策。

4. 体现层次性、系统性和逻辑性

制订营运计划要充分考虑各层次营运目标、业务计划、管理指标等方面的内在逻辑联系，形成涵盖各价值链的、不同层次和不同领域的、业务与财务相结合的、短期与长期相结合的目标体系和行动计划。

5. 体现全员参与和民主决策

企业应采取自上而下、自下而上或上下结合的方式制订营运计划，充分调动全员积极性，通过沟通、讨论达成共识。

6. 严格遵循审批流程

企业应根据营运管理流程，对营运计划进行逐级审批。企业各部门应在已经审批通过的营运计划基础上，进一步制订各自的业务计划，并按流程履行审批程序。

7. 要有备选方案

企业应对未来的不确定性进行充分的预估，在科学营运预测的基础上，制订多方案的备选营运计划，以应对未来不确定性带来的风险与挑战。

（五）执行营运计划时需要重点关注的问题

1. 营运计划以正式文件形式下达执行

经审批的营运计划应以正式文件的形式下达执行。企业应逐级分解营运计划，按照横向到边、纵向到底的要求分解落实到各所属企业、部门、岗位或员工，确保营运计划得到充分落实。

2. 营运计划应分解到季度、月度

经审批的营运计划应分解到季度、月度，形成季度、月度的营运计划，逐月下达、执行。各企业应根据月度的营运计划组织开展各项营运活动。

3. 建立监督、控制机制

企业应建立配套的监督、控制机制，及时记录营运计划执行情况，进行差异分析与纠偏，持续优化业务流程，确保营运计划有效执行。

4. 开展月度、季度滚动预测

企业应在月度营运计划的基础上，开展月度、季度滚动预测，及时反映滚动营运计划所对应的实际营运状况，为企业资源配置的决策提供有效支持。

四、营运计划的调整

（一）什么情况下允许对营运计划进行调整

微课

营运计划的执行与调整

营运计划一旦批准下达，一般不予调整。宏观经济形势、市场竞争形势等发生重大变化，导致企业营运状况与预期出现较大偏差的，企业可以适时对营运计划做出调整，使营运目标更加切合实际。

企业在营运计划执行过程中，应关注和识别存在的各种不确定因素，分析和评估其对企业营运的影响，适时启动调整原计划的有关工作，确保企业营运目标更加切合实际，更合理地进行资源配置。

（二）如何调整营运计划

企业在做出营运计划调整决策时，应分析和评估营运计划调整方案对企业营运的影响，包括对短期的资源配置、营运成本、营运效益等的影响，以及对长期战略的影响。

企业应建立营运计划调整的流程和机制，规范营运计划的调整。营运计划的调整应由具体执行的所属企业或部门提出调整申请，经批准后下达正式文件。

五、营运管理的监控分析与报告

微课

营运监控分析与报告及营运绩效管理

（一）做好营运管理的监控分析的目的

为了强化营运监控，确保企业营运目标的顺利完成，企业应结合自身实际情况，按照日、周、月、季、年等频率建立营运监控体系，并按照 PDCA 管理原则，不断优化营运监控体系的各项机制，做好营运监控分析工作。

（二）做好营运管理的监控分析的方法

以本期财务和管理指标为起点，通过指标分析查找异常，并进一步揭示差异所反映的营运缺陷，追踪缺陷成因，提出并落实改进措施，不断提高企业营运管理水平。

（三）营运管理监控的基本任务

1. 发现偏差

企业通过各类手段和方法，分析营运计划的执行情况，发现计划执行中的问题。

2. 分析偏差

企业对营运计划执行过程中出现的问题和偏差原因进行研究，采取针对性的措施。

3. 纠正偏差

企业根据偏差产生的原因采取针对性的纠偏对策，使企业营运过程中的活动按既定的营运计划进行，或者对营运计划进行必要的调整。

（四）营运监控分析的方法

企业营运监控分析应至少包括发展能力、盈利能力、偿债能力等方面的财务指标，以及生产能力、管理能力等方面的非财务内容，并根据所处行业的营运特点，通过趋势分析、对标分析等工具方法，建立完善营运监控分析指标体系。

（五）企业营运分析的步骤

（1）明确营运目的，确定有关营运活动的范围。

（2）全面收集有关营运活动的资料，进行分类整理。

（2）分析营运计划与执行的差异，追溯原因。

（4）根据差异分析采取恰当的措施，并进行分析和报告。

（六）营运监控分析报告

企业应将营运监控分析的对象、目的、程序、评价及改进建议形成书面分析报告。分析报告按照分析的范围及内容可以分为综合分析报告、专题分析报告和简要分析报告；按照分析的时间可以分为定期分析报告和不定期分析报告。

六、营运绩效管理

企业可以开展营运绩效管理，激励员工为实现营运管理目标做出贡献。

（一）机构建设

建立营运绩效管理委员会、营运绩效管理办公室等不同层级的绩效管理组织，明确绩效管理流程和审批权限，制定绩效管理制度。

（二）制定绩效指标

以营运计划为基础，制定绩效管理指标体系，明确绩效指标的定义、计算口径、统计范围、绩效目标、评价标准、评价周期、评价流程等内容，确保绩效指标具体、可衡量、可实现等。

（三）绩效指标的要求

绩效指标应以企业营运管理指标为基础，做到无缝衔接、层层分解，确保企业营运目标的落实。

（四）建立激励机制

明确营运团队的目标和关键绩效指标，例如质量、效率、成本等。这些目标需要与企业的战略和愿景相一致，并且要与员工的个人目标相匹配。

制定绩效评估标准和评估方法，这些标准和方法需要公平、可衡量和具有挑战性，以激励员工努力实现目标。

定期提供反馈和辅导，帮助员工了解他们的表现，并提出改进意见。反馈应该是具体的和积极的，以鼓励员工进一步发展和成长。将公正的奖励和激励与员工的表现相联系，可以是薪酬奖励、晋升机会、培训和发展机会等，以激励员工继续提高绩效。监测员工的绩效和整体营运团队的表现，及时做出调整和改进。这可以帮助组织适应变化和提高绩效。

通过以上步骤，可以建立一个有效的营运绩效管理体系，激励员工实现目标并提高企业整体绩效。

第二部分　本量利分析

一、本量利分析概述

（一）本量利分析的定义

微课

本量利分析概述

本量利分析，是指以成本性态分析和变动成本法为基础，运用数学模型和图式，对成本、利润、业务量与单价等因素之间的依存关系进行分析，发现变动的规律性，为企业进行预测、决策、计划和控制等活动提供支持的一种方法。

其中，“本”是指成本，包括固定成本和变动成本；“量”是指业务量，一般指销售量；“利”一般指营业利润。

（二）企业进行本量利分析的意义

本量利分析是企业进行成本控制、运营管理、竞争策略制定和财务控制的重要手段和方法。

1. 分析成本构成和收入构成，了解企业的成本和收入来源

通过本量利分析可以判定哪些成本和收入对企业影响最大，从而有针对性地进行成本控制和收入增长。

2. 分析成本变动原因和收入变动原因

通过跟踪本量利的变化，可以发现成本和收入变动的原因，为企业决策提供依据。

3. 对企业的盈利能力和运营效率进行评估

通过比较不同时期的本量利数据，可以判断企业的盈利能力和运营效率是否提高。

4. 预测未来的成本和收入

微课

盈亏平衡分析

根据历史本量利数据的变动趋势，可以预测未来一定时期内的成本和收入发展情况，为企业的经营决策和财务预算提供参考。

5. 进行同行业企业的比较分析

通过与同行业不同企业的本量利构成和变动进行比较，可以找出企业自身的竞争优势和劣势，为制定竞争策略提供依据。

二、本量利分析的内容与优缺点

（一）本量利分析的内容

本量利分析方法通常包括盈亏平衡分析、目标利润分析、敏感性分析、边际分析等。

（二）本量利分析的优缺点

微课

本量利分析的优缺点

本量利分析的主要优点是：可以广泛应用于规划企业经济活动和营运决策等方面，简便易行、通俗易懂、容易掌握。

本量利分析的主要缺点是：仅考虑单因素变化的影响，是一种静态分析方法，且对成本性态较为依赖。

三、盈亏平衡分析

（一）成本性态分析

成本性态，是指相关范围内，成本与业务量之间的关系，也即成本是如何随着业务量的变动而变化的。成本性态分类如图 5-1 所示。

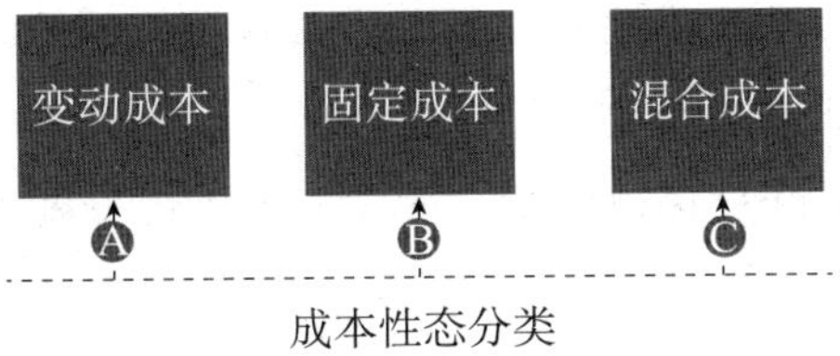

图 5-1　成本性态分类

固定成本和变动成本是企业成本的两个基本分类，其区别在于是否随着企业产量或销售额的变化而发生变化。

固定成本是指在企业生产或销售过程中，与产量或销售额无关，且在短期内不能随意调整的成本。这些成本通常是固定的，不随着产量或销售额的增减而变化，比如租金、固定资产折旧、管理费用等。即使企业的产量或销售额减少，这些成本也不会立即减少。

固定成本性态如图 5-2 所示。

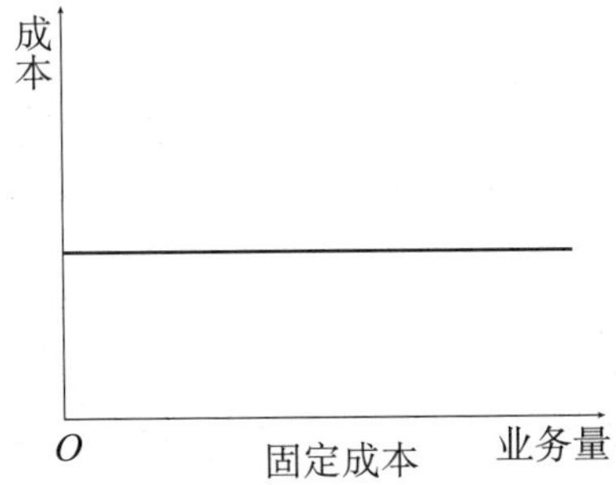

图 5-2　固定成本性态

变动成本是指与企业产量或销售额直接相关，随着产量或销售额的增减而相应变化的成本。这些成本通常是与生产或销售直接相关的，如原材料成本、直接人工成本、销售佣金等。企业的产量或销售额增加，这些成本也会相应增加，反之亦然。

变动成本性态如图 5-3 所示。

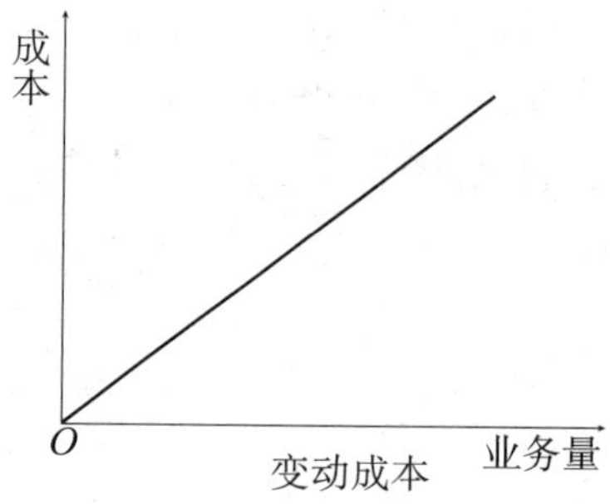

图 5-3　变动成本性态

混合成本，也称半变动成本，即同时包含固定成本和变动成本因素的成本。混合成本既不是完全的固定成本，也非纯粹的变动成本，它兼有两种成本的性质，其发生额虽然受业务量的影响，但变动幅度又不与业务量保持严格的比例关系。混合成本的特点是在产量或销售额变化时，固定成本部分保持不变，而变动成本部分随着产量或销售额的增减而相应变化。

1. 销售人员的工资

销售人员的固定工资是固定成本，而根据销售业绩获得的提成是变动成本。因此，销售人员的总工资是混合成本。

2. 厂房的电费

厂房的基本电费是固定成本，而根据电力使用量计算的电费是变动成本。因此，厂房的总电费是混合成本。

3. 机器的维护费用

机器的基础维护费用是固定成本，而根据机器使用时间计算的维护费用是变动成本。因此，机器的总维护费用是混合成本。

4. 员工的培训费用

员工的基本培训费用是固定成本，而根据培训人数和培训时间计算的差旅费和住宿费是变动成本。因此，员工的总培训费用是混合成本。

混合成本性态如图 5-4 所示。

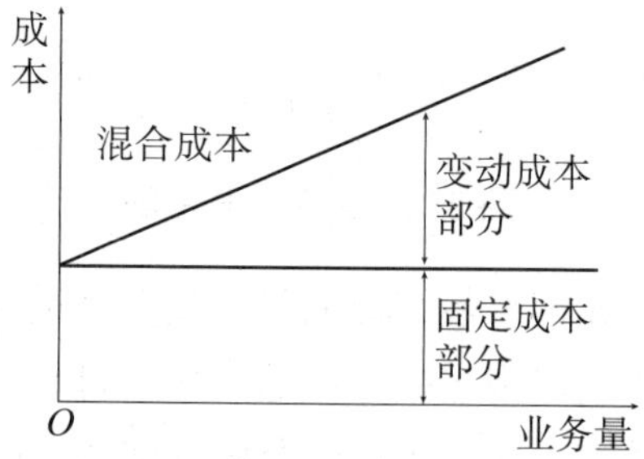

图 5-4　混合成本性态

在企业的成本管理中，区别固定成本和变动成本很重要，因为企业需要根据这些成本的特性来制定相应的成本控制策略。例如，在销售额下降的情况下，企业可以通过控制固定成本的支出来降低总成本；而在销售额增加时，企业可以通过增加变动成本的支出来满足市场需求，提高生产效率。了解混合成本的构成和变化趋势，可以有针对性地制定成本控制策略，提高成本控制的效果。

（二）盈亏平衡分析

1. 盈亏平衡分析的概念

盈亏平衡分析，也称保本分析，是指分析、测定盈亏平衡点，以及有关因素变动对盈亏平衡点的影响等，是本量利分析的核心内容。

盈亏平衡点，也称保本点，是企业经营达到不盈不亏、损益平衡的状态。在这一点上，企业的销售收入正好补偿全部变动成本和固定成本。

分析和计算盈亏平衡点，能帮助企业管理人员控制销售量与利润，即企业要盈利，其产销量必须达到或超过盈亏平衡点。超过盈亏平衡点后的产销量所提供的边际贡献就是企业的利润。

2. 盈亏平衡分析的原理

通过计算企业在利润为零时处于盈亏平衡的业务量，分析项目对市场需求变化的适应能力等。

3. 盈亏平衡分析的分类

盈亏平衡分析包括单一产品的盈亏平衡分析和产品组合的盈亏平衡分析。

（三）单一产品的盈亏平衡分析

公式如下：

盈亏平衡点的业务量 = 固定成本 ÷（单价 − 单位变动成本）

盈亏平衡点的销售额 = 单价 × 盈亏平衡点的业务量

= 固定成本 ÷（1− 变动成本率）

= 固定成本 ÷ 边际贡献率

变动成本率 = 单位变动成本 ÷ 单价

边际贡献率 =1− 变动成本率

企业的业务量等于盈亏平衡点的业务量时，企业处于保本状态；企业的业务量高于盈亏平衡点的业务量时，企业处于盈利状态；企业的业务量低于盈亏平衡点的业务量时，企业处于亏损状态。

例5-1

英大公司生产和销售产品 A。产品 A 的成本构成如下：

变动成本：原材料成本 100 元 / 件，制造人工成本 50 元 / 件。

固定成本：工厂租金月租 50 000 元，管理人员工资月薪 40 000 元。

产品 A 的销售价格为 250 元 / 件。

要求：计算盈亏平衡点的销售量与销售额。

解析：产品 A 的成本构成为：

单位变动成本：150 元 / 件（100 元原材料成本 + 50 元制造人工成本）。

固定成本：90 000 元 / 月（50 000 元工厂月租金 +40 000 元管理人员月薪）。

要计算单一产品的盈亏平衡点，用以下公式：

盈亏平衡销量（单位 / 月）= 固定成本 /（销售单价 − 单位变动成本）

将数据代入公式，得到：

盈亏平衡销量（单位 / 月）= 90 000/（250−150）= 900（件 / 月）

盈亏平衡点的销售额 = 900×250 =225 000（元）

也就是说，当该公司每月销售 900 件产品 A 时，销售收入刚好覆盖所有的成本（变动成本 150 元 / 件 ×900 件 + 固定成本 90 000 元），这就是产品 A 的盈亏平衡点。如果月销量超过 900 件，公司便能盈利；如果月销量少于 900 件，公司便会亏损。

所以产品 A 的盈亏平衡点是每月销售 900 件，或每月实现销售额 225 000 元。

复习印证时间

把本题数据代入公式，验证如下：

盈亏平衡点的业务量 = 固定成本 ÷（单价 − 单位变动成本）

= 90 000÷（250−150）= 900（件 / 月）

盈亏平衡点的销售额 = 单价 × 盈亏平衡点的业务量 =900×250=225 000（元 / 月）

= 固定成本 ÷（1− 变动成本率）=90 000÷（1−0.6）

= 225 000（元 / 月）

= 固定成本 ÷ 边际贡献率 =90 000÷0.4=22 5000（元 / 月）

变动成本率 = 单位变动成本 ÷ 单价 =150÷250=0.6

边际贡献率 =1− 变动成本率 =1−0.6=0.4

企业的业务量等于盈亏平衡点的业务量，销量 900 件 / 月时，或销售额 225 000 元 / 月时，企业处于保本状态。

企业的业务量高于盈亏平衡点的业务量，销量 900 件 / 月时，或销售额 225 000 元 / 月时，企业处于盈利状态。

企业的业务量低于盈亏平衡点的业务量时，企业处于亏损状态。

（四）单一产品本量利关系图分析

企业可以使用本量利关系图进行分析。本量利关系图按照数据的特征和目的分类，可以分为传统式、贡献毛益式和利量式三种图形。

1. 传统式本量利关系图

假设企业只生产销售一种产品，单价40元，单位变动成本24元，固定成本80 000元。

可以利用上述公式计算出盈亏平衡点的销量为5 000［80 000÷（40-24）］件，盈亏平衡点的销售额为200 000（5 000×40）元。

当实际销量为9 000件时，总收入为360 000元，固定成本为80 000元，总变动成本为216 000元，实现利润64 000［9 000×（40-24）-80 000］元。

微课

盈亏平衡分析的图示法

依举例绘制的传统式本量利关系图，如图5-5所示。

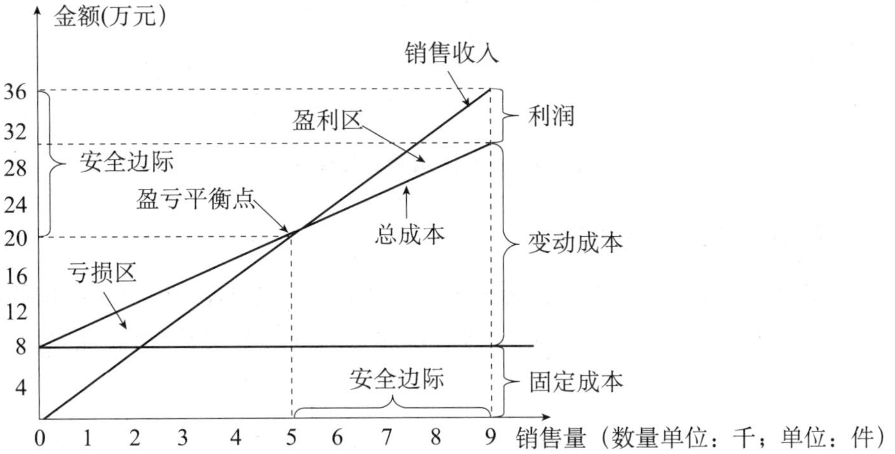

图5-5　传统式本量利关系图

2. 贡献毛益式本量利关系图

依举例绘制的贡献毛益式本量利关系图，如图5-6所示。

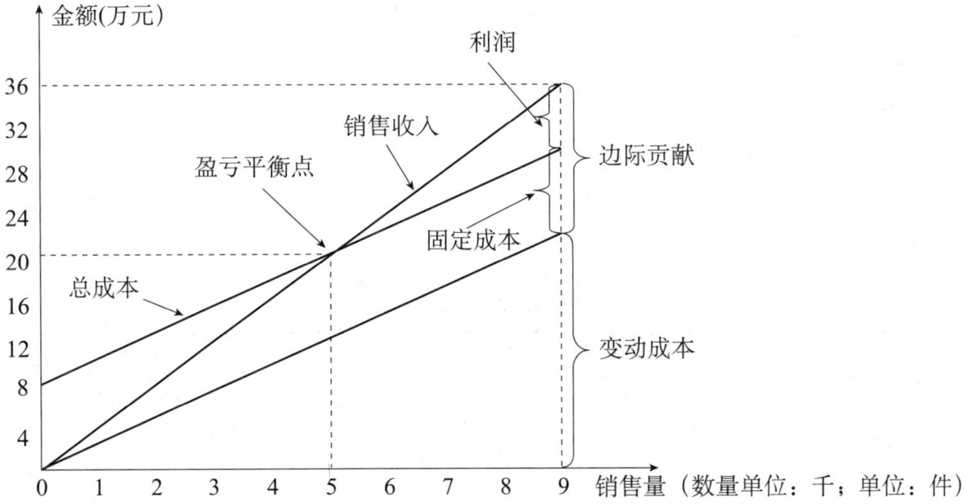

图5-6　贡献毛益式本量利关系图

3. 利量式本量利关系图

依举例绘制的利量式本量利关系图，如图 5-7 所示。

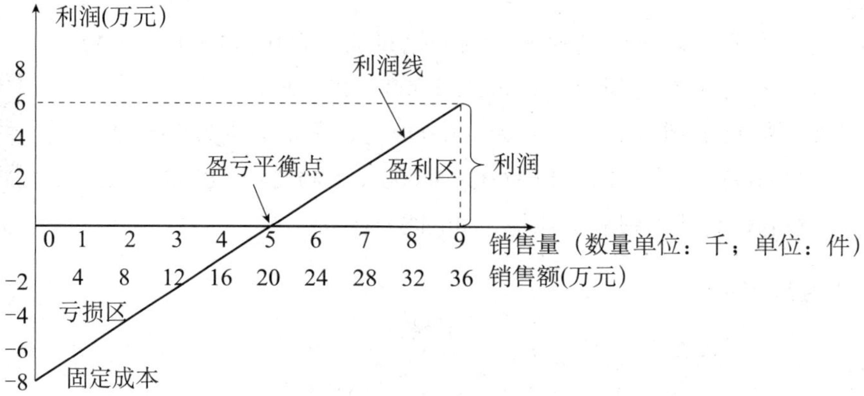

图 5-7　利量式本量利关系图

（五）产品组合的盈亏平衡分析

产品组合的盈亏平衡分析是在掌握每种单一产品的边际贡献率的基础上，按各种产品销售额的比重进行加权平均，据以计算综合边际贡献率，从而确定多产品组合的盈亏平衡点。

公式如下：

微课

多种产品保本点分析

某种产品的销售额权重 = 该产品的销售额 ÷ 各种产品的销售额合计

盈亏平衡点的销售额 = 固定成本 ÷（1− 综合变动成本率）

= 固定成本 ÷ 综合边际贡献率

综合边际贡献率 =1− 综合变动成本率

企业销售额高于盈亏平衡点时，企业处于盈利状态；企业销售额低于盈亏平衡点时，企业处于亏损状态。企业通常运用产品组合的盈亏平衡点分析优化产品组合，提高获利水平。

例5-2

英大公司生产和销售甲、乙、丙三种产品。预计 2024 年全年固定成本总额为 864 000 元，三种产品可以实现产销平衡。有关产销数量、售价、成本和利润预算等资料如表 5-17 和表 5-18 所示。

表5-17　英大公司2024年预算资料

项目	甲产品	乙产品	丙产品
产销量（件）	20 000	40 000	50 000
销售单价（元）	200	60	32
单位变动成本（元）	160	36	24

表5-18　英大公司2024年利润资料　　　　单位：元

项目	甲产品	乙产品	丙产品	合计
销售收入	4 000 000	2 400 000	1 600 000	8 000 000
变动成本	3 200 000	1 440 000	1 200 000	5 840 000
边际贡献	800 000	960 000	400 000	2 160 000
固定成本				864 000
营业利润				1 296 000

要求： 计算英大公司的盈亏平衡点综合销售额及各种产品的盈亏平衡点销售额。

解析： 根据上述资料，编制综合边际贡献率计算表，如表5-19所示。

表5-19　英大公司综合边际贡献率计算表　　　　单位：元

项目	甲产品	乙产品	丙产品	总计
（1）销售单价	200	60	32	—
（2）单位变动成本	160	36	24	—
（3）单位边际贡献［（1）-（2）］	40	24	8	—
（4）边际贡献率［（3）÷（1）］	20%	40%	25%	—
（5）销售收入	4 000 000	2 400 000	1 600 000	8 000 000
（6）销售比重	50%	30%	20%	100%
（7）加权平均边际贡献率［（4）×（6）］	10%	12%	5%	27%

注：加权平均边际贡献率，即综合边际贡献率。

盈亏平衡点综合销售额 = 864 000 ÷ 27% = 3 200 000（元）

甲产品盈亏平衡点销售额 =3 200 000×50%=1 600 000（元）

乙产品盈亏平衡点销售额 =3 200 000×30%=960 000（元）

丙产品盈亏平衡点销售额 =3 200 000×20%=640 000（元）

四、目标利润分析

微课

目标利润分析

（一）目标利润分析概述

1. 目标利润分析的概念

目标利润分析是在本量利分析方法的基础上，计算为达到目标利润所需达到的业务量、收入和成本的一种利润规划方法，该方法能反映市场的变化趋势、企业战略规划目标及管理层需求等。

2. 目标利润分析的分类

目标利润分析包括单一产品的目标利润分析和产品组合的目标利润分析。

单一产品的目标利润分析重在分析每个要素的重要性。

产品组合的目标利润分析重在优化企业产品组合。

3. 制定目标利润的要求

企业应结合市场情况、宏观经济背景、行业发展规划以及企业的战略发展规划等确定目标利润。

（二）单一产品目标利润分析

企业要实现目标利润，在假定其他因素不变时，通常应提高销售数量或销售价格，降低固定成本或单位变动成本。

单一产品的目标利润分析公式：

实现目标利润的业务量 =（目标利润 + 固定成本）÷（单价 − 单位变动成本）

实现目标利润的销售额 = 单价 × 实现目标利润的业务量

=（目标利润 + 固定成本）÷ 边际贡献率

例5-3

英大公司生产和销售产品 A。产品 A 的成本构成如下：

变动成本：原材料成本 100 元 / 件，制造人工成本 50 元 / 件。

固定成本：工厂租金月租 50 000 元，管理人员工资月薪 40 000 元。

产品 A 的销售价格为 250 元 / 件。

目标利润为 10 000 元 / 月。

要求：计算实现目标利润的销售量与销售额。

解析：产品 A 的成本构成为：

单位变动成本：150 元 / 件（100 元原材料 +50 元人工）。

固定成本：90 000 元 / 月。

目标利润：10 000 元 / 月。

要计算单一产品实现目标利润的销售量与销售额，用以下公式：

实现目标利润的销售量（单位 / 月）=（固定成本 + 目标利润）/（销售单价 − 单位变动成本）

将数据代入公式，得到：

实现目标利润的销售量（单位 / 月）=（90 000+10 000）/（250−150）= 1 000（件 / 月）

实现目标利润的销售额 = 1 000×250 =250 000（元）

也就是说，当该公司每月销售 1 000 件产品 A 时（或每月实现销售额 250 000 元时），销售收入覆盖所有的成本后，还有剩余利润 10 000 元。

（三）单一产品目标利润分析与营运管理

企业在应用该工具方法进行提高销售量的策略分析时，可以根据市场情况的变化对销售价格进行调整，降价通常可能促进销售量的增加，提价通常可能使销售量下降；在市场需求极为旺盛的情况下，可以通过增加固定成本支出（如广告费、租赁设备等）、扩大生产能力来扩大销售量。

（四）产品组合的目标利润分析

在单一产品的目标利润分析基础上，依据分析结果进行优化调整，寻找最优的产品组合。基本分析公式如下：

实现目标利润的销售额 =（综合目标利润 + 固定成本）÷（1- 综合变动成本率）

实现目标利润率的销售额 = 固定成本 ÷（1- 综合变动成本率 - 综合目标利润率）

企业在应用该工具方法进行优化产品产量结构的策略分析时，在既定的生产能力基础上，可以提高具有较高边际贡献率的产品的产量。

五、敏感性分析

（一）敏感性分析概述

1. 敏感性分析的概念

敏感性分析，是指对影响目标实现的因素变化进行量化分析，以确定各因素变化对实现目标的影响及敏感程度。

2. 敏感性分析的分类

敏感性分析可以分为单因素敏感性分析和多因素敏感性分析。

3. 敏感性分析的应用场景

敏感性分析具有广泛的适用性，有助于识别、控制和防范短期营运决策、长期投资决策等相关风险，也可以用于一般经营分析。

（二）在短期营运决策中应用敏感性分析

1. 一般程序

短期营运决策中的敏感性分析主要应用于目标利润规划。应用程序一般包括：确定短期营运决策目标→根据决策环境确定决策目标的基准值→分析确定影响决策目标的各种因素→计算敏感系数→根据敏感系数对各因素进行排序等。

利润规划的决策目标是利润最大化，有关公式如下：

利润 = 销售量 ×（单价 - 单位变动成本）- 固定成本总额

在进行敏感性分析时，可视具体情况和以往经验选取对利润基准值影响较大的因素进行分析。

通过计算各因素的敏感系数，衡量因素变动对决策目标基准值的影响程度。企业可以进行单因素敏感性分析或多因素敏感性分析。

2. 单因素敏感性分析

微课

各因素变化对利润的敏感程度

单因素敏感性分析是指每次只变动一个因素，而其他因素保持不变时所做的敏感性分析。

敏感系数反映的是某一因素值变动对目标值变动的影响程度，有关公式如下：

某因素敏感系数 = 目标值变动百分比 ÷ 因素值变动百分比

在目标利润规划中，目标值为目标利润，变动因素为销售量、单价、单位变动成本和固定成本。敏感系数的绝对值越大，该因素越敏感。

3. 多因素敏感性分析

多因素敏感性分析是指假定其他因素不变时，分析两种或两种以上不确定性因素同时变化对目标的影响程度所做的敏感性分析。

企业在进行目标利润规划时，通常以利润基准值为基础，测算销售量、单价、单位变动成本和固定成本中两个或两个以上的因素同时发生变动时，对利润基准值的影响程度。

4. 排序

微课

有关因素临界值的确定

企业应根据敏感系数绝对值的大小对其进行排序，按照有关因素的敏感程度优化规划和决策。

有关因素只要有较小幅度变动就会引起利润较大幅度变动的，属于敏感性因素；有关因素虽有较大幅度变动但对利润影响不大的，属于弱敏感性因素。

在短期利润规划决策中，销售量、单价、单位变动成本和固定成本都会对利润产生影响，应重点关注敏感性因素，及时采取措施，加强控制敏感性因素，确保利润规划的完成。

5. 临界值

在对利润规划进行敏感性分析时，企业应确定导致盈利转为亏损的有关变量的临界值，即确定销售量和单价的最小允许值、单位变动成本和固定成本的最大允许值，有关公式如下：

销售量的最小允许值 = 固定成本 ÷（单价 − 单位变动成本）

单价的最小允许值 =（单位变动成本 × 销售量＋固定成本）÷ 销售量

单位变动成本的最大允许值 =（单价 × 销售量 − 固定成本）÷ 销售量

固定成本的最大允许值 =（单价 − 单位变动成本）× 销售量

例5-4

英皇公司计划生产和销售产品 B，相关数据如下：

销售价格：200 元 / 件。

单位变动成本：100 元 / 件。

固定成本：月租金 30 000 元，其他费用 50 000 元。

目标净利率：30%。

要求：

（1）计算达到目标净利率时的销售量。

（2）进行敏感性分析。

（3）进行临界值分析。

解析：

（1）对英皇公司的目标利润进行规划：

设实现目标净利率的销售量为 P。

销售收入 = 销售量 × 销售单价 =200P（元）

总变动成本 = 销售量 × 单位变动成本 =100P（元）

净利润 = 销售收入 − 总变动成本 − 固定成本 = 销售量 ×（200−100）−80 000

=100P−80 000

目标净利率 =30%=（100P−80 000）÷ 200P

P=2 000（件）

要达到目标净利率，销售量需满足 2 000 件。

（2）进行“敏感性分析”，即分析影响关键参数变化时，盈亏平衡点和目标利润的变化。

1）如果销售价格下降 10%，则销售量需要增加到 2 222［2 000÷（1−10%）］件，以达到同样的目标利润。

2）如果变量成本上升 10%，则销售量需要增加到 2 200［2 000×（1+10%）］件，以达到同样的目标利润。

3）如果目标毛利率提高到 35%，则销售量需要增加到 2 333［2 000×（35%÷30%）］件，以达到更高的目标利润。

通过敏感性分析，我们可以清楚地看到各种环境变化对公司利润目标的影响，以便公司制定相应的策略应对市场变化。

（3）进行临界值分析。

在对利润规划进行敏感性分析时，企业应确定导致盈利转为亏损的有关变量的临界值，即确定销售量和单价的最小允许值、单位变动成本和固定成本的最大允许值。

销售量的最小允许值 = 固定成本 ÷（单价 − 单位变动成本）

=80 000÷（200−100）=800（件）

单价的最小允许值 =（单位变动成本 × 销售量 + 固定成本）÷ 销售量

=（100×2 000+80 000）÷2 000=140（元 / 件）

单位变动成本的最大允许值 =（单价 × 销售量—固定成本）÷ 销售量

=（200×2 000−80 000）÷2 000=160（元/件）

固定成本的最大允许值 =（单价 − 单位变动成本）× 销售量

=（200−100）×2 000=200 000（元）

（三）在长期投资决策中应用敏感性分析

1. 长期投资决策中的敏感性分析的概念

长期投资决策中的敏感性分析，是指通过衡量投资方案中某个因素的变动对该方案预期结果的影响程度，做出对项目投资决策的可行性评价。

2. 长期投资决策中的敏感性分析的分类

长期投资决策模型中决策目标的基准值通常包括净现值、内含报酬率、投资回收期、现值指数等。

企业通常需要结合行业和项目特点，参考类似投资的经验，对决策目标基准值的影响因素进行识别和选取。决策目标基准值的影响因素通常包括项目的期限、现金流和折现率。

长期投资决策中的敏感性分析，通常分析项目期限、折现率和现金流量等变量的变化对投资方案的净现值、内含报酬率等产生的影响。

3. 以净现值为目标值进行敏感性分析

计算投资期内的年现金净流量、有效使用年限和折现率的变动对净现值的影响程度；也可以计算净现值为零时的年现金净流量和有效使用年限的下限。

4. 以内含报酬率为基准值进行敏感性分析

计算投资期内的年现金净流量和有效使用年限变动对内含报酬率的影响程度。

（四）敏感性分析的优缺点

微课

敏感性分析的优缺点

优点：方法简单易行，分析结果易于理解，能为企业的规划、控制和决策提供参考。

缺点：对决策模型和预测数据具有依赖性，决策模型的可靠程度和数据的合理性会影响敏感性分析的可靠性。

六、边际分析

（一）边际分析概述

1. 边际分析的概念

边际分析是指分析某可变因素的变动引起其他相关可变因素变动的程度的方法，以评价既定产品或项目的获利水平，判断盈亏临界点，提示营运风险，支持营运决策。

2. 边际分析的应用场景

企业在营运计划的制订、调整以及营运监控分析等程序中通常会应用到边际分析。

3. 边际分析的分类

微课

边际贡献分析

边际分析工具一般分为边际贡献分析和安全边际分析。

（二）边际贡献分析

1. 边际贡献分析的概念

边际贡献分析，是指通过分析销售收入减去变动成本总额之后的差额，衡量产品为企业贡献利润的能力。

2. 边际贡献分析的分类

边际贡献分析主要包括边际贡献总额和边际贡献率两个指标。

（1）边际贡献总额。

边际贡献总额指产品销售收入扣除变动成本总额后给企业带来的贡献，进一步扣除企业的固定成本总额后，剩余部分就是企业的利润。相关计算公式如下：

边际贡献总额 = 销售收入 − 变动成本总额

单位边际贡献 = 单价 − 单位变动成本

（2）边际贡献率。

边际贡献率指边际贡献在销售收入中所占的百分比，表示每 1 元销售收入中边际贡献所占的比重。

边际贡献率 = 边际贡献 ÷ 销售收入 ×100%

　　　　　 = 单位边际贡献 ÷ 单价 ×100%

3. 单一产品决策评价标准

当边际贡献总额大于固定成本时，利润大于 0，表明企业盈利。

当边际贡献总额小于固定成本时，利润小于 0，表明企业亏损。

当边际贡献总额等于固定成本时，利润等于 0，表明企业保本。

4. 多产品决策

多产品决策时，边际贡献与变动成本之间存在如下关系：

综合边际贡献率 =1− 综合变动成本率

综合边际贡献率反映了多产品组合为企业做出贡献的能力，该指标通常越大越好。

5. 边际分析应用

企业可以通过边际分析对现有产品组合进行有关优化决策，如计算现有各条产品线或各种产品的边际贡献并进行比较，增加边际贡献总额或边际贡献率高的产品组合，减少边际贡献总额或边际贡献率低的产品组合。

微课

安全边际分析

（三）安全边际分析

1. 安全边际分析的概念

安全边际分析，是指通过分析正常销售额超过盈亏临界点销售额的差额，衡量企业在保本的前提下，能够承受因销售额下降带来的不利影响的程度和企业抵御营运风险的能力。

2. 安全边际分析的指标

安全边际分析主要包括安全边际和安全边际率两个指标。

（1）安全边际。

安全边际是指实际销售量或预期销售量超过盈亏平衡点销售量的差额，体现企业营运的安全程度。有关公式如下：

安全边际 = 实际销售量或预期销售量 − 保本点销售量

（2）安全边际率。

安全边际率是指安全边际与实际销售量或预期销售量的比值，公式如下：

安全边际率＝安全边际 ÷ 实际销售量或预期销售量 ×100%

微课

边际分析的优缺点

3. 实际应用

安全边际主要用于衡量企业承受营运风险的能力，尤其是销售量下降时承受风险的能力，也可以用于盈利预测。安全边际或安全边际率的数值越大，企业发生亏损的可能性越小，抵御营运风险的能力越强，盈利能力越大。

例5-5

英飞达公司生产的U盘，每件售价100元，每件变动成本65元，固定成本总额60 000元。

要求：计算公司销售2 000件U盘时的安全边际和安全边际率。

解析：保本点销量 =60 000÷（100−65）=1 714（件）

安全边际量 =2 000−1 714=286（件）

安全边际额 =200 000−171 400=28 600（元）

安全边际率 =286÷ 2 000=14.3%

营运管理之四　分项考核标准

（1）请你选择一家感兴趣的上市公司作为研究对象，对这家公司开展保本点分析、敏感性分析和边际分析，加工整理为PPT。PPT中重点指出该公司营运管理存在什么问题，怎样解决这些问题，有哪些先进的做法可供学习借鉴，向全班汇报。汇报时间不少于5分钟，PPT要精练，突出图表、数据、方法论，PPT不少于15张。

（2）完成智慧树精品在线课程中本情境的学习任务和工作任务。在平台上完成听课、回答问题、弹题和主题发言任务；在学习讨论区撰写不少于300字的学习体会或公司营运管理案例分享。

营运管理之五　复习思考问题

一、单项选择题

1. 下列表述错误的是（　　）。

A. 安全边际量是保本点以上的销售量

B. 安全边际可以用绝对数表示，也可以用相对数表示

C. 安全边际量 = 预计销售量 - 保本点销售量

D. 安全边际越大，企业亏损的可能性越大

2. 在贡献毛益式本量利关系图中，总成本线与变动成本线之间的距离代表（　　）。

A. 固定成本　　B. 贡献毛益

C. 利润额　　D. 销售收入

3. 某企业只生产一种产品，单价 7 元，单位变动生产成本 4.5 元，单位销售和管理变动成本 0.5 元，销量为 400 件，则其产品贡献毛益为（　　）元。

A. 600　　B. 700　　C. 800　　D. 1 000

4. 下列因素中可以导致保本销售量上升的是（　　）。

A. 销售量上升　　B. 产品单价下降

C. 固定成本下降　　D. 产品单位变动成本下降

5. 已知产品销售单价为 16 元，保本销售量为 200 件，销售额可达 4 800 元，则安全边际率为（　　）。

A. 33.33%　　B. 25%　　C. 50%　　D. 20%

6. 某企业只生产一种产品，月计划销售 700 件，单位变动成本 8 元，月固定成本 1 100 元，欲实现利润 1 280 元，则单价应为（　　）元。

A. 10.40　　B. 14.60　　C. 10.60　　D. 11.40

7. 短期营运决策中的敏感性分析主要应用于（　　）。

A. 长期投资规划　　B. 目标利润规划

C. 股价估值规划　　D. 融资租赁期规划

8. 下列因素单独变动时，不对保利点产生影响的是（　　）。

A. 单价　　B. 目标利润　　C. 成本水平　　D. 销售量

9. 已知 A 企业生产和销售单一产品，销售单价为 20 元 / 件，单位变动成本为 12 元 / 件，今年的固定成本总额为 40 000 元，预计明年将增加 8 000 元的酌量性固定成本，其他条件不变，则明年该企业的保本量为（　　）件。

A. 6 000　　B. 4 000　　C. 5 000　　D. 3 000

10.某企业只生产一种产品，单价为 56 元 / 件，单位变动成本为 36 元 / 件，固定成本总额为 4 000 元。如果企业要确保安全边际率达到 60%，则销售量应达到（　　）件。

A. 143　　B. 222　　C. 400　　D. 500

二、多项选择题

1. 在盈亏临界图中，盈亏临界点的位置取决于（　　）等因素。

A. 固定成本　　B. 单位变动成本

C. 销售量　　D. 销售单价

2. 下列计算盈亏平衡点销售额的公式正确的是（　　）。

A. 盈亏平衡点的销售额 = 单价 × 盈亏平衡点的业务量

B. 盈亏平衡点的销售额 = 固定成本 ÷（单价 − 单位变动成本）

C. 盈亏平衡点的销售额 = 固定成本 ÷（1− 变动成本率）

D. 盈亏平衡点的销售额 = 固定成本 ÷ 边际贡献率

3. 某产品单价为 8 元，固定成本总额为 2 000 元，单位变动成本为 5 元，计划产销量为 600 件，要实现 400 元的利润，可以采用的措施有（　　）。

A. 减少固定成本 400 元　　B. 提高单价 1 元

C. 提高产销量 200 件　　D. 降低单位变动成本 1 元

4. 在下列关于安全边际及安全边际率的描述中，内容正确的有（　　）。

A. 安全边际额是现有销售额超过保本点销售额的部分

B. 安全边际率是安全边际量与现有销售量之比

C. 安全边际率和保本作业率互为相反数

D. 安全边际率越大，企业发生亏损的可能性越大

5. 固定成本具有以下特征（　　）。

A. 固定成本总额的不变性　　B. 单位固定成本的反比例变动性

C. 固定成本总额的正比例变动性　　D. 单位固定成本的不变性

6. 变动成本具有以下特征（　　）。

A. 变动成本总额的不变性　　B. 单位变动成本的反比例变动性

C. 单位变动成本的不变性　　D. 变动成本总额的正比例变动性

7. 成本性态分析最终将全部成本区分为（　　）。

A. 固定成本　　B. 变动成本　　C. 混合成本　　D. 半变动成本

8. 本量利分析的基本内容有（　　）。

A. 保本点分析　　B. 安全性分析

C. 利润分析　　D. 成本分析

9. 安全边际率=（　　）。

A. 安全边际量 ÷ 实际销售量　　B. 保本销售量 ÷ 实际销售量

C. 安全边际额 ÷ 实际销售额　　D. 保本销售额 ÷ 实际销售额

10. 生产单一品种产品企业，保本销售额为（　　）。

A. 保本销售量 × 单位利润

B. 固定成本总额 ÷ 边际利润率

C. 固定成本总额 ÷（单价 − 单位变动成本）

D. 固定成本总额 ÷ 综合边际利润率

三、实训案例题

实训案例题一

甲产品单位售价为 30 元，单位变动成本为 21 元，固定成本为 450 元。

要求：

1. 计算保本点销售量。
2. 若要实现目标利润 180 元，销售量应为多少？
3. 若销售净利润为销售额的 20%，销售量应为多少？
4. 若每单位产品变动成本增加 2 元，固定成本减少 170 元，计算此时的保本点销售量。
5. 就上列资料，假定单位变动成本和固定成本不变，若销售量为 200 件，计算单价应调整到多少才能实现利润 350 元。

实训案例题二

已知英达公司生产 A、B、C 三种产品，其固定成本总额为 19 800 元，三种产品的有关资料如表 5-20 所示。

表5-20　三种产品的有关资料

品种	销售单价（元）	销售量（件）	单位变动成本（元）
A	2 000	60	1 600
B	500	30	300
C	1 000	65	700

要求：

1. 采用加权平均法计算该公司的综合保本销售额及各产品的保本销售量。
2. 计算该公司的营业利润。

实训案例题三

英伟达公司生产和销售 A、B 两种产品，单位售价 A 产品为 5 元，B 产品为 2.5 元，A 产品贡献边际率为 40%，B 产品贡献边际率为 30%，全月固定成本 72 000 元。

要求：

1. 本月各产品的预计销售量 A 产品为 30 000 件，B 产品为 40 000 件，请计算以下指标：保本点销售额；A、B 两种产品的保本点销售量；用金额表示的安全边际；本月的预计利润。

2. 设本月增加广告费 9 700 元，可使 A 的销售量增加到 40 000 件，而 B 的销售量下降到 32 000 件，请具体分析采取这一措施是否合算。

3. 根据上述第二项的有关数据，重新计算保本点销售额。

营运管理之六　完成工作任务的感受与总结

一、感受与总结

请同学们以个人或小组为单位，填写完成工作任务的感受与总结（见表 5-21）。

表5-21　感受与总结

组别	完成工作任务的感受	分值
1		
2		
3		
4		

二、延伸学习资源

（1）微信公众号：“数字财金研究所”。

（2）微信公众号：“中国管理会计网”。

情境六

企业发展大计：投融资管理

情境导航

华泰集团投融资管理体系建设

华泰集团是一家跨国企业，业务范围包括新能源汽车、芯片制造和锂离子电池生产，总部位于北京经济技术开发区。

为了加强对集团公司各单位、各部门投融资活动进行宏观指导，优化集团投融资综合服务，完善投融资活动全程监管，促进投融资持续健康发展，维护集团公司整体利益和资本安全，有计划、有步骤地开展投资和融资管理活动，完善投资过程管理、投资决策周期控制、投资风险控制、投后管理和退出管理，并加强对融资渠道、方式管理和资本成本控制，防止投资决策过程不清晰、周期长、责任不清、融资成本高和资本结构不合理等问题，华泰集团组织专班，致力构建适合华泰战略发展需求的投资和融资管理体系。

1. 投资管理机构的设立

为了确保华泰集团各项投资管理任务的有序开展，需要建立职责明确、与过程控制相适应的如下机构：

（1）投资决策机构。

总裁办公室是华泰集团的投资决策机构。总裁有一票否决权。重大项目实行集体成员投票制度。总裁办公室的成员由总裁和副总裁组成。

（2）投资决策支持机构。

华泰集团的决策支持机构由两部分组成：一部分是参与投资决策管理的三个职能部门，另一部分是战略投资委员会。

三个职能部门的职责是：战略规划部负责公司总体战略的设计和规划；计划财务部负责审查投资计划中涉及的各项财务指标，并就资本配置和财务风险防范提供相关专业意见；法律事务部专注于防范项目中涉及的合同法律风险，以及项目后续过程中可能出现的法律风险。

战略投资委员会隶属于总裁办公室，由3名常任委员和2名专家委员组成，负责对重大项目投资进行专业和审慎的评估。

2. 投资决策过程

（1）立项。

项目经理进行初步研究并撰写投资建议，投资管理部初步评估，重点掌握项目基本情况，包括项目名称、投资目的地、主要内容和规模、各方投资额等。若批准项目，立即成立投资计划小组，提出投资计划。针对所提出的投资计划，由战略规划部、计划财务部和法律事务部等职能部门分别评估投资计划，在相对较短的时间内提供独立的专业意见。综合考虑后，投资管理部讨论项目的推进，由主管副总裁决定是否将该投资计划提交总裁办公会议讨论。此外，重大项目应提交战略投资委员会决策，以获得更多领域的合作投资机会。

（2）评估。

发现投资机会后，相关部门必须大量收集和分析有关信息。项目经理需要与潜在投资公司及其合作伙伴进行大量接触，进一步分析目标公司背景、市场和产品以及发展潜力的基本情况，研判投资价值，对项目投资的可行性形成基本判断，进而编制投资建议，并以此作为投资项目决策的项目依据。在选择投资项目时，需要使用项目的折现现金流，计算动态投资回收期，并以现值指数作为决策参考。投资评审职能部门结合有关单位意见、评估意见等，建议投资主体对项目申请报告有关内容进行调整，或要求投资主体对有关情况或材料作进一步澄清、补充。

（3）决策。

主管业务的副总裁在收到报告的投资计划后，应综合考虑华泰集团的整体情况、运营和财务预算以及战略规划、公司既定发展领域与方向，判断该项投资的可行性。同时，与投资管理部总裁沟通，以决定是否继续执行该决定。如果存在重大分歧，投资管理部可以直接向总裁陈述原因，总裁将决定投资计划的推进或退出决策。对符合核准条件的项目，核准机关应当予以核准，并向投资主体出具书面核准文件；对不符合核准条件的项目，核准机关应当出具不予核准书面通知，并说明不予核准的理由。

3. 投资计划的实施

项目投资计划经批准后，项目经理负责将投资企业规范为有限责任公司或股份公司，并根据公司治理结构管理所投资企业。责任董事、董事会和监事会是华泰集团监管投资项目的三个重要渠道。在投资决策实施过程中，应立足当前，着眼未来，制定危机管理应急预案，以适应市场环境的可能变化。同时，建立激励约束机制，通过岗位描述明确每位员工相应的岗位职责，并根据岗位职责完成情况进行考核和奖惩；建立责任追究制度，对重大投资决策失误的，依公司条例追究责任。

已核准、备案的项目，发生下列情形之一的，投资主体应当在有关情形发生前向总裁办或投融资管委会提出变更申请：

（1）投资主体增加或减少；

（2）投资地点发生重大变化；

（3）主要投资内容和投资规模发生重大变化；

（4）一方投资额变化幅度达到或超过原核准、备案金额的20%，或投资额变化5 000万元及以上。

总裁办或投融资管委会应当在受理变更申请之日起15个工作日内做出是否同意变更核准的书面决定。

4. 融资体系建设

（1）组织结构建设。

成立由分管副总裁领导的融资管理部门，负责对外融资事宜。按照集团统一部署制定融资任务，根据不同的融资渠道（银行、资本市场、非银金融、海外融资渠道等）划分不同的业务群；资金到位后，由财务部门负责具体操作，还本付息，如需延期，由财务部门根据合同约定办理；未经集团总部许可，严禁子公司之间互相拆借。

建立独立、补充、相互制衡的机制，使决策、管理、执行和监督环节有章可循，有据可查，有人负责，设有专班，运用集体智慧和严格的制度设计弥补个人不足。

（2）人员素质建设。

要求融资人员精通金融知识和金融操作，熟悉资本市场及其运作，具备市场投资和融资能力。财务人员熟悉会计制度，能够进行有效的管理和联系。法律人员精通项目涉及的法律法规，安排股权结构，报税人员合理纳税。人力资源人员能够设计投融资奖惩制度，提高员工积极性。要求融资业务管理者必须密切关注当地的宏观经济形势、经济社会发展趋势和金融市场指数，以便研究和制定相应的融资策略。

融资业务人员必须熟悉并使用各种融资产品。融资管理部门还要收集和分析有关货币政策、财政政策、国家产业政策和国际产业市场和资本市场经济环境的数据。融资人员与投资人员要紧密合作，共同做好投融资工作。融资人员不仅负责筹集资金，还负责监督和管理资金的使用。

公司负责投融资业务相关人员，不得滥用职权、玩忽职守、徇私舞弊、索贿受贿；不得违反本办法规定程序和条件办理项目核准、备案，违反者依法依规严肃处理。

（3）融资策略。

根据华泰集团的投融资策略，结合实际，准确预测资金需求，保持合理的信贷水平，保持财务灵活性和持续融资能力，以持续竞争优势促进融资能力建设，防止资金沉淀或短缺。

制定多套备选方案，计算每个备选方案的资金成本，考虑时间成本，使用资本资产定价模型等工具做出科学合理的融资决策。坚持与长期合作的金融机构耐心坦诚沟通，在合作共赢的基础上，反复协商制定最有利于公司现状的融资模式，确定最优融资方案。保持安全的资本结构，建立财务上有弹性的资产结构。

思考：

1. 华泰集团成立了哪些投资机构？每个部门的职责是什么？

2. 华泰集团的融资业务涉及哪些人？

3. 华泰集团有哪些主要的融资策略？

4. 华泰集团的投融资体系中涉及哪些投融资工具、指标？

思政园地

学习党的二十大报告，落实有关投融资管理政策精神

在党的二十大报告中，有6处提及投资问题，2处提及融资、筹资问题，彰显了我党对经济建设尤其是投融资活动的高度关注。

这8处论述聚焦在两大方面：一是加强对内投融资机制改革与建设，有4处论及；二是有4处关于加大对外开放的论述，实现中华民族伟大复兴。

一、关于加强对内投融资机制改革与建设的论述

1. 健全宏观经济治理体系，发挥国家发展规划的战略导向作用，加强财政政策和货币政策协调配合，着力扩大内需，增强消费对经济发展的基础性作用和投资对优化供给结构的关键作用。

2. 完善支持绿色发展的财税、金融、投资、价格政策和标准体系，发展绿色低碳产业，健全资源环境要素市场化配置体系，加快节能降碳先进技术研发和推广应用，倡导绿色消费，推动形成绿色低碳的生产方式和生活方式。

3. 健全资本市场功能，提高直接融资比重。加强反垄断和反不正当竞争，破除地方保护和行政性垄断，依法规范和引导资本健康发展。

4. 扩大社会保险覆盖面，健全基本养老、基本医疗保险筹资和待遇调整机制，推动基本医疗保险、失业保险、工伤保险省级统筹。

二、关于加大对外开放的论述

1. 我国成为一百四十多个国家和地区的主要贸易伙伴，货物贸易总额居世界第一，吸引外资和对外投资居世界前列，形成更大范围、更宽领域、更深层次对外开放格局。

2. 依托我国超大规模市场优势，以国内大循环吸引全球资源要素，增强国内国际两个市场两种资源联动效应，提升贸易投资合作质量和水平。

3. 合理缩减外资准入负面清单，依法保护外商投资权益，营造市场化、法治化、国际化一流营商环境。

4. 中国坚持经济全球化正确方向，推动贸易和投资自由化便利化，推进双边、区域和多边合作，促进国际宏观经济政策协调，共同营造有利于发展的国际环境，共同培育全球发展新动能，反对保护主义，反对“筑墙设垒”“脱钩断链”，反对单边制裁、极限施压。

思考题：从党的二十大报告关于投融资的论述中，你学到了哪些投融资管理政策导向？

投融资管理之一　学习目标

1. 明确企业投融资管理的目的、原则。
2. 能够运用投融资管理常用的管理会计工具方法。
3. 学会投资管理的程序和融资管理的程序。

投融资管理之二　具体工作任务

工作任务一　华天公司静态投资回收期计算

华天公司欲进行一项投资，初始投资额 10 000 元，项目为期 5 年，每年净现金流量有关资料详见表 6-1。

工作要求：计算该方案的静态投资回收期（计算结果保留 2 位小数）。

表6-1　华天公司静态投资回收期计算　　单位：元

年份	每年净现金流量	年末尚未收回的投资额
1	3 000	
2	3 000	
3	3 000	
4	3 000	
5	3 000	
项目静态投资回收期（年）		

工作任务二　华微公司生产线投资净现值计算与投资可行性评估

华微公司计划开发一条新产品生产线，该产品线使用寿命预期为 4 年，开发新产品线的成本及预计收入为：初始一次性投资固定资产 120 万元，直线法折旧，项目终结无残值，且需垫支流动资金 20 万元。预计在项目投产后，每年可带来销售收入 200 万元；第 1 年起每一年需支付直接材料、人工等付现成本为 30 万元。而随着设备折旧，该产品线将从第 2 年开始逐年增加 10 万元的维修支出，如果公司的资本成本率为 1%，适用的所得税税率为 25%。

工作要求：

（1）计算该项目的税后净利和现金流量，完成表 6-2。

表6-2　计算项目税后净利和现金流量　　单位：万元

项目	第0年	第1年	第2年	第3年	第4年
销售收入	—				

续表

项目	第0年	第1年	第2年	第3年	第4年
付现成本	—				
折旧	—				
税前利润	—				
所得税	—				
税后净利	—				
营业现金流量	—				
固定资产投资		—	—	—	—
营运资金垫支		—	—	—	—
营运资金回收	—	—	—	—	
现金流量合计	-140.00	135.00	127.50	120.00	132.5

注：①每年折旧额 =120/4=30（万元 / 年）。
②所得税税率为 25%。
③营业现金流量 = 税后净利 + 折旧。
④利润计算过程用正数表示。现金流量计算，流入为正，流出为负，四舍五入保留 2 位小数。

（2）用净现值法对该投资项目的可行性进行评估，完成表 6-3。

表6-3　用净现值法对该投资项目的可行性进行评估

项目	第0年	第1年	第2年	第3年	第4年
现金流量合计（万元）	-140.00	135.00	127.50	120.00	132.5
折现系数	1.00	0.893	0.797	0.712	0.636
现值（万元）					
净现值（万元）	—	—	—	—	
项目是否可行（是/否）					

注：现值结果四舍五入保留 2 位小数，并以该结果计算净现值。

工作任务三　华安公司生产设备净现金流量计算与财务可行性评估

华安公司拟建造一项生产设备，预计建设期为 1 年，所需原始投资 100 万元于建设起点一次投入。该设备预计使用寿命为 4 年，使用期满报废清理时残值 5 万元。该设备折旧方法采用双倍余额递减法。该设备投产后每年增加净利润 30 万元。假定适用的行业基准折现率为 10%。

工作要求：

（1）计算项目计算期内各年的净现金流量，完成表 6-4。

表6-4　计算项目计算期内各年的净现金流量　　单位：万元

项目	第0年	第1年	第2年	第3年	第4年	第5年
折旧	—	—				
税后净利	—	—				
营业现金流量	—	—				
固定资产投资		—	—	—	—	—
固定资产残值	—	—	—	—	—	
现金流量合计						

注：①每年折旧额用加速折旧法：采用双倍余额递减法。
②所得税税率为 25%。
③营业现金流量 = 税后净利 + 折旧。

（2）用净现值法对该投资项目可行性进行评估，完成表 6-5。

表6-5　用净现值法对该投资项目可行性进行评估

项目	第0年	第1年	第2年	第3年	第4年	第5年
现金流量合计（万元）						
折现系数	1.000	0.909	0.826	0.751	0.683	0.621
现值（万元）						
获利指数	—	—	—	—	—	
项目是否可行（是/否）						

注：现值结果四舍五入保留 2 位小数，并以该结果计算净现值。

工作任务四　华邦快递公司投融资决策

本工作任务包括以下工作步骤：

工作步骤一：项目决策预算。决定是购买还是租赁。

工作步骤二：预测投资项目收益。

工作步骤三：计算投资回收期。

工作步骤四：计算投资项目净现值。

工作步骤五：计算应交税金。

工作步骤六：计算财务费用。

工作步骤七：预测资产负债项目。

工作步骤八：预测融资需求。

■ 业务资源1

（一）投资项目简介

项目名称：智能化分拣设备建设项目。

项目背景：依据企业当前快递业务量逐年递增的业务发展势头，为了提升快件分拣作业的效率，应对逐年上涨的人工成本带来的成本压力，公司计划投资使用智能化分拣设备。

项目阶段：调研及分析论证阶段。

项目内容：计划投资 3 套分拣设备，设备取得后由分拣中心使用和管理。

项目周期：2024 年 7 月 1 日至 2029 年 12 月 31 日，其中建设期为 6 个月，运营期为 5 年。

（二）项目调研及商务性支出

2023 年公司对同行业智能分拣设备使用情况进行考察，已发生考察费用 2 万元。如项目继续进行，在设备正式投入使用前，2024 年还将分次对员工进行设备使用培训，支付外部培训费支出 10 万元，此后该项目预计将不再发生此项费用。如项目立即终止则不会产生此项费用。

（三）设备取得方式

经过前期考察和调研，设备取得方式为如下两种。

方案一：自行购置

公司自行购置设备，需在 2024 年 12 月 31 日安装验收完毕后向供应商支付设备价款及安装调试费用共计 600 万元。设备采用年限平均法计提折旧，使用寿命 5 年，净残值为 0。

方案二：融资租入

公司通过融资租赁方式取得该设备。融资租赁主要条款：

（1）设备租赁期 5 年，到期后设备归承租人所有。

（2）设备租赁期（租金起算日期）为 2025 年 1 月 1 日至 2029 年 12 月 31 日。

（3）租赁期开始前由出租方负责设备安装调试，保证设备可正常使用。

（4）租金采用按年支付，2025 年 12 月 31 日支付第一期租金，以后每年 12 月 31 日支付下一期租金。最后一期租金在 2029 年 12 月 31 日支付。每期租金为 160 万元。

租赁费用可以自有资金支付，银行同期借款利率为 8%。

方案决策依据：管理层期望税前融资租赁成本不高于同期借款利率。如果高于，则选择自行购置方式取得。不考虑所得税影响。

注：使用税前资金成本进行比较，不考虑所得税抵税影响。

与贴现率相关的复利现值系数表见表 6-6。

表6-6　与贴现率相关的复利现值系数表

期数	1%	2%	3%	4%	5%	6%	7%	8%	9%	10%	11%	12%	13%	14%	15%
1	0.990 1	0.980 4	0.970 9	0.961 5	0.952 4	0.943 4	0.934 6	0.925 9	0.917 4	0.909 1	0.900 9	0.892 9	0.885	0.877 2	0.869 6
2	0.990 3	0.961 2	0.942 6	0.924 6	0.907	0.89	0.873 4	0.857 3	0.841 7	0.826 4	0.811 6	0.797 2	0.783 1	0.769 5	0.756 1
3	0.970 6	0.942 3	0.915 1	0.889	0.863 8	0.839 6	0.816 3	0.793 8	0.772 2	0.751 3	0.731 2	0.711 8	0.693 1	0.675	0.657 5

续表

期数	1%	2%	3%	4%	5%	6%	7%	8%	9%	10%	11%	12%	13%	14%	15%
4	0.961	0.923 8	0.888 5	0.854 8	0.822 7	0.792 1	0.762 9	0.735	0.708 4	0.683	0.658 7	0.635 5	0.613 3	0.592 1	0.571 8
5	0.951 5	0.905 7	0.862 6	0.821 9	0.783 5	0.747 3	0.713	0.680 6	0.649 9	0.620 9	0.593 5	0.567 4	0.542 8	0.519 4	0.497 2

工作步骤一：项目决策预算。

将决策结果填入表 6-7 中。

表6-7　设备取得方式决策表

项目	2024年	2025年	2026年	2027年	2028年	2029年
折现系数						
租赁费（正数表示）	—					
租赁支出现值（负数表示）	—					
租赁支出现值之和（负数表示）		—	—	—	—	—
设备购置支出（负数表示）		—	—	—	—	—
应选择设备取得方式（自购/租赁）		—	—	—	—	—

注：折现系数四舍五入保留 4 位小数，并以 4 位小数结果计算净现值，其他结果四舍五入保留 2 位小数。设备取得方式按照“自购”或“租赁”填制。

工作步骤二：预测项目收益。

根据业务资源 1 和业务资源 2，完成项目收益预测表。

■ 业务资源2

（一）设备后续支出

无论采用自行购置还是融资租赁取得设备，设备安装调试完毕正常使用后，公司每年均会产生设备运维费，2025 年当年每台运维费用 90 万元，以后每年每台运维费增加 1 万元，即到 2029 年每台运维费为 94 万元。

该项支出计入固定分拣成本当中，由公司以自有资金支付。除上述费用外，无其他与此项目有关的费用。不考虑增值税和所得税。

（二）项目损益情况

（1）对于此项目的收益测算，假定成本节约即为项目收益。

（2）原分拣成本中不存在非付现成本。

（3）每套分拣设备预计每年可分拣 200 万件，若采用原来的分拣方式（新设备投入使用前）进行分拣，变动分拣成本约为 1.15 元 / 件，使用该套设备后第一年（2024 年）变动分拣成本约为 0.4 元 / 件，以后每年假定变动分拣成本增加 0.01 元 / 件，即 2029 年变动分拣成本为 0.44 元 / 件，变动分拣成本均为付现成本。

（4）新设备投入使用后，固定成本包含两部分，即设备固定运营成本和设备折旧。

投资项目收益预测表，如表 6-8 所示。

表6-8　投资项目收益预测表

项目	2025年	2026年	2027年	2028年	2029年
分拣能力（万件）					
原每件变动分拣成本（元/件）					
使用设备后每件变动分拣成本（元/件）					
每件变动成本节约（元/件）					
变动成本节约（万元）					
固定成本增加（万元）					
成本节约合计（万元）					

注：分拣能力计算结果取整数，其余结果四舍五入保留 2 位小数。

工作步骤三：计算投资回收期。

根据前两个工作步骤完成的相关资源和结果，完成“项目投资回收期计算表”。

■ 业务资源3

资本成本计算说明

因该设备投资属于公司主营业务，故用公司加权平均资本成本确定为项目的必要报酬率。

公司加权平均资本成本计算步骤如下：

第一步，采用资本资产定价模型计算权益资本成本。

（1）资本资产定价模型：$R=Rf+\beta(Rm-Rf)$。

（2）以同行业上市公司普通股资本成本作为公司权益资本成本。

（3）选择同行业上市公司平均 β 值作为本公司的 β 值，经查阅资料，同行业上市公司平均 β 值为 1.1，上市公司市场预期回报利率（*Rm*）为 9.5%，5 年期国债到期收益率为 4.5%。

第二步，计算加权平均资本成本。

（1）2018 年年末总负债和总所有者权益占总资产比重作为债务资本和权益资本权重。

（2）根据公司与协议银行签订的借款协议和央行公布的贷款利率，公司计算得出平均税后债务资本成本为 5%。

加权平均资本成本计算表如表 6-9 所示。

表6-9　加权平均资本成本计算表

项目	权重	资本成本
负债	40%	5%
权益	60%	10%
加权平均资本成本	8%	

计算项目投资回收期，结果填入表 6-10。

表6-10　项目投资回收期计算表　　单位：万元

项目	2019年	2020年	2021年	2022年	2023年	2024年
购置支出（正数填列）						
培训支出（正数填列）						
项目收益（正数填列）						
折旧（正数填列）						
现金净流量（流入正，流出负）						
累计净现金流量						
回收期（年）						

注：管理层期望的投资回收期不超过 4 年，根据投资回收期评价项目是否可行，并填制“可行”或“不可行”，贴现系数使用金融计算器或参照表 6-6。

工作步骤四：计算投资项目净现值。

计算结果填入表 6-11。

表6-11　投资项目净现值计算表

项目	2019年	2020年	2021年	2022年	2023年	2024年
现金净流量（流入正，流出负）						
贴现系数						
现金流量现值						
净现值						
项目评价（可行/不可行）						

注：贴现系数四舍五入保留 4 位小数，并以 4 位小数结果计算净现值，其余结果均四舍五入保留 2 位小数。根据净现值评价项目是否可行，并填制“可行”或“不可行”。

工作步骤五：计算应交税金。

■ 业务资源4

（一）税金及财务费用预算总体目标

2024 年要继续强化成本费用管理要求，做好税务筹划，把握纳税风险，严格控制不必要的税款支出。对于外部资金使用应严格履行审批手续，降低资金使用成本和资金使用风险。进一步优化财务付款结算流程，降低手续费率，控制财务费用。

（二）税金及财务费用预算编制要求

1. 总体要求

（1）税金及附加预算根据历史数据，结合本年其他预算数据和税收政策进行编制。

（2）财务费用预算根据营业活动情况进行编制，本任务环节不考虑 2024 年可能新增加的投融资项目。

2. 具体要求

（1）税金预算。

1）增值税预算根据历史增值税缴税水平，计算得出增值税缴库率（增值税额 / 营业收入）约为 2.5%。

2）城市建设维护税，按照增值税缴库金额的 7% 征收。

3）教育费附加，按照增值税缴库金额的 3% 征收。

4）地方教育费附加，按照增值税缴库金额的 2% 征收。

5）印花税预算，印花税预算金额按照 20 000 元暂估。

（2）财务费用预算。

1）利息收入。经测算，2024 年预计全年货币资金余额为 1 500 万元，资金平均利息率为 2%。

2）利息支出。2024 年预计全年平均有息负债为 120 万元，负债利率为 5%。

3）手续费其他。公司计划 2024 年改变与银行的结算方式，提升结算效率，在此过程中财务结算手续费有望较 2023 年手续费支出降低 20%。

应交税金计算结果填入表 6-12。

表6-12　税金预算明细表

编制部门：　　　　　　　　　　　　　　　　　　　　　　　　单位：元

序号	项目	2024年预算
1	收入	134 724 000.00 （来自预算岗任务计算结果）
2	增值税	
3	城市建设维护税	

续表

序号	项目	2024年预算
4	教育费附加	
5	地方教育费附加	
6	印花税	
7	税金及附加合计	

工作步骤六：计算财务费用。

财务费用预算明细表，如表 6-13 所示。

表6-13　财务费用预算明细表

编制部门：　　　　单位：元

序号	项目	2023年实际	2024年预算
1	利息收入	350 000.00	
2	利息支出	100 000.00	
3	手续费及其他	50 000.00	
4	合计	-200 000.00	

工作步骤七：预测资产负债项目。

运用销售百分比法完成资产负债项目预测，计算过程中涉及小数的，以无限不循环小数连续计算，结果四舍五入保留两位小数。资产负债项目预测表，如表 6-14 所示。在有颜色的单元格里填写相应的答案。

表6-14　2024年资产负债项目预测表

编制单位：　　　　单位：元

项目	收入敏感性项目（是/否）	2023年	销售百分比	2024年
销售收入	—	109 000 000.00	—	134 724 000.00
货币资金	是	15 000 000.00		
应收账款	是	11 000 000.00		
预付账款	是	2 000 000.00		
其他应收款	是	5 800 000.00		
存货	是	500 000.00		
流动资产合计	—		—	
固定资产	否	19 000 000.00	—	22 000 000.00
在建工程	否	6 000 000.00	—	3 000 000.00
无形资产	否	11 000 000.00	—	11 000 000.00

续表

项目	收入敏感性项目（是/否）	2023年	销售百分比	2024年
长期待摊费用	否	3 200 000.00	—	2 600 000.00
非流动资产合计	—		—	
资产合计	—		—	
短期借款	否	6 800 000.00	—	6 800 000.00
应付账款	是	9 600 000.00		
应付职工薪酬	是	2 400 000.00		
应交税费	是	800 000.00		
其他应付款	是	6 200 000.00		
流动负债合计	—		—	
非流动负债合计	—	3 600 000.00	—	3 600 000.00
负债合计	—		—	

工作步骤八：预测融资需求。

融资需求测算见表 6-15。

表6-15　2024年资金需求测算表

编制单位：　　　　　　　　　　　　单位：元

项目	金额
流动资产增加额	
非流动资产增加额	
资产增加合计	
流动负债增加额	
非流动负债增加额	
负债增加合计	
融资总需求（资产增加-负债增加）	
留存收益增加	
留存收益减少	
资金结余（资金缺口以“—”填列）	
是否需要外部融资（是/否）	

注：留存收益增加额 9 872 727 元，2024 年预计向股东宣告并分配利润 6 000 000 元。

投融资管理之三　背景知识导学

微课

投融资认知概述及投资认知

微课

企业融资认知

一、投融资管理指引知识点

（一）企业投融资管理的目的和内容

企业加强投融资管理的目的是，健全投融资决策机制，降低投融资风险，提高投资效益。企业投融资管理包括投资管理和融资管理。

投资管理，是指企业对投资项目进行全面管理和控制的过程，包括资本预算、投资决策、投资组合和绩效评估等方面的活动，以实现企业的战略目标并最大化投资回报。

融资管理，是指企业为实现既定的战略目标，在风险匹配的原则下，对通过一定的融资方式和渠道筹集资金进行的管理活动。

企业融资的规模、期限、结构等应与经营活动、投资活动等的需要相匹配。

（二）企业投融资管理的原则

1. 价值创造原则

企业投融资管理应以持续创造企业价值为核心。

2. 战略导向原则

投融资管理应符合企业发展战略与规划，与企业战略布局和结构调整方向相一致。

3. 风险匹配原则

投融资管理应确保投融资对象的风险状况与企业的风险综合承受能力相匹配。

（三）企业投资管理的程序

1. 机构建设

微课

投融资管理程序

企业应建立健全投资管理的制度体系，根据组织架构特点，设置能够满足投资管理活动所需的，由业务、财务、法律及审计等相关人员组成的投资委员会或类似决策机构，对重大投资事项和投资制度建设等进行审核，有条件的企业可以设置投资管理机构，组织开展投资管理工作。

2. 方法应用

企业应用投资管理工具方法，一般按照制订投资计划、进行可行性分析、实施过程控制和投资后评价等程序进行。

第一，制订投资规划。

企业投资管理机构应根据战略需要，定期编制中长期投资规划，并据此编制年度投资计划。

（1）中长期投资规划一般应明确指导思想、战略目标、投资规模、投资结构等。

（2）年度投资计划一般包括编制依据、年度投资任务、年度投资任务执行计划、投资项目的类别及名称、各项目投资额的估算及资金来源构成等，并纳入企业预算管理。

第二，可行性分析。

投资可行性分析的内容一般包括该投资在技术和经济上的可行性、可能产生的经济效益和社会效益、可以预测的投资风险、投资落实的各项保障条件等。

第三，过程控制。

企业进行投资管理，应当将投资控制贯穿投资实施的全过程。投资控制的主要内容一般包括进度控制、财务控制、变更控制等。

（1）进度控制。进度控制是指对投资实际执行进度方面的规范与控制，主要由投资执行部门负责。

（2）财务控制。财务控制是指对投资过程中资金使用、成本控制等方面的规范与控制，主要由财务部门负责。

（3）变更控制。变更控制是指对投资变更方面的规范与控制，主要由投资管理部门负责。

第四，投资后评价。

投资项目实施完成后，企业应对照项目可行性分析和投资计划组织开展投资后评价。投资后评价的主要内容一般包括投资过程回顾、投资绩效和影响评价、投资目标实现程度和持续能力评价、经验教训和对策建议等。

3. 编制投资报告

投资报告应根据投资管理的情况和执行结果编制，反映企业投资管理的实施情况。投资报告主要包括以下内容：

（1）投资管理的情况说明。一般包括投资对象、投资额度、投资结构、投资风险、投资进度、投资效益及需要说明的其他重大事项等。

（2）投资管理建议。可以根据需要以附件形式提供支持性文档。

投资报告是重要的管理会计报告，应确保内容真实、数据可靠、分析客观、结论清楚，为报告使用者提供满足决策需要的信息。

（四）企业融资管理的程序

1. 体系建设

企业应建立健全融资管理的制度体系，融资管理一般采取审批制。

企业应设置满足融资管理所需的，由业务、财务、法律及审计等相关人员组成的融资委员会或类似决策机构，对重大融资事项和融资管理制度等进行审批，并设置专门归口管理部门牵头负责融资管理工作。

2. 工具应用

企业应用融资管理工具方法，一般按照融资计划制订、融资决策分析、融资方案的实施与调整、融资管理分析等程序进行。

3. 制订融资计划

企业对融资安排应实行年度统筹、季度平衡、月度执行的管理方式，根据战略需要、业务计划和经营状况，预测现金流量，统筹各项收支，编制年度融资计划，并据此分解至季度和月度融资计划。必要时根据特定项目的需要，编制专项融资计划。

年度融资计划的内容一般包括编制依据、融资规模、融资方式、资本成本等。季度和月度融资计划的内容一般包括年度经营计划、企业经营情况和项目进展水平、资金周转水平、融资方式、资本成本等。企业融资计划可作为预算管理的一部分，纳入企业预算管理。

4. 编制融资方案

企业应根据融资决策分析的结果编制融资方案，融资决策分析的内容一般包括资本结构、资本成本、融资用途、融资规模、融资方式、融资机构的选择依据、偿付能力、融资潜在风险和应对措施、还款计划等。

5. 落实融资方案

融资方案经审批通过后，进入实施阶段，一般由归口管理部门具体负责落实。如果融资活动受阻或者融资量无法达到融资需求目标，归口管理部门应及时对融资方案进行调整，数额较大时应按照融资管理程序重新报请融资委员会或类似决策机构审批。

6. 实施融资管理分析

企业融资完成后，应对融资进行统一管理，必要时应建立融资管理台账。企业应定期进行融资管理分析，内容一般包括还款计划、还款期限、资本成本、偿付能力、融资潜在风险和应对措施等。还款计划应纳入预算管理，以确保按期偿还融资。

7. 编制融资报告

融资报告应根据融资管理的执行结果编制，反映企业融资管理的情况和执行结果。融资报告主要包括以下两部分内容：

（1）融资管理的情况说明。融资管理的情况说明一般包括融资需求测算、融资渠道、融资方式、融资成本、融资程序、融资风险及应对措施、需要说明的重大事项等。

（2）融资管理建议。可以根据需要以附件形式提供支持性文档。

融资报告是重要的管理会计报告，应确保内容真实、数据可靠、分析客观、结论清楚，为报告使用者提供满足决策需要的信息。

二、项目管理相关知识

（一）项目投资评价方法体系框架

微课

贴现现金流法的概念与程序

项目投资评价方法体系框架，如图 6-1 所示。

评价一个投资项目是否可行，常用的指标包括基本方法体系中的净现值法、现值指数法、内含报酬率法，以及辅助方法中的回收期法（静态、动态）和会计报酬率法。下面分别进行简单介绍。

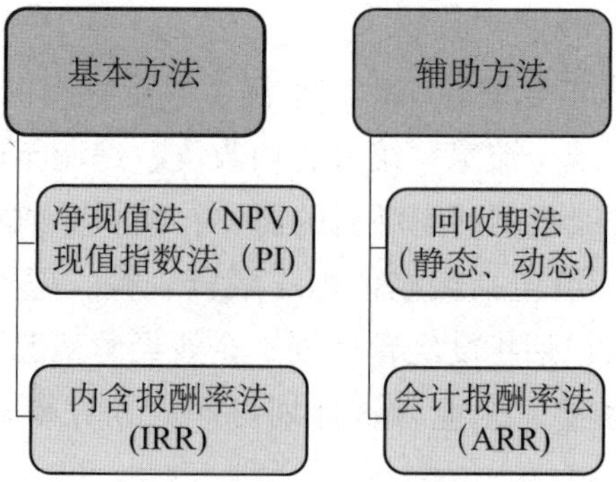

图 6-1　项目投资评价方法体系框架

（二）净现值法

微课

净现值法

投资项目的净现值法（Net Present Value，NPV）是一种用于评估投资项目经济效益的财务分析方法。它基于现金流量的概念，通过将未来现金流量折现到当前时点，计算出投资项目对企业的净经济效益。

在使用净现值法进行分析时，首先需要确定投资项目的预期现金流量，包括项目的初始投资和未来的现金流入和现金流出。然后，将这些现金流量按照一定的折现率折现回当前时点，以考虑时间价值和风险。

1. 计算公式

净现值（NPV）= 未来现金净流量现值 − 原始投资额现值

2. 决策原则

如果 $NPV>0$，表明投资报酬率大于资本成本，该项目可以增加股东财富，应予采纳。

如果 $NPV=0$，表明投资报酬率等于资本成本，不改变股东财富，可选择采纳或不采纳该项目。

如果 $NPV<0$，表明投资报酬率小于资本成本，该项目将减损股东财富，应予放弃。

3. 优缺点

优点：具有广泛的适用性，在理论上比其他方法更加完善。

缺点：绝对数指标，不便于比较投资规模不同的方案。

微课

现值指数法

（三）现值指数法

投资项目的现值指数法是一种用于评估投资项目经济效益的财务分析方法。它通过计算项目的现值指数来衡量项目的投资回报率。

现值指数（Profitability Index，PI）是将项目的预期现金流量折现到当前时点后的现值与项目的初始投资之间的比率。

1. 计算公式

现值指数（PI）= 未来现金净流量现值 / 原始投资额现值

与净现值相比，现值指数是一个相对数指标，反映投资的效率；而净现值是绝对数指标，反映投资的效益。

2. 决策原则

如果 $PI>1$，表明投资报酬率大于资本成本，该项目可以增加股东财富，应予采纳。

如果 $PI=1$，表明投资报酬率等于资本成本，不改变股东财富，可选择采纳或不采纳该项目。

如果 $PI<1$，表明投资报酬率小于资本成本，该项目将减损股东财富，应予放弃。

例6-1

假设华彩集团股份有限公司有 A、B 两个投资项目，具体情况如表 6-16 所示。

表6-16　投资项目情况表　　单位：万元

年份	0	1	2
A项目现金流量	−1 000	200	2 000
B项目现金流量	−1 000	1 800	200

要求：

（1）当折现率为 10% 时，分别计算两个项目的 *NPV*，并比较此时两个项目的优劣。

（2）当折现率为 10% 时，分别计算两个项目的 *PI*，并比较此时两个项目的优劣。

（3）当折现率为 20% 时，分别计算两个项目的 *NPV*，并比较此时两个项目的优劣。

（4）当折现率为 20% 时，分别计算两个项目的 *PI*，并比较此时两个项目的优劣。

解析：

（1）假设折现率为 10% 时，计算 *NPV*。

A 项目净现值 $=[200/(1+10\%)+2000/(1+10\%)^2]-1000=834$（万元）

B 项目净现值 $=[1800/(1+10\%)+200/(1+10\%)^2]-1000=801$（万元）

A 项目净现值高。

（2）假设折现率为 10% 时，计算 *PI*。

A 项目现值指数 $=[200/(1+10\%)+2000/(1+10\%)^2]/1000=1.83$

B 项目现值指数 $=[1800/(1+10\%)+200/(1+10\%)^2]/1000=1.80$

A 项目现值指数高。

（3）假设折现率为 20% 时，计算 *NPV*。

A 项目净现值 $=[200/(1+20\%)+2000/(1+20\%)^2]-1000=556$（万元）

B 项目净现值 $=[1800/(1+20\%)+200/(1+20\%)^2]-1000=639$（万元）

B 项目净现值高。

（4）假设折现率为 20% 时，计算 *PI*。

A 项目现值指数 $=[200/(1+20\%)+2000/(1+20\%)^2]/1000=1.56$

B 项目现值指数 $=[1800/(1+20\%)+200/(1+20\%)^2]/1000=1.64$

B 项目现值指数高。

可见，改变折现率会影响方案的优先次序。

（四）内含报酬率

微课

内含报酬率法

内含报酬率法（Internal Rate of Return，IRR）是一种用于评估投资项目经济效益的财务分析方法。它通过计算项目的内含报酬率来衡量项目的投资回报率。

内含报酬率是使项目的净现值等于零时的折现率。换句话说，IRR 是使项目的现金流量的现值与初始投资相等的折现率。

在使用内含报酬率法进行分析时，需要确定投资项目的预期现金流量，包括项目的初始投资和未来的现金流入和现金流出。

1. 计算步骤

（1）一般情况下采用逐步测试法。通过逐步测试，找到使净现值最接近 0 的两个折现率，其中一个折现率使净现值大于 0，另一个折现率使净现值小于 0，然后通过内插法求出内含报酬率。

（2）特殊情况下（原始投资一次支出，无建设期，投产后各年现金净流量相等时）使用年金现值系数表，然后通过内插法求出内含报酬率。

2. 决策原则

如果 $IRR >$ 资本成本，表明投资报酬率大于资本成本，该项目可以增加股东财富，应予采纳。

如果 $IRR=$ 资本成本，表明投资报酬率等于资本成本，不改变股东财富，可选择采纳或者放弃。

如果 $IRR <$ 资本成本，表明投资报酬率小于资本成本，该项目将减损股东财富，应予放弃。

以上三个基本指标之间的关系，如图 6-2 所示。

微课

贴现现金流法的优缺点

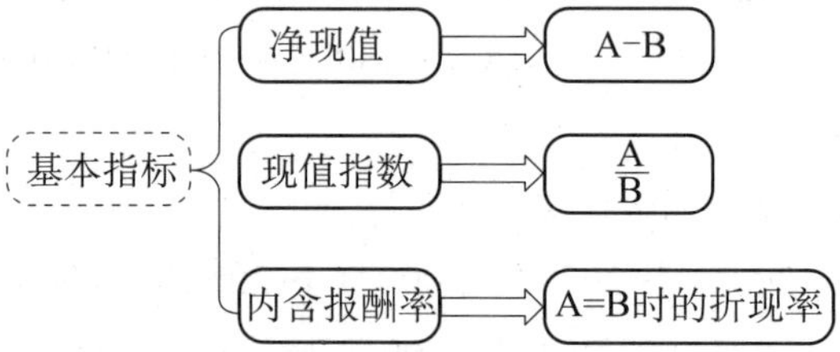

图 6-2　三个基本指标之间的关系

（五）静态投资回收期法

静态投资回收期法（Payback Period）是一种用于评估投资项目的回收期的财务分析方法。它衡量了投资项目从初始投资开始，所需时间来回收初始投资。

静态投资回收期是指项目投资所需的时间，以使累计现金流量等于或超过初始投资。换句话说，它是指从项目开始投资到回收全部初始投资所经过的时间。

1. 计算方法

（1）在原始投资额为一次性支出，建设期为0，未来每年现金净流量相等时，静态回收期的计算公式为：

静态投资回收期 = 原始投资额 / 未来每年现金净流量

提示：若投产后前若干年的现金净流量相等，而且相等的现金净流量之和≥原始投资额，则静态回收期 = 建设期 + 原始投资额 / 未来每年相等的现金净流量。

（2）如果每年的现金净流量不等，或原始投资额是分几年投入的，静态回收期的计算公式为：

静态投资回收期 $=M+$ 第 M 年的尚未回收额 / 第（$M+1$）年的现金净流量

式中，M 为收回原始投资额的前一年。

2. 优点

静态投资回收期法计算简便，并且容易为决策人所正确理解，可以大体上衡量项目的流动性和风险。

3. 缺点

（1）静态投资回收期法忽视了资金时间价值；没有考虑回收期以后的现金流量，也就是没有衡量营利性。

（2）容易导致短期化行为，可能会放弃有战略意义的长期项目。

（六）动态投资回收期法

动态投资回收期法（Dynamic Payback Period）是一种用于评估投资项目回收期的财务分析方法。与静态投资回收期法相比，动态投资回收期法考虑了现金流量的时间价值。

在动态投资回收期法中，首先确定投资项目的预期现金流量，包括初始投资和未来现金流入。然后，计算每期现金流量的累计值，直到累计现金流量等于或超过初始投资，同时考虑现金流量的折现率。

动态投资回收期是指在考虑货币时间价值的情况下，投资引起的未来现金流量累积到与原始投资额相等所需要的时间。

1. 计算方法

动态回收期 $=M+$ 第 M 年的尚未回收额的现值 / 第（$M+1$）年的现金净流量现值

式中，M 为收回原始投资额现值的前一年。

提示：在原始投资额一次性支出，建设期为0，未来每年现金净流量相等时，假定动态回收期为 n 年，则：

$(P/A, i, n)$ = 原始投资额现值 / 未来每年现金净流量计算出年金现值系数后，通过查年金现值系数表，利用插值法，即可推算出动态投资回收期 n。

企业应着眼于全生命周期的视角组织项目管理。

2. 优点

（1）考虑时间价值：通过折现现金流量，更准确地反映了资金的时间价值。

（2）考虑投资风险：通过考虑现金流量的折现率，能更好地评估投资项目的风险，因为它对未来现金流量的价值进行了调整。

3. 缺点

（1）需要确定合适的折现率：选择不当的折现率可能导致误导性的回收期数据。

（2）复杂度较高：相较于静态投资回收期法，动态投资回收期法的计算较为复杂，需要进行现金流量的折现计算，并考虑不同期数的累计现金流量。

（3）只关注回收期：动态投资回收期法仅关注回收期，而没有对项目的整体经济效益进行综合评估，可能忽视了其他重要的财务指标和风险因素。

例6-2

某投资项目各年的预计现金净流量（NCF）分别为：

NCF_0=−200（万元），NCF_1=−50（万元），$NCF_{2\sim3}$=100（万元），$NCF_{4\sim5}$=250（万元）。

要求：

（1）若资本成本率为 10%，计算该项目的静态投资回收期。

（2）若资本成本率为 10%，计算该项目的动态投资回收期。

（3）若资本成本率为 20%，计算该项目的静态投资回收期。

（4）若资本成本率为 20%，计算该项目的动态投资回收期。

（5）讨论：当成本率不变时，静态投资回收期和动态投资回收期的长短比较。

（6）讨论：当成本率不同时，静态投资回收期与成本率的变化关系。

（7）讨论：当成本率不同时，动态投资回收期与成本率的变化关系。

解析：

当资本成本率为 10% 时，该投资项目的净现值如表 6-17 所示。

表6-17　净现值计算表　　单位：万元

（资本成本率为10%）

项目	0	1	2	3	4	5
各年的*NCF*	−200	−50	100	100	250	250
累计的*NCF*	−200	−250	−150	−50	200	450
各年的*NCF*现值	−200	−45.46	82.64	75.13	170.75	155.23
累计的*NCF*现值	−200	−245.46	−162.82	−87.69	83.06	238.29

（1）若资本成本率为 10%，计算该项目的静态投资回收期。

静态投资回收期 =3+50/250=3.2（年）

（2）若资本成本率为 10%，计算该项目的动态投资回收期。

动态投资回收期 =3+87.69/170.75=3.51（年）

当资本成本率为 20% 时，该投资项目的净现值如表 6-18 所示。

表6-18　净现值计算表

（资本成本率为20%）　　单位：万元

项目	0	1	2	3	4	5
各年的*NCF*	-200	-50	100	100	250	250
累计的*NCF*	-200	-250	-150	-50	200	450
各年的*NCF*现值	-200	-41.67	69.44	57.87	120.56	100.47
累计的*NCF*现值	-200	-241.67	-172.23	-114.36	6.20	106.67

（3）若资本成本率为 20%，计算该项目的静态投资回收期。

静态投资回收期 =3+50/250=3.2（年）

（4）若资本成本率为 20%，计算该项目的动态投资回收期。

动态投资回收期 =4+6.20/100.47=4.06（年）

（5）当成本率不变时，静态投资回收期与动态投资回收期相比较，动态投资回收期比较长。

（6）当成本率不同时，静态投资回收期与成本率的变化关系为，静态投资回收期与成本率无关。

（7）当成本率不同时，动态投资回收期与成本率的变化关系为，成本率越大，动态投资回收期越长。

（七）会计报酬率

会计报酬率是用于资本预算的财务比率，用来评估一项投资的可接受性。

1. 计算公式

会计报酬率根据估计的项目整个寿命期年平均净利润与估计的资本占用之比计算而得。

会计报酬率 = 年平均净利润 / 原始投资额 ×100%

2. 优点

（1）数据容易获得，计算简便，易于理解。

（2）考虑了整个项目寿命期的全部利润，能衡量盈利性。

3. 缺点

（1）未使用现金流量，使用的是会计的账面利润，忽视了折旧对现金流量的影响。

（2）没有考虑货币时间价值，忽视了净利润的时间分布的影响。

三、投资项目现金流量相关知识

（一）现金流量的含义

由一项投资项目所引起的现金收支，叫作现金流量。包括：现金流入量、现金流出量、现金净流量（现金流入量－现金流出量）。

一般情况下，投资决策中的现金流量通常指现金净流量。现金流量中的现金是广义的现金，既包括库存现金、银行存款等货币性资产，也包括相关非货币性资产（如原材料、设备等）的变现价值。

（二）相关成本、非相关成本、机会成本

1. 相关成本

相关成本指与特定决策有关的、在分析评价时必须加以考虑的成本。主要包括：变动成本、边际成本、机会成本、重置成本、付现成本、可避免成本、可延缓成本、专属成本、差量成本等。

2. 非相关成本

非相关成本指与特定决策无关的、在分析评价时不必加以考虑的成本。如沉没成本、不可避免成本、不可延缓成本、共同成本等。

3. 机会成本

在投资方案的选择中，如果选择了一个投资方案，则必须放弃其他投资机会。其他投资机会可能取得的收益是实行本方案的一种代价，被称为这项投资方案的机会成本。机会成本不是我们通常意义上的“成本”，它不是一种支出或费用，而是失去的收益。

（三）投资项目各期间的现金流量

投资项目各期间的现金流量，如图 6-3 所示。

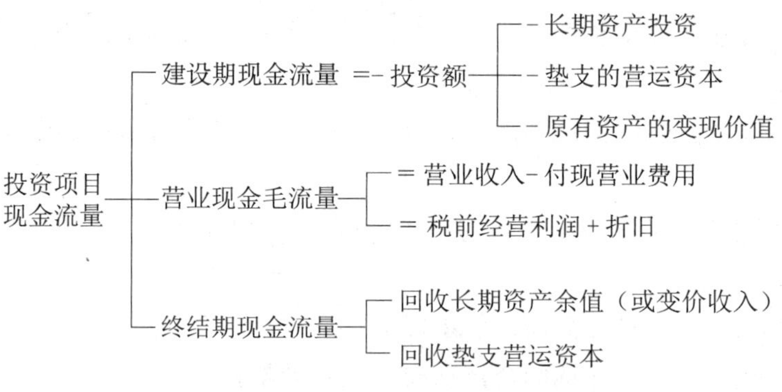

图 6-3　投资项目各期间的现金流量

计算现金流量时要注意以下几点：

（1）结果的时点设定。为了简化，通常把计算结果的时点设在第一年的年初，其他流入和流出在各年的年初或年末。实际上，现金流出和流入的时间可能在任何时间。

（2）选定时间轴很重要。通常的做法，以第一笔现金流出的时间为“现在”时间，即“0”时点。不管它的公历时间是几月几日。

（3）对于原始投资，如果没有特殊指明，均假设现金在每个“计息期期初”支付。如果特别指明支付日期，如2个月后支付300万元，则要考虑在此期间的时间价值。

（4）对于营业现金毛流量，尽管其流入和流出都是陆续发生的，如果没有特殊指明，均假设营业现金毛流量在“各个计息期期末”取得。

（5）垫支营运资本的估算。垫支营运资本，指增加的经营性流动资产与增加的经营性流动负债之间的差额，即增加的经营营运资本。

（6）营运资本的回收估算。项目终结收回的营运资本是以往垫支的营运资本合计。

四、资本资产定价模型相关知识

资本资产定价模型（Capital Asset Pricing Model，CAPM）是一种用于估计资产预期回报率的财务模型。CAPM的基本原理是资产的预期回报率与市场风险的关系。它使用了资产的贝塔系数来衡量资产与整个市场风险的相关性。贝塔系数衡量了资产相对于市场的系统性风险。

在资本资产定价模型中，风险与收益关系的基本表达式如下：

必要报酬率＝无风险报酬率＋市场风险附加率

用字母表示为：

$$R_i=R_f+\beta\times(R_m-R_f)$$

式中，R_i 代表必要报酬率；R_f 代表无风险报酬率；R_m 代表平均必要报酬率。

（1）单项资产或特定资产组合的必要报酬率受到无风险报酬率、市场组合的平均必要报酬率和 β 系数三个因素的影响，均为同向影响。

（2）某资产的风险附加率是市场风险溢价率（市场风险补偿程度）与该资产度量系统风险 β 系数的乘积。即某资产的风险附加率 $=\beta\times(R_m-R_f)$。

（3）市场风险溢价率（R_m-R_f）反映市场整体对风险的偏好，如果风险厌恶程度高，该值就大。

（4）必要报酬率也称最低要求报酬率，是等风险投资的机会成本。期望报酬率则是使净现值为零的报酬率，是方案本身预期可以达到的报酬率。

投融资管理之四　分项考核标准

（1）分组完成华邦快递公司投融资决策的以下工作任务：

1）项目决策预算。决定是购买还是租赁。

2）预测投资项目收益。

3）计算投资回收期。

4）计算投资项目净现值。

5）计算应交税金。

6）计算财务费用。

7）预测资产负债项目。

8）预测融资需求。

（2）投融资管理之五“复习思考问题”中，实训案例题，开卷，限定时间完成天津中端型酒店项目收入预测、利润预测、筹资决策和现金流量预测工作。

投融资管理之五　复习思考问题

一、单项选择题

1. 投资管理是指企业根据自身（　　）发展规划，以企业价值最大化为目标，对将资金投入营运进行的管理活动。

A. 经营　B. 市场　C. 战略　D. 生产

2. 融资管理是指企业为实现战略目标，在（　　）原则下，通过一定融资方式和渠道筹集资金进行的管理活动。

A. 成本效益　B. 风险匹配　C. 价值创造　D. 利润最大化

3. 企业进行投融资管理应以（　　）为核心。

A. 持续创造企业价值　B. 符合企业战略发展规划

C. 风险状况与企业承受能力相匹配　D. 为股东创造财富

4. 企业开展投融资管理活动应确保（　　）相匹配。

A. 企业战略布局和结构调整方向　B. 债权人利益与股东利益

C. 企业发展战略与经营计划

D. 投融资对象的风险状况与企业的风险综合承受能力

5. 投资项目完成后，企业应对照项目（　　）组织开展投资后评价。

A. 可行性分析和投资控制记录　B. 可行性分析和项目现金流量

C. 投资计划和项目现金流量　D. 可行性分析和投资计划

6. 应用贴现现金流法，应确保贴现期与（　　）期间相匹配。

A. 现金流发生　B. 设备使用　C. 项目　D. 合同约定

7. 企业整体价值评估应采用（　　）作为预测现金流的基础。

A. 股权自由现金流　B. 债权自由现金流

C. 企业自由现金流　D. 经营现金流

8. 无风险报酬率为 3.8%，市场预期回报率为 8.8%，企业对整个市场的风险指数为 1.1，则市场风险溢价为（　　）。

A. 12.60%　　B. 5.50%　　C. 9.30%　　D. 5.00%

9. 项目财务管理，是指基于项目（　　）的项目财务活动的归口管理工作。

A. 全作业活动　　B. 全生命周期　　C. 全职能分工　　D. 全资金投入

10.资产价值评估采用的贴现率，通常根据与资产使用寿命相匹配的（　　）进行风险调整后确定。

A. 无风险报酬率　　B. 风险报酬率

C. 市场必要报酬率　　D. 风险溢价补偿

二、多项选择题

1. 企业对融资安排应实行（　　）的管理方式，根据战略需要、业务计划和经营状况，预测现金流量，统筹各项收支。

A. 年度统筹　　B. 半年核算　　C. 季度平衡　　D. 月度执行

2. 贴现率是反映当前市场（　　）的回报率。

A. 货币时间价值　　B. 标的风险　　C. 投资收益　　D. 资本成本

3. 企业一般可以从（　　）等方面开展项目的可行性研究。

A. 技术可行性　　B. 财务可行性　　C. 组织可行性　　D. 经济可行性

4. 企业应根据融资决策分析的结果编制融资方案，融资决策分析的内容一般包括（　　）等。

A. 资本结构　　B. 资本成本　　C. 融资用途　　D. 融资方式

5. 企业应定期进行融资管理分析，内容一般包括（　　）等。

A. 还款计划　　B. 还款期限　　C. 资本成本　　D. 偿付能力

6. 企业进行投融资管理，一般应遵循的原则有（　　）。

A. 价值创造原则　　B. 战略导向原则　　C. 成本效益原则　　D. 风险匹配原则

7. 企业投资管理应该根据战略需要，定期编制中长期投资规划，并据此编制年度投资计划。其中年度投资计划一般包括（　　）。

A. 投资项目类别及名称　　B. 年度投资任务

C. 编制依据　　D. 投资结构

8. 投资可行性分析的内容一般包括该投资在（　　）方面的可行性。

A. 经济　　B. 社会　　C. 政治　　D. 技术

9. 投资报告包括两部分内容，其中投资管理情况说明部分一般包括（　　）。

A. 投资对象　　B. 投资额度　　C. 投资管理建议　　D. 投资风险

10.年度融资计划的内容一般包括（　　）。

A. 编制依据　　B. 融资规模　　C. 经营情况　　D. 融资方式

三、实训案例题

实训案例一　酒店收入预测

1. 投资项目简介

公司名称：天津中瑞酒店。

项目名称：天津中端型快捷酒店项目。

项目背景：经调查，经济型快捷酒店目前竞争激烈，利润微薄，顾客偏好较差；中端型快捷酒店提供星级酒店的住宿服务、餐饮服务；人们的生活条件越来越好，对于生活的追求不断提高，因此，中端型酒店受到大众的追捧。公司处于快速发展期，运营模式相对成熟，相关运营管理经验已经具备。公司在未来几年的战略发展规划上会将战略重心放在布局中端型快捷酒店上，减缓经济型快捷酒店的投资速度。

项目阶段：调研及分析论证阶段。

项目内容：两家中端型快捷酒店。

客房数量：220 间（每家酒店 110 间）。

筹备周期：2024 年 1 月 1 日至 2024 年 12 月 31 日。

项目周期：开业后运营 8 年（与装修设备折摊时间相一致）。

计划开业时间：2025 年 1 月 1 日。

所得税税率：25%。

2. 项目运营模式

公司管理层积极向业内标杆企业学习，同时结合本公司的实际情况，进行模式探索和创新。在天津中端型酒店投资上提出两种模式。

（1）自营模式：同石家庄、太原原有酒店模式相同，投资建设支出由本公司承担，收益归本公司享有。

（2）加盟模式：寻找合作伙伴（加盟商），由加盟商负责出资，酒店按照公司要求设计，品牌使用本公司品牌，公司为加盟商提供管理支持和经验分享，会员可以在自营酒店和加盟酒店中共享会员权益。

加盟酒店筹建过程中的酒店管理系统，以及酒店门牌等由本公司负责提供和制作，单店费用为 100 万元，除此之外的一切成本费用支出由加盟商承担，公司按照不含税收入向加盟商收取一定比例（9%）的加盟管理费，剩余的收益归加盟商所有。自营模式和加盟模式酒店设计装修（筹建投资）花费相同，预计收入也相同。

3. 酒店收入预测

（1）出租率：开业当年出租率预计为 74%，以后每年上涨 2%，上涨至 80% 时达到稳定不再上涨。

（2）平均房价：预计开业当年平均房价为 280 元，每两年上调一次，每次上调金额为 20 元。

（3）餐厅收入：预计开业前三年餐厅收入为房间出租收入的 20%，三年后基本稳定在房间出租收入的 30%。

要求：完成项目收入预测，如表 6-19 所示。

表6-19　天津中瑞酒店项目收入预算　　金额单位：元

项目	合计	2025年	2026年	2027年	2028年	2029年	2030年	2031年	2032年
门店数量（家）	—	2	2	2	2	2	2	2	2
房间数量（间）	—	220	220	220	220	220	220	220	220
天数（天）	—	365	365	365	366	365	365	365	366
可供出租房天数（房间数量 × 天数）（天）									
出租率（%）	—								
实际出租房天数（天）									
平均房价	—								
出租房收入									
餐饮收入									
总收入									

注：中间过程以完整小数位数引用计算。计算结果均四舍五入保留 2 位小数。

实训案例二　项目成本预测

1. 酒店筹建投资

筹建一家中端型酒店的初始投资额为 1 000 万元，假定折旧摊销均为 8 年，期末净残值为 0，均使用平均年限法进行折旧摊销，投资支出明细如表 6-20 和表 6-21 所示。

表6-20　房间装修预算（1间）

序号	项目名称	预算金额（元）
1	天棚	7 500.00
2	立面	11 250.00
3	地面	67 50.00
4	活动家私（床、布草、书桌等）	12 000.00
5	灯具（含开孔、安装）	3 000.00
6	水电安装部分	3 750.00
7	洁具部分	5 250.00
8	电气设备部分（电视、分体空调等）	10 500.00
9	合计	60 000.00

表6-21　公共区域装修预算

序号	项目名称	预算金额（元）
1	走廊轻钢龙骨纸面石膏板	272 000.00
2	走廊石膏板面面饰乳胶漆	68 000.00
3	走廊墙面	136 000.00
4	走廊照明	102 000.00
5	消防设施	34 000.00
6	电梯装修	17 000.00
7	大堂装修	510 000.00
8	热水系统	680 000.00
9	热水箱	68 000.00
10	监控系统	102 000.00
11	有线电视（开户）	204 000.00
12	电话系统	170 000.00
13	网络系统	340 000.00
14	酒店招牌	170 000.00
15	酒店管理系统（软件）	527 000.00
16	合计	3 400 000.00

2. 运营后成本费用

资金使用参考同行业3年运营中端型酒店的经验和数据测算，运营一家中端型酒店的年固定成本约为700万元（其中初始投资折摊部分为125万元，租金、人工等其他成本为575万元），变动成本约为收入的30%。

要求：根据上一步任务的结果，完成项目利润预测，如表6-22所示。

表6-22　天津中瑞酒店项目利润预算　　金额单位：元

项目	合计	2025年	2026年	2027年	2028年	2029年	2030年	2031年	2032年
门店数量（家）	—	2	2	2	2	2	2	2	2
房间数量（间）	—	220	220	220	220	220	220	220	220
天数（天）	—	365	365	365	366	365	365	365	366
营业收入									
总成本									
固定成本									

续表

项目	合计	2025年	2026年	2027年	2028年	2029年	2030年	2031年	2032年
其中：付现固定成本									
非付现固定成本									
变动成本									
营业利润									

注：中间过程以完整小数位数引用计算。计算结果均四舍五入保留 2 位小数。

实训案例三　项目筹资决策

酒店筹资方案如下。

自营：对于自营模式下，项目管理团队经过调研和前期沟通，梳理出如下两种资金筹集方案。

方案一：银行长期贷款。

与合作银行商谈，给出相关的贷款条件如下。

贷款金额：2 000 万元

贷款期限：6 年（项目运营 6 年预计可以归还该借款）

贷款利率：8%

取得贷款日期：2024 年 1 月 1 日

开始计息日期：2024 年 1 月 1 日（实际取得贷款当天）

付息方式：按年付息，到期归还本金

付息日期：每年 1 月 1 日

首次付息日期：2025 年 1 月 1 日

最后一次付息：2030 年 1 月 1 日

本金归还日期：2030 年 1 月 1 日

方案二：混合筹资方式。

与某投行联系，给出如下资金使用条件：

资金金额：2 000 万元

使用期限：8 年

利息结构：固定利息 + 变动利息

固定利息：借款本金的 4% 作为每年固定利息

变动利息：该项目收入的 3% 作为变动利息，如项目未开始盈利则当年变动利息部分将免除。项目开始盈利后，又出现亏损的，不免除变动利息。

资金取得时间：2024 年 1 月 1 日

本金归还时间：2024 年 1 月 1 日

付息方式：按年付息

付息时间：每年 1 月 1 日支付上一年所计利息

首次付息时间：2025 年 1 月 1 日

决策依据：比较实际税前资金成本（税前实际利率）进行决策。

要求：

1. 完成自营模式下筹资方案决策，如表 6-23 所示。

表6-23　筹资方式决策表　　金额单位：元

方案一									
项目	2024.1.1	2025.1.1	2026.1.1	2027.1.1	2028.1.1	2029.1.1	2030.1.1	2031.1.1	2032.1.1
资金流入（正）		—	—	—	—	—	—	—	—
资金流出（负）	—							—	—
净流量								—	—
实际利率									
方案二									
项目	2024.1.1	2025.1.1	2026.1.1	2027.1.1	2028.1.1	2029.1.1	2030.1.1	2031.1.1	2032.1.1
资金流入（正）		—	—	—	—	—	—	—	—
资金流出（负）	—								
净流量									
实际利率									
应选择方案（一/二）									

注：中间过程以完整小数位数引用计算。计算结果四舍五入保留 2 位小数，实际利率以四舍五入保留 2 位小数的 % 形式填写答案，如“3.50%”，并根据实际利率计算结果进行方案选择。

2. 根据前面完成的任务，完成现金流量预测，如表 6-24 所示。

表6-24　现金流量预测表　　金额单位：元

自营方式									
项目	2024.1.1	2025.1.1	2026.1.1	2027.1.1	2028.1.1	2029.1.1	2030.1.1	2031.1.1	2032.1.1
筹建投资支出（负数表示）		—	—	—	—	—	—	—	—

续表

自营方式									
项目	2024.1.1	2025.1.1	2026.1.1	2027.1.1	2028.1.1	2029.1.1	2030.1.1	2031.1.1	2032.1.1
营业利润（正数表示）	—								
折旧摊销（正数表示）	—								
税前现金流量（流出为负，流入为正）									
所得税费用（正数表示）									
税后现金流量（流出为负，流入为正）									
加盟方式									
项目	2024.1.1	2025.1.1	2026.1.1	2027.1.1	2028.1.1	2029.1.1	2030.1.1	2031.1.1	2032.1.1
筹建支出（本公司承担部分，负数表示）		—	—	—	—	—	—	—	—
销售收入（正数表示）	—								
加盟费（营业利润，正数表示）	—								
所得税费用（正数表示）									
税后现金流量（流出为负，流入为正）									

注：①中间过程以完整小数位数引用计算。计算结果均四舍五入保留 2 位小数。
②假设所有现金流量均发生在期末。

投融资管理之六　完成工作任务的感受与总结

一、感受与总结

请同学们以个人或小组为单位，填写完成工作任务的感受与总结（见表 6-25）。

表6-25　感受与总结

组别	完成工作任务的感受	分值
1		
2		
3		
4		

二、延伸学习资源

（1）微信公众号："数字财金研究所"。

（2）微信公众号："投融资俱乐部"。

情境七

一分耕耘一分收获

情境导航

为系统地提升公司的管理水平和员工的综合素质，建立科学的绩效管理制度，充分调动员工的积极性、创新能力和工作规划能力，使每一名员工都紧紧围绕公司的发展战略目标，高效地完成工作任务，更好地体现责权利的关系，实现优胜劣汰的考核机制，根据公司的实际情况，特制定考核制度。

（一）考核指标

（1）与公司总体任务挂钩。从公司层面考核财务指标。

（2）与本部门任务挂钩。考核指标根据岗位职责、工作计划、部门重点、年度目标等制定，绩效指标可从公司下达的考核指标库中选取，也可结合工作实际情况由上下级之间共同协商，形成绩效考核指标，报总经理审批后实施。

（3）与相关部门业绩挂钩。部门指标不是孤立的，要与上下游相关部门的业绩指标结合考虑。

（4）设定目标值要求与企业年度整体任务挂钩。确定岗位标准考核指标的依据是，A 指标：企业历史数据；B 指标：行业平均数据；C 指标：企业计划增长值。

（5）指标数量以不同层级、结合岗位自身职责与公司各层次目标制定，依据公司目前工作重点选择关键性工作作为考核指标。

（6）绩效考核指标一旦确定不得轻易更改，如确因工作需要更改的，需经被考核人直接上级与办公室负责人商定，报总经理批准后方可生效。如有争议，薪酬管理委员会有最终裁决权。

（二）考核指标设立的要求

1. 重要性

考核项数量不宜过多，选择考核周期内的工作重点或岗位职责中的关键性工作或亟须解决、改善的问题作为考核指标。

2. 挑战性

考核标准的制定应力求接近实际，以使员工可以达到目标，并具有一定的挑战性。

3. 一致性

各层次目标应保持一致，部门目标要易分解，保证以公司战略目标为基础。

4. 民主性

考核指标的制定可由上下级人员共同商定，而不单单是上级指定。

（三）考评程序

（1）指标与权重的确定。根据工作重点和行为表现合理分配考核指标的权重，各部门负责人与办公室沟通确定直接下级的考核指标。

（2）各级考评主体进行逐级考核评分，考核采用先自我评价，再由上至下进行逐级评分的方式。

（3）各级同时考核，即自评与直接上级考评同时开展，员工进行自评时应同时提交统一制定的相关工作报告文件。

（4）各级负责人按规定时间收齐被考核人的考核表进行打分并汇总，考核结果提交办公室。

（5）办公室将各部门考核结果进行统计、汇总、整理后报总经理审批。

（6）办公室将审批后的考核结果进行统计、归档，并交财务部，作为月度绩效考核工资、效益工资发放的依据。

（7）直接上级对直接下级进行绩效面谈，将考核结果反馈给员工本人并与员工沟通（如有异议可以书面形式向公司薪酬管理委员会提出申诉），提出改进建议，协商改进计划。

（四）绩效考核评分

绩效考核评分表如表 7-1 和表 7-2 所示。

表7-1　绩效考核评分表（*A*）

评审分数	奖金系数（*K*）
$A \geqslant 95$	1.20
$90 \leqslant A < 95$	1.10
$85 \leqslant A < 90$	1.00
$80 \leqslant A < 85$	0.90
$65 \leqslant A < 80$	0.80
$A < 65$	0.00

注：*A*—公司级指标得分。

表7-2　绩效考核评分表（*B*）

评审分数	奖金系数（*K*）
$B > 95$	1.30
$90 < B < 95$	1.20
$85 < B < 90$	1.00
$80 < B < 85$	0.90
$65 < B < 80$	0.80
$B < 65$	0.00

注：*B*—部门级指标得分。

（1）在结合公司级指标完成情况基础上，再考虑部门级指标完成情况。

（2）考核表中的考核指标均按满分 100 分评分，分数与奖金系数对应。

（3）被考核人的直接上级负责将考核维度、指标和权重向被考核人说明并相互认可。

（4）被考核人上级负责建立日常考核记录，将考核内容进行记录，作为考核打分的依据，同时作为考核结果反馈和考核申诉处理的依据。

2023年年底，该公司又开始了一年一度的年终考核。研发部门这一年的工作成绩比较突出，主要是因为该部门这一年的员工特别少，同时该部门还单独承担了四项重大的任务。该部门负责人带领员工在时间紧、任务难度大、人员不足的情况下顺利、圆满地完成了所有任务，并受到了上级机关的表扬，部门得分97分，本部门可评选出1人为优秀员工。

该部门员工张华和李刚完成工作比较出色，其中张华任务完成得多，但难度都不大，李刚完成的工作量不如张华多，但难度比较大。于是该部门负责人建议把张华和李刚都评为优秀员工，否则就都不要评。

思考：

1. 绩效管理的意义是什么？

2. 绩效管理的考核指标如何发挥对个人的激励作用？

3. 许多管理者表示员工绩效评价是他们最困难的任务之一。在你看来，他们为什么会这样认为呢？

4. 案例中的研发部门该推荐哪位员工为优秀员工呢？为什么？

思政园地

乡村振兴战略实施的考核指标

乡村振兴战略20字方针内容是“产业兴旺、生态宜居、乡风文明、治理有效、生活富裕”。党的二十大报告提出：高质量发展是全面建设社会主义现代化国家的首要任务。其中，全面建设社会主义现代化国家，最艰巨最繁重的任务仍然在农村。发展乡村特色产业，拓宽农民增收致富渠道。巩固拓展脱贫攻坚成果，增强脱贫地区和脱贫群众内生发展动力。统筹乡村基础设施和公共服务布局，建设宜居宜业和美乡村。巩固和完善农村基本经营制度，发展新型农村集体经济，发展新型农业经营主体和社会化服务，发展农业适度规模经营。

实施乡村振兴战略是以习近平同志为核心的党中央对“三农”工作作出的重大决策部署。按照产业兴旺、生态宜居、乡风文明、治理有效、生活富裕的总要求，财政部等六部委联合出台了《关于印发〈衔接推进乡村振兴补助资金绩效评价及考核办法〉的通知》（财农21号）。考核的目标是突出使用成效，强化监督管理，保障资金管理使用的安全性、规范性和有效性。绩效评价指标依据评价内容设定：资金保障、项目管理、使用成效、加减分四个方面的考核指标。根据得分将评价及考核结果划分为四个等级，分别为：A≥90分、80分≤C＜90分、60分≤C＜80分、D＜60分。

党的二十大报告中提出“全面推进乡村振兴”，强调“建设宜居宜业和美乡村”。这是以习近平同志为核心的党中央统筹国内国际两个大局、坚持以中国式现代化全面推进中华民族伟大复兴，对正确处理好工农城乡关系作出的重大战略部署，必将为新时代新征程全面推进乡村振兴、加快农业农村现代化指明前进方向。

思考题：乡村振兴战略实施的考核指标有哪些？

绩效管理之一　学习目标

1. 了解绩效管理的概念、原则。
2. 了解组织机构、评价系统的构成要素。
3. 掌握以企业利润为基础的业绩评价指标的应用。
4. 掌握责任中心的建立、职责，掌握各责任中心考核评价指标的应用。
5. 理解经济增加值（EVA）的经济内涵，掌握 EVA 业绩评价思路。
6. 掌握基于战略的业绩评价方法——平衡计分卡的评价要求和方法。
7. 理解绩效管理的各种专门方法的优缺点和适用条件。

绩效管理之二　具体工作任务

工作任务一　以企业整体利润为业绩考评关键财务指标

广华公司 2023 年有关财务资料如表 7-3 所示。

微课

关键指标法的应用

表7-3　广华公司2023年有关财务资料　　单位：万元

项目名称	年初数	年末数
无息债务	220	320
有息债务	470	570
所有者权益	1 220	1 320

该公司 2023 年税前利润总额 440 万元，其中财务费用利息支出 68 万元，所得税税率 25%。根据表 7-1 的数据，计算填列表 7-4。

微课

华为公司关键指标法

表7-4　基于利润的KPI绩效考核指标

序号	考核指标	计算公式	实际值
1	投资资本平均余额		
2	投资资本回报率		
3	净资产收益率		
4	息税前利润		
5	年初资产负债率		
6	年末资产负债率		

工作任务二　杜邦综合分析指标体系连环替代法分析

■ **岗位工作要求：绩效管理岗——编制杜邦综合分析指标体系**

光华公司为一家上市公司，已公布的公司 2023 年财务报告显示，该公司 2023 年净资产收益率为4.8%，较2022年大幅降低，引起了市场各方的广泛关注，为此，财务分析师搜集了公司2022年和2023年的有关财务指标，如表7-5所示。

表7-5　财务指标

项目	2022年	2023年
销售净利率	12%	8%
总资产周转率（次数）	0.6	0.3
权益乘数	1.8	2

根据表7-3，计算填列表7-6。

表7-6　杜邦综合分析指标——连环替代分析

序号	连环替代	指标名称	2023年实际值	2022年实际值
1	替代次序	净资产收益率		
2	第一次	销售净利率		
3	第二次	资产周转率		
4	第三次	权益乘数		
销售净利率对净资产收益率变化产生的影响				
资产周转率对净资产收益率变化产生的影响				
权益乘数对净资产收益率变化产生的影响				

工作任务三　平衡计分卡分析

■ 岗位工作要求：绩效管理岗——平衡计分卡分析

微课

平衡计分卡权重设置

广华公司采购部部长的月薪酬总额为5 000元，浮动工资比例为20%（月浮动工资为1 000元）。公司、部门及个人计分卡得分在决定员工实际可获得浮动工资的权重分别为40%、20%及40%，员工可参与计算浮动工资的门槛是：公司、部门和个人计分卡得分均不低于3分，计分卡达标、好、优秀三种最终得分可获得的浮动工资比例为15%、40%、100%，奖金每年计算和发放。公司层平衡计分卡指标有3项：资产运用报酬率、顾客满意度、同仁满意度；物流处处长平衡计分卡指标有3项：成本比、库存倍数、部门同仁能力提升率；采购部部长平衡计分卡指标有3项：自制品成本比、A级供应商比例、部门同仁满意度。物流处处长的平衡计分卡由总经理与其共同制定、采购部部长的平衡计分卡由物流处处长与其共同制定，难度系数可结合历史数据、其他员工的目标值、公司的目标要求综合评定。

工作步骤一：填制公司层平衡计分卡，计算加权平均分数，如表7-7所示。

表7-7　公司层平衡计分卡

绩效指标	目标值	权重	难度系数	实绩	差	较差	达标	好	优秀	得分
资产运用报酬率	30%	40%	1	32%			8分			
顾客满意度	90分	35%	0.9	95分			7分			
同事满意度	90分	25%	0.9	95分			7分			

公司层加权平均得分__________。

工作步骤二：填制物流处处长平衡计分卡，计算加权平均分数，如表 7-8 所示。

表7-8　物流处处长平衡计分卡

绩效指标	目标值	权重	难度系数	实绩	差	较差	达标	好	优秀	得分
成本比	60%	40%	1	62%		4分				
库存倍数	1倍	30%	0.9	1.1倍		3分				
部门同事能力提升率	30%	30%	0.95	35%					9分	

物流处处长加权平均得分__________。

工作步骤三：填制采购部部长平衡计分卡，计算加权平均分数，如表 7-9 所示。

表7-9　采购部部长平衡计分卡

绩效指标	目标值	权重	难度系数	实绩	差	较差	达标	好	优秀	得分
自制品成本比	50%	40%	0.95	45%					9分	
A级供应商比例	80%	30%	1	65%	1分					
部门同事满意度	95分	30%	0.95	90分		4分				

采购部部长加权平均得分__________。

采购部部长最终得分__________。

工作步骤四：计算采购部部长年浮动工资额（采购部部长业绩达标）。

采购部部长年浮动工资额 =________________。

工作任务四　经济增加值分析

■ 岗位工作要求：绩效管理岗——经济增加值分析

微课

经济增加值计算与中兴公司案例

光文公司是一家上市公司，采用经济增加值（EVA）业绩考核办法进行业绩计量和评价，有关资料如下：

2023 年光文公司的净利润为 9.6 亿元，利息支出为 26 亿元，研究与开发费用为 1.8 亿元，当期确认为无形资产的研究与开发支出为 1.2 亿元，非经常性损益调整为 6.4 亿元。

2023 年光文公司的年末所有者权益为 600 亿元，年初所有者权益为 550 亿元，年末负债为 850 亿元，年初负债为 780 亿元，年末无息流动负债为 250 亿元，年初无息流动负债为 150 亿元，年末在建工程为 180 亿元，年初在建工程为 200 亿元。

公司的平均资本成本率为 5.5%。

（1）计算税后净营业利润。

（2）计算调整后的资本额。

（3）计算光文公司 2023 年的经济增加值（EVA）。

工作任务五　责任中心考核评价

光华公司的甲车间以个人为利润中心。本期实现内部销售收入 1 200 000 元，销售变动成本为 850 000 元，该中心负责人可控固定成本为 80 000 元，中心负责人不可控应由该中心负担的固定成本为 90 000 元。

根据上述资料，完成表 7-10 的填制。

表7-10　利润中心考核评价指标

序号	指标	计算过程及结果
1	利润中心边际贡献总额	
2	利润中心负责人可控利润总额	
3	利润中心可控利润总额	

绩效管理之三　背景知识导学

一、绩效管理概述

（一）绩效管理的概念

微课

绩效管理的定义及核心

绩效管理，是指企业与员工之间就业绩目标及如何实现业绩目标达成共识，并帮助和激励员工取得优异业绩，从而实现企业目标的管理过程。绩效管理的核心是业绩评价和激励管理。

（二）绩效管理的原则

微课

绩效管理的原则

企业进行绩效管理时，应当遵循以下原则：

（1）价值导向原则。绩效管理应为企业实现战略规划服务，支持价值创造能力提升。

（2）客观公正原则。绩效管理应实事求是，评价过程应客观公正，激励实施应公平合理。

（3）规范统一原则。绩效管理的政策和制度应统一明确，应严格执行规定的程序和流程。

（4）科学有效原则。绩效管理应做到目标符合实际，方法科学有效，激励与约束并重，操作简便易行。

（三）绩效管理的组织机构

公司治理结构是为实现资源配置的有效性，所有者（股东）对公司的经营管理和绩效进行监督、激励、控制和协调的一整套制度安排。它反映了公司发展方向和业绩的各参与方之间的关系。典型的公司治理结构是由所有者、董事会和执行经理层等形成的一定的相互关系框架。根据国际惯例，规模较大的公司，其内部治理结构通常由股东大会、董事会、经理层和监事会组成，它们依据法律赋予的权利（力）、责任相互分工，并相互制衡。

企业进行绩效管理时，应设立薪酬与考核委员会或类似机构，主要负责审核绩效管理的政策和制度、业绩计划与激励计划、业绩评价结果与激励实施方案、业绩评价与激励管理报告等，协调解决绩效管理工作中的重大问题。

薪酬与考核委员会或类似机构下设绩效管理工作机构，主要负责制定绩效管理的政策和制度、业绩计划与激励计划，组织业绩计划与激励计划的执行与实施，编制业绩评价与激励管理报告等，协调解决绩效管理工作中的日常问题。

（四）绩效评价系统

绩效管理，包括制订业绩计划与激励计划、执行业绩计划与激励计划、实施业绩评价与激励、编制业绩评价与激励管理报告。

第一，企业根据战略规划，结合业务计划与预算，按照上下结合、分级编制、逐级分解的程序，在沟通反馈的基础上，编制各层级的业绩计划与激励计划；第二，建立和完善绩效管理的相关政策与制度，明确绩效管理的工作目标、职责分工、工作程序、工具方法、信息报告等内容；第三，审批后的业绩计划与激励计划，应以正式文件的形式下达执行，确保与计划相关的被评价对象能够了解计划的具体内容和要求；第四，与被评价对象签订业绩合同，明确各自的权利和义务，并作为业绩评价与激励管理的依据；第五，评价主体应按照业绩计划收集相关信息，获取被评价对象的业绩指标实际值，对照目标值，应用选定的计分方法计算评价分值，并进一步形成对被评价对象的综合评价结果。在实施绩效管理过程中，企业建立绩效管理的信息系统，为绩效管理工作提供信息支持。

微课

绩效管理的方法

（五）绩效管理专门工具方法

绩效管理的专门工具方法有：关键业绩指标法、经济增加值法、平衡计分卡、360 度绩效评价、股权激励等。企业可根据自身战略规划、业务特点和管理需要，结合不同工具方法的特征及适用范围，选择一种适合的绩效管理工具方法单独使用，也可选择两种或两种以上的工具方法构建绩效管理指标体系，其中所采用的指标应含义明确、可度量。

企业选定绩效管理专门工具以后，还应明确指标的权重和业绩的目标值。

指标权重的确定可选择运用主观赋权法和客观赋权法，也可综合运用这两种方法。主观赋权法是利用专家或个人的知识与经验来确定指标权重的方法，如德尔菲法、层次分析法等。客观赋权法是从指标的统计性质入手，由调查数据确定指标权重的方法，如主成分分析法、均方差法等。

业绩目标值的确定可参考内部标准与外部标准。内部标准有预算标准、历史标准、经验标准等，外部标准有行业标准、竞争对手标准、标杆标准等。绩效管理机构根据指标权重和目标值对实际指标数据进行计分。计分方法可分为定量法和定性法。定量法主要有功效系数法和综合指数法等，定性法主要有素质法和行为法等。

微课

关键业绩指标法的定义

二、主要绩效管理专门工具内容介绍

（一）关键业绩指标法

关键业绩指标（Key Performance Indicator，KPI）是对企业业绩产生关键影响力的指标，是通过对企业战略规划、关键成果领域的业绩特征分析，识别和提炼出最能有效驱动企业价值创造的指标。关键业绩指标法是指基于企业战略规划，通过建立关键业绩指标体系，将价值创造活动与战略规划目标有效联系，并据此进行绩效管理的方法。

关键业绩指标法可单独使用，也可与经济增加值法、平衡计分卡等其他方法结合使用。关键业绩指标法普遍适用于不同性质、不同行业、不同规模的企业，应用对象可为企业、下级单位（部门）和员工。

关键业绩指标的权重分配应以企业战略规划为导向，反映被评价对象对企业价值贡献或支持的程度，以及各指标之间的重要性水平。单项关键业绩指标权重一般设定在5%～30%，对特别重要的指标可适当提高权重。

1. 以企业整体利润为业绩考评关键财务指标

根据受托责任观理论，企业所有者应了解企业一定时期的业绩，以便对经营者做出适合的激励措施。因此，企业所有者选择基于利润表现的指标评价体系。

（1）销售净利率。

$$销售净利率=净利润\div销售收入\times100\%$$

该指标反映每一元销售收入带来的净利润是多少，表示销售收入的收益水平。

分析提示：企业在增加销售收入的同时，必须要相应获取更多的净利润才能使销售净利率保持不变或有所提高。销售净利率可以分解为销售毛利率、销售税金率、销售成本率、销售期间费用率等指标进行分析。

（2）销售毛利率。

销售毛利率 =（销售收入 − 销售成本）÷ 销售收入 ×100%

该指标表示每 1 元销售收入扣除销售成本后，有多少钱可以用于各项期间费用和形成盈利。

分析提示：销售毛利率是企业销售净利率的最初基础，没有足够大的销售毛利率便不能形成盈利。企业可以按期分析销售毛利率，据以对企业销售收入、销售成本的发生及配比情况作出判断。

（3）资产净利率（总资产报酬率）。

资产净利率 = 净利润 ÷ 平均资产余额 ×100%

平均资产余额 =（期初资产 + 期末资产）÷2

该指标表示企业资产的综合利用效果。指标越高，表明资产的利用效率越高，说明企业在增加收入和节约资金等方面取得了良好的效果，否则相反。

分析提示：公司的资产是由投资人投资或举债形成的。净利润的多少与公司期望量、资产结构、经营管理水平有着密切的关系。影响资产净利率高低的因素主要有：产品的价格、单位成本高低、产品的产量和销售的数量、资金占用量的大小等。

（4）净资产收益率（权益报酬率）。

净资产收益率 = 净利润 / 平均净资产余额 ×100%

平均净资产 =（期初所有者权益 + 期末所有者权益）÷2

该指标表示公司所有者权益的投资报酬率，也叫净值报酬率或权益报酬率，具有很强的综合性。

分析提示：影响该指标的因素，除了企业的盈利水平以外，还有企业所有者权益的大小。对所有者来说，该比率越大，投资者投入资本盈利能力越强。杜邦分析体系将这一指标分解成相互联系的多种因素，进一步剖析影响所有者权益报酬的各个方面。如资产周转率、销售利润率、权益乘数。

（5）每股收益。

每股收益 =（净利润 − 优先股股利）÷ 发行在外的加权普通股股数

该指标是衡量股票投资价值的重要参考，综合反映了公司的获利能力。它表示普通股股东所持每股的股票获取的净利润，反映了投资风险和盈利能力。

分析提示：每股收益越多，说明每股盈利能力越强。影响该指标的因素有两个方面，一是企业的获利水平，二是企业的股利发放政策。该指标是衡量上市公司获利能力的重要财务指标。

（6）资产负债率。

资产负债率 = 负债总额 ÷ 资产总额 ×100%

分析提示：企业股东常常采用举债经营的方式，以有限的资本、付出有限的代价而取得对企业的控制权，并且可以得到举债经营的杠杆利益。公司的所有者（股东）一般只承担有限责任，而一旦公司破产清算时，资产变现所得很可能低于其账面价值。由于企业通过举债筹措的资金与股东提供的资金在经营中发挥同样的作用，因此，股东所关心的是全部资本利润率是否超过借入款项的利率，即借入资本的代价。

（7）投入资本回报率（Return on Invested Capital，ROIC）。

投入资本回投率 = 息前税后经营利润 / 投入资本

息前税后经营利润 = 息税前利润 ×（1- 所得税税率）

投入资本 = 有息负债 + 净资产 - 超额现金 - 非经营性资产

投入资本回报率是指投出和 / 或使用资金与相关回报（回报通常表现为获取的利息和 / 或分得利润）之比例，用于衡量投出资金的使用效果。

分析提示：投入资本回报率是用来评估一个企业或其事业部门历史绩效的指标。它决定着企业的最终（未来）价值，是对公司进行评估的主要指标。

（8）资产周转率。

资产周转率 = 本期销售收入净额 / 本期资产总额平均余额

总资产周转率是考察企业资产运营效率的一项很重要的指标，它体现企业经营期间全部资产从投入到产出的流转速度，反映企业全部资产的管理质量和利用效率。

分析提示：指标数值越高，表明企业总资产周转速度越快，销售能力就越强，资产利用效率越高。

（9）杜邦综合分析指标体系。

杜邦综合分析是在考虑财务指标内在联系的条件下，利用几种主要的财务比率之间的关系，以净资产收益率（或称“权益净利率”）为龙头，以资产净利率和权益乘数为核心，重点揭示企业获利能力及杠杆水平对权益乘数的影响。杜邦综合分析指标体系，如图 7-2 所示。

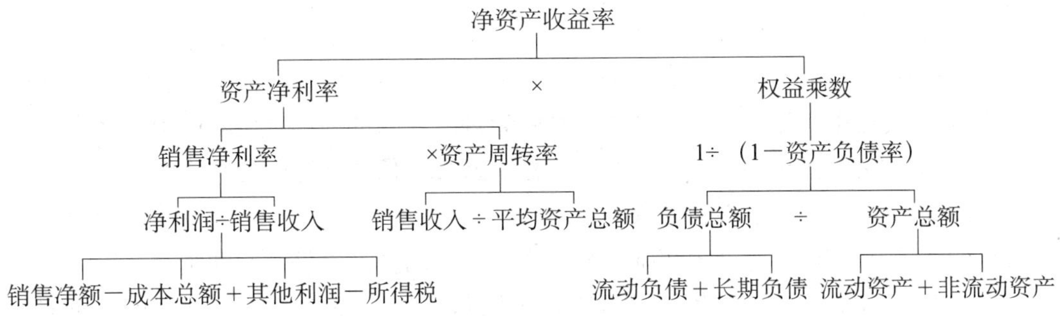

图 7-1　杜邦综合分析指标体系

例7-1

某公司相关财务指标如表 7-11 所示。

表7-11　相关财务指标

财务指标	2023年	2022年
净资产收益率	28%	34%
销售净利率	8.08%	7.82%
资产周转率	1.43	1.72
权益乘数	2.39	2.51

根据连环替代法和杜邦分析法对净资产收益率的因素进行分解，可得出：

净资产收益率差异 =28%-34%=-6%

连环顺序替代：

基期（2022 年）指标体系：

7.82%×1.72×2.51=34%　　①式

第一次替代销售净利率：

8.08%×1.72×2.51=35%　　②式

②式 -①式得出：销售净利率变动导致净资产收益率增加 1%。

第二次替代总资产周转率：

8.08%×1.43×2.51=29%　　③式

③式 -②式得出：总资产周转率变动导致净资产收益率下降 6%。

第三次替代权益乘数：

8.08%×1.43×2.39=28%　　④式

④式 -③式得出权益乘数变动导致净资产收益率下降 1%。

综上所述，三个指标共同影响净资产收益率报告期（2023 年）比基期（2022 年）下降 6%。

2. 以责任中心为主体的业绩评价关键财务指标

将企业内部单位划分为一定的责任中心，赋予一定的经济责任和权利（力），建立责任会计制度。责任中心是指企业内部负有特定管理责任的部门和单位，每个责任中心都必须有十分明确的由其控制的经济活动范围。按其所负责任及其范围的大小和类型，责任中心可分为成本中心、利润中心和投资中心。

制定内部转移价格，有助于明确划分各责任中心的经济责任，有助于在公正的基础上对责任中心的业绩进行考核与评价，调节企业内部的各项业务活动，以便经营者作出正确的决策。

（1）成本中心。

成本中心，是指只发生成本（费用）而不取得收入的责任中心。任何只发生成本的责任领域都可以确定为成本中心。成本中心只对成本负责，不对收入与利润负责。

成本中心所发生的各项成本，有些是可以控制的，即可控成本；有些则是无法控制的，即不可控成本。显然，成本中心只能对其可控成本负责。可控成本是责任中心能够通过一定的方式了解的、将要发生的、能够计量的、责任中心可调节和控制的成本，否则属于不可控成本。

成本的可控与不可控是相对而言的，这与责任中心所处管理层次的高低、管理权限的大小及控制范围的大小有直接关系。对企业整体来说，几乎所有成本都可以被视为可控成本，一般不存在不可控成本；而对于企业内部的各个部门、车间、工段、班组乃至职工个人来说，则既有其各自专属的可控成本，又有其各自的不可控成本。例如，生产车间发生的折旧费用对于生产车间这个成本中心而言属于可控成本，但对于其下属班组这一层次的成本中心来说则属于不可控成本。责任中心当期发生的各项可控成本之和就是它的责任成本。

成本中心业绩考评指标：

成本增减额＝实际成本额－预算成本额

成本升降率＝成本增减额 ÷ 预算成本额

（2）利润中心。

利润中心是指不仅能对费用成本负责，而且能对收入和利润负责的责任中心，即利润中心的活动不仅影响成本的高低、费用的大小，而且会影响收入的多少和利润的大小。利润中心的成本和收入，对利润中心来说都必须是可控的。

利润中心可以分为两类：以对外销售产品而取得实际收入为特征的自然利润中心；以产品在企业内部流转而取得内部销售收入为特征的人为利润中心。

自然利润中心必须拥有产品销售权，能够根据市场需求决定销售什么产品、销售多少产品、在哪个地区销售、以什么方式进行销售等。企业的销售部门具有产品销售权，可以直接对外销售产品，通常定为自然利润中心。

人为利润中心的特点是其产品只在企业内部流转，因而只能取得企业内部收入。为正确评价企业内部各责任中心的经营业绩，明确区分各自的经营责任，由企业管理层根据各责任中心经营活动的具体特点和外部市场环境，制定内部转移价格。

内部转移价格的主要类型有以下几种：市场价格、协商价格、成本转移价格和双重转移价格。

市场价格是指以产品或劳务的市场价格作为基价制定的内部转移价格。

协商价格（议价）是指企业内部各责任中心以正常的市场价格为基础，通过共同协商，确定出的为双方所接受的内部转移价格。

成本转移价格是指以产品或劳务的成本为基础而制定的内部转移价格，包括标准成本价格、标准成本加成价格和标准变动成本价格三种形式。

双重转移价格是指企业内部不同责任中心在相互提供产品和劳务时，对于同一产品或劳务，供应部门和购买部门分别采用不同的价格进行计价，按不同的价格计算收入、确认成本。例如，以市场价格为基础计算供应部门的收入，以供应部门的变动成本计算购买部门的购入成本。

利润中心业绩考评指标：

毛利 = 销售收入 − 销售产品成本

毛利能反映管理者所能控制的销售收入和销售产品成本，但不包含经营费用。

利润中心边际贡献 = 该中心的销售收入 − 该中心的变动成本

利润中心负责人可控利润 = 该中心的销售收入 − 该中心的变动成本 − 该利润中心负责人可控固定成本

利润中心可控利润 = 该利润中心负责人可控利润 − 该利润中心负责人不可控但由该利润中心分担的固定成本

公司利润总额 = 各利润中心可控利润总额之和 − 公司不可分摊的各种管理费用、财务费用等

利润中心负责人可控利润与利润中心可控利润可以看作贡献毛益在利润中心业绩考评中的深化指标。利润中心负责人可控利润是对经理人员的可控成本进行评价、考核。利润中心可控利润是对责任中心的业绩评价和考核，它反映了责任中心为企业提供利润所做的贡献。

例7-2

A 公司的某部门是人为利润中心。本期实现内部销售收入 1 200 000 元，销售变动成本为 850 000 元，该中心负责人可控固定成本为 80 000 元；该中心负责人不可控但由该中心负担的固定成本为 90 000 元。

该中心实际考核指标分别为：

利润中心边际贡献总额 =1 200 000−850 000=350 000（元）

利润中心负责人可控利润总额 =350 000−80 000=270 000（元）

利润中心可控利润总额 =270 000−90 000=180 000（元）

（3）投资中心。

投资中心是指既要发生成本又能取得收入、获得利润，还有权进行投资的一种责任中心。这种责任中心不仅要对责任成本、责任利润负责，还要对投资的收益负责。显然，投资中心应拥有较大的生产经营决策权，实际上相当于一个独立核算的企业，如总公司下属的独立核算的分公司或分厂等。

由于投资中心是企业最高层次的责任中心，它具有最大的决策权，也承担最大的责任；又由于投资中心设立的目的就是最大限度地获得利润，因此，投资中心也是利润中心。投资中心的责任会计问题具有特殊性。

投资中心业绩考评指标有投资报酬率和剩余收益。

1）投资报酬率。

投资报酬率 = 营业利润 ÷ 营业资产（或投资额）
= （营业利润 ÷ 销售收入）×（销售收入 ÷ 营业资产）
= 销售利润率 × 资产周转率

营业利润指扣除利息和所得税以前的利润，也称“息税前利润”。营业资产应按平均占用额或投资额计算。

投资报酬率也称投资的获利能力，是全面评价投资中心各项经营活动的综合性质量指标。它既揭示投资中心的销售利润水平，又能反映资产的使用效果。但是，投资报酬率无法揭示投资中心的实际经营能力；会导致投资中心的近期目标与整个企业的长远目标相背离；不便于投资项目建成后与原定目标的比较；并不能全部由投资中心所控。

2）剩余收益。

剩余收益 = 利润 − 投资额 × 规定或预期的最低投资报酬率
= 息税前利润 − 总资产占用额 × 规定或预期的总资产息税前利润率

剩余收益体现了投入产出关系，避免了本位主义，可以保持各投资中心获利目标与公司总的获利目标达成一致，但是它不便于不同规模投资中心的比较。

例7-3

某公司下设甲、乙两个投资中心，该公司加权平均最低投资利润率为10%。甲投资中心的投资额为500万元，利润为30万元；乙投资中心的投资额为900万元，利润为150万元。

要求：计算两个投资中心的投资利润率和剩余收益。

解析：

甲投资中心的投资报酬率 =30÷500×100%=6%

乙投资中心的投资报酬率 =150÷900×100%=16.67%

甲投资中心的剩余收益 =30−500×10%=−20（万元）

乙投资中心的剩余收益 =150−900×10%=60（万元）

3. 关键指标法的优缺点

（1）优点。

1）目标明确，有利于公司战略目标的实现。企业战略目标的层层分解，通过关键指标的整合和控制，使员工绩效行为与企业目标要求的行为相吻合，有力地保证了公司战略目标的实现。

2）以客户价值为导向。该方法主张为企业内外部客户价值实现为导向，完善了以市场为导向的经营理念，为提升企业竞争力创造了基础。

（2）缺点。

1）关键指标更多是定量化的指标，这些定量化的指标是否真正对企业绩效产生关键性的影响，需要反复论证。

2）KPI 会使考核者误入机械的考核方式，忽略人为因素和弹性因素，会产生一些考核上的争端和异议。

3）KPI 并非所有岗位都适用。

（二）经济增加值法

1. 经济增加值的概念

经济增加值法是指以经济增加值（Economic Value Added，EVA）为核心，建立业绩指标体系，引导企业注重价值创造，并据此进行绩效管理的方法。

微课

经济增加值的定义

许多公司往往只关注常规的会计利润，但是常规的会计利润并没有考虑股东的资金成本。而经济增加值指标克服了这一缺陷，它度量资本利润而不是企业的常规利润，度量资本的社会利润而不是个别利润，度量资本的超额收益而不是利润总额。例如，利润从 200 万元增加到 600 万元，利润率从 20% 提高到 30%，但这并不能说明企业的业绩很好，还需要了解投资额是多少。

经济增加值是超过资本成本的那部分价值，突出反映了股东价值的增量（股东投资得到的净回报）。企业不能单纯地追求经营规模，更要注重自身价值的创造。因此，EVA 提供了一种可靠的尺度，来反映管理行为是否增加了股东财富，以及增加股东财富的数量。EVA 的价值越大，表明管理者的业绩越好。企业 EVA 持续增长意味着公司市场价值的不断增加和股东财富的增长，从而实现股东财富最大化的财务目标。

2. 经济增加值的计算公式

微课

经济增加值公式与分类

经济增加值＝税后净营业利润－资本成本

＝税后净营业利润－平均资本占用 × 加权平均资本成本率

其中：

税后净营业利润＝息税前利润 ×（1－所得税税率）＋（－）相关调整

税后净营业利润衡量的是企业的经营盈利情况；平均资本占用反映的是企业持续投入的各种债务资本和股权资本；加权平均资本成本率反映的是企业各种资本的平均成本率。

3. 税后净营业利润的调整对经济增加值的影响

计算经济增加值时，需要进行相应的会计项目调整，以消除财务报表中不能准确反映企业价值创造的部分。会计调整项目的选择应遵循价值导向性、重要性、可控性、可操作性与行业可比性等原则，根据企业实际情况确定。常用的调整项目有：

（1）研究开发费、大型广告费等一次性支出但收益期较长的费用，应予以资本化处理，不计入当期费用。

（2）反映付息债务成本的利息支出，不作为期间费用扣除，计算税后净营业利润时扣除所得税影响后予以加回。

（3）营业外收入、营业外支出具有偶发性，将当期发生的营业外收支从税后净营业利润中扣除。

（4）将当期减值损失扣除所得税影响后予以加回，并在计算资本占用时相应调整资产减值准备发生额。

（5）递延税金不反映实际支付的税款情况，将递延所得税资产及递延所得税负债变动影响的企业所得税从税后净营业利润中扣除，相应调整资本占用。

（6）其他非经常性损益调整项目，如股权转让收益等。

税后净营业利润等于会计上的税后净利润加上利息支出等会计调整项目后得到的税后利润。

4. 资本成本率的确定

加权平均资本成本是债务资本成本和股权资本成本的加权平均，反映了投资者所要求的必要报酬率。加权平均资本成本的计算公式如下：

$$Kwacc=K_D\frac{DC}{TC}(1-T)+K_S\frac{EC}{TC}$$

式中，$Kwacc$ 代表加权平均资本成本；K_D 代表债务资本成本；DC 代表债务资本；TC 代表资本占用；EC 代表股权资本；T 代表所得税税率；K_S 代表股权资本成本。

债务资本成本是企业实际支付给债权人的税前利率，反映的是企业在资本市场中债务融资的成本率。如果企业存在不同利率的融资来源，债务资本成本应使用加权平均值。

股权资本成本是在不同风险下，所有者对投资者要求的最低回报率。通常根据资本资产定价模型确定，计算公式为：

$$K_S=R_f+\beta(R_m-R_f)$$

式中，R_f 为无风险收益率；R_m 为市场预期回报率；R_m-R_f 为市场风险溢价；β 是企业股票相对于整个市场的风险指数。上市企业的 β 值，可采用回归分析法或单独使用最小二乘法等方法测算确定，也可以直接采用证券机构等提供或发布的 β 值；非上市企业的 β 值，可采用类比法，参考同类上市企业的 β 值确定。

5. 平均资本占用的调整对经济增加值的影响

平均资本占用是所有投资者投入企业经营的全部资本，包括债务资本和股权资本。其中债务资本包括融资活动产生的各类有息负债，不包括经营活动产生的无息流动负债。股权资本包含少数股东权益。

资本占用除根据经济业务实质相应调整资产减值损失、递延所得税等，还可以根据管理需要调整研发支出、在建工程等项目，引导企业注重长期价值创造。

6. 经济增加值法的优缺点

（1）优点。

1）将业绩评价与企业决策相联系。由于经济增加值指标的设计着眼于企业的长期

微课

经济增加值法的优缺点

发展，因而应用该指标能够鼓励经营者进行能给企业带来长期利益的投资决策。

2）能够建立有效的激励报酬系统。由于经济增加值将管理者的报酬与经济增加值指标相挂钩，可以使经营者和股东的利益更好地结合起来。

3）适用于所有行业的业绩评价。经济增加值能将不同投资风险、不同资本规模和资本结构的企业放在同一起跑线上进行业绩评价，它适用于所有行业的业绩评价。

（2）缺点。

1）计算经济增加值的可操作性还有诸多问题需要解决。经济增加值对于资产的处置、营运资本的管理等决策还需借助传统的会计分析方法。

2）经济增加值关注企业的有形资产、可辨认资产，忽略了无形资产、非财务因素在企业价值创造中的巨大作用。

（三）平衡计分卡

微课

平衡计分卡的定义

1. 平衡计分卡概述

平衡计分卡（Balanced Score Card，BSC），源自哈佛大学教授罗伯特·卡普兰（Robert Kaplan）与诺朗顿研究院院长大卫·诺顿（David Norton）于20世纪90年代所从事的未来组织绩效衡量方法。发展至今，平衡计分卡经历了三代变革，已从最初的业绩衡量体系转变成为用于战略执行的新绩效管理体系。第一代（1987—1989年）平衡计分卡从财务指标和非财务指标来衡量绩效，提出四个绩效评估的维度；第二代（1990—1993年）平衡计分卡要求根据战略指标来确定一系列指标体系中的关键指标；第三代（1994年至今）平衡计分卡提出“目标陈述”的概念，作为选择战略目标、选择测量指标和目标设置的出发点。

微课

平衡计分卡指标框架

2. 平衡计分卡的四个维度

平衡计分卡以企业战略为导向，通过财务、客户、内部业务流程、学习与成长四个方面及其业绩指标的因果关系，全面管理和评价企业综合业绩，是企业愿景和战略的具体体现。平衡计分卡既是一个绩效评价系统，也是一个有效的战略管理系统。设计平衡计分卡的目的就是要建立“实现战略制导”的绩效管理系统，从而保证企业战略得到有效执行。因此，人们通常称平衡计分卡是加强企业战略执行力的最有效的战略管理工具。

平衡计分卡“四个维度”基本框架，如图7-2所示。

（1）财务维度。

财务维度是平衡计分卡所有其他维度的目标与指标的核心，它是股东最看重的层面，是“股东如何看待我们”的指标。企业不同的生命周期中有不同的财务目标，还有分解出来的具体指标。尽管财务业绩指标在长期评价方面有其不足之处，但是它仍然具有不可替代性。财务业绩指标可显示企业的战略及其实施和执行与经营结果的因果关系。财务业绩

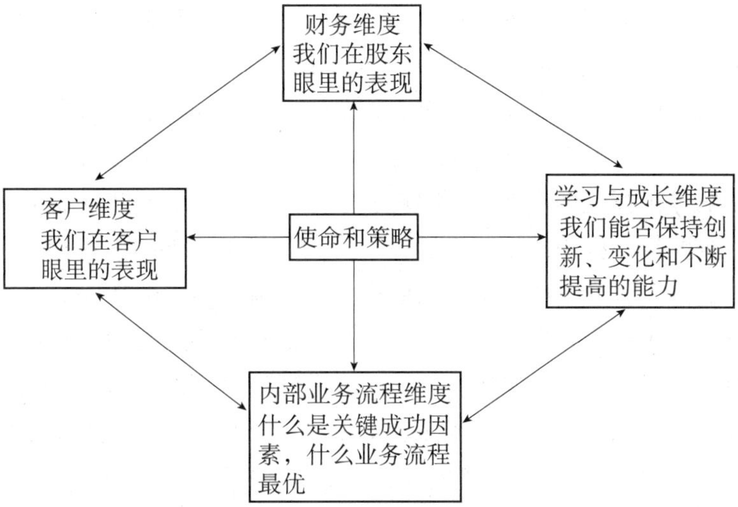

图 7-2　平衡计分卡“四个维度”基本框架

指标衡量的主要内容包括：收入的增长、收入的结构、降低成本、提高生产率、资产的利用和投资战略等。

在设计财务业绩指标时，要同客户反应、产品质量（客户维度）、工作表现（内部流程维度）、后续效应（学习与发展维度）等因素结合起来，真正起到增进经营效益的作用，保证短期利益与长期利益的平衡。

（2）客户维度。

客户维度是“客户如何看待我们？”的指标。平衡计分卡在客户维度上，首先要明确企业的细分市场。在选择供应商时，选择有利于自己的经营和发展的供应商；在选择顾客时，选择对自己的利润影响最大、获利情况最好的客户，然后根据目标市场设计出指标体系。客户维度指标主要有：市场份额、老客户挽留率、新客户获得率、客户满意度、从客户处获得的利润率等。

（3）内部业务流程维度。

内部业务流程维度是“我们的优势是什么？”的指标。企业应当甄选出那些对客户满意度有最大影响的业务程序（包括影响时间、质量、服务和生产率的各种因素），明确自身的核心竞争能力，并把它们转化成具体的测评指标，内部过程是公司改善经营业绩的重点。

平衡计分卡强调建立完整的内部流程价值链。价值链的开端是创新流程，目的在于弄清当前和未来客户的需要，并开发出新产品和新服务来满足这些需要；价值链的中间是经营流程，提供既有的产品和服务给现有的客户；价值链的末端是售后服务，以增加目标客户使用公司产品和服务的价值。内部业务流程指标主要涉及企业的改良、创新过程，经营过程和售后服务过程。

（4）学习与成长维度。

学习与成长维度是解决“我们是否能持续为客户创造价值？”的指标。只有持续提高员工的技术素质和管理素质，才能不断地开发新产品，为客户创造更多价值并提高经营效率，企业才能打入新市场，增加红利和股东价值，实现短期利益与长期利益的平衡。

学习与成长维度主要由三个方面构成：员工能力，信息系统能力，激励、授权和协作。

稳定提升一般员工技能的企业，可以用常规培训作为衡量员工能力的指标；大幅提升关键员工技能的企业，则要用战略工作胜任率作为衡量员工能力的指标；大幅提升全体员工技能的企业，要以缩短员工技术再造周期作为衡量员工能力的指标。

信息系统能力对于企业的发展必不可少，良好的信息系统是员工改进业务流程的必要条件。例如，经营部门的员工需要快速、及时、准确地得到产品和服务的信息反馈。

激励、授权与协作能促进员工追求企业的整体利益，调动员工的积极性和主动性，赋予员工相应的决策权力，保证员工与企业的一致性。其衡量指标主要有：员工建议的提出数量和建议的采纳程度，个人与企业的一致性程度，团队协作的业绩水平。

平衡计分卡中的每一项指标都是一系列因果关系中的一环，既是结果又是驱动因素，通过它们把相关部门的目标同组织战略联系在一起。员工的技术素质和管理素质决定产品质量和销售业绩等；产品、服务质量决定顾客满意度和忠诚度；顾客满意度和忠诚度及产品、服务质量等决定财务状况和市场份额。为提高经营成果，必须使产品或服务赢得顾客的信赖；要使顾客信赖，必须提供顾客满意的产品，为此改进内部生产过程；改进内部生产过程，必须对职工进行培训，开发新的信息系统。

微课

平衡计分卡使用案例

3. 建立平衡计分卡的步骤

（1）制定企业远景目标与发展战略。企业战略要求满足适合性、可衡量性、合意性、易懂性、激励性和灵活性。

（2）将战略转化为财务、客户、内部业务流程、学习与成长四个方面的衡量指标，建立的一个业绩衡量指标体系。

（3）在企业内部各层次展开宣传、教育，沟通平衡计分卡指标考核要点和意义。

（4）数据处理。依照指标体系收集原始数据，通过专家打分确定各个指标的权重，并对数据进行综合处理、分析。

（5）将指标分解到企业、部门和个人，并将指标与目标进行比较，从而分析数据变动的因果关系。

（6）进行月度、季度、年度监测并反馈实施情形。将酬劳奖励制度与经营绩效相结合，分析变动原因。

（7）不断采纳专家、员工的意见，修正平衡计分卡指标。

微课

平衡计分卡的特点

4. 平衡计分卡的优缺点

（1）优点。

1）强调了绩效管理与企业战略之间的紧密关系，能够将部门绩效与企业、组织整体绩效很好地联系起来。战略导向型企业引进了战略管理理念，对战略的制定与分解及有效实施有较为丰富的经验，这为平衡计分卡奠定了良好的基础。在竞争激烈、竞争压力大的企业中实施平衡计分卡，有助于增加实施的决心、加强实施的力度，并有利于提高企业的整体实力和竞争优势。

2）符合财务评价和非财务评价并重的业绩评价体系的设置原则。在传统的财务指标应用同时，增加了客户、内部运营、学习与成长三个层面的非财务指标，形成一套完整的指标体系。

3）能够避免企业的短期行为。非财务评价指标能很好地衡量公司未来的财务业绩。从战略目标和竞争需要的角度出发，实现了公司长期战略与短期行动地有效结合。

（2）缺点。

1）实施难度大，指标分解工作量大。平衡计分卡在实施前，需要管理者具备分解和沟通战略的能力。因此，管理基础差的企业不可以直接引入平衡计分卡。另外，平衡计分卡涉及财务、客户、内部业务流程、学习与成长四个维度的业绩评价指标，按照每个维度指标数目 20 ～ 25 个分解，分析确定各个指标间的因果关系工作量大。

2）实施成本大。平衡计分卡的执行是一个耗费资源的过程，可能需要 3 ～ 6 个月去执行，还需要几个月去调整结构，使其规范化。总的开发时间经常需要一年或更长的时间。

绩效管理之四　分项考核标准

（1）完成具体任务中的绩效考评专门方法相关表格填制。

（2）绩效管理之五“复习思考问题”中，实训案例题的实训案例一，开卷，限定时间做平资产负债表。

绩效管理之五　复习思考问题

一、单项选择题

1. 企业最高层次的责任中心是（　　）。

A. 投资中心　　B. 利润中心　　C. 收入中心　　D. 成本中心

2. 绩效管理旨在通过提高（　　）绩效水平来改进部门和组织的绩效。

A. 组织　　B. 部门　　C. 管理者　　D. 个体

3. 经济增加值奖励机制与传统的奖励机制相比较最大的优点在于（　　）。

A. 奖罚分明　　B. 着眼于长期的价值创造

C. 设置了目标奖金　　D. 操作简便

4. 经济增加值计算中的重点和难点在于（　　）。

A. 计算税后经营净利润　　B. 计算资本占用额

C. 合理确定资本成本率　　D. 会计调整

5. 关键绩效指标法的核心工作是（　　）。

A. 收集信息　　B. 建立关键绩效指标体系

C. 对员工的各指标打分　　D. 反馈

6. 绩效管理的核心在于（　　）。

A. 考核　　B. 反馈　　C. 沟通　　D. 监控

7. 绩效管理的主要目的在于（　　）。

A. 人员的招聘　　B. 员工的培训

C. 建立合理的绩效优化体系　　D. 员工的晋升

8. 在杜邦财务分析体系中，起点指标是（　　）。

A. 净资产收益率　B. 总资产净利率　C. 总资产周转率　D. 销售净利率

9. 下列关于利润责任中心的说法，错误的是（　　）。

A. 拥有供货来源和市场选择决策权的责任中心，才能成为利润中心

B. 考核利润中心的业绩，除了使用利润指标外，还需使用一些非财务指标

C. 为了便于不同规模的利润中心业绩比较，应以利润中心实现的利润与所占用资产相联系的相对指标作为其业绩考核的依据

D. 为防止责任转嫁，正确考核利润中心业绩，需要制定合理的内部转移价格

10.平衡计分卡的“学习与成长”维度主要讲的是公司的无形资产，包括人力资本、信息资本和组织资本，其中人力资本指的是（　　）。

A. 技能、知识、价值　　B. 系统、数据库、网络

C. 文化、协调一致　　D. 领导力、团队工作

二、多项选择题

1. 企业应用关键绩效指标法，应综合考虑绩效评价期间的（　　）等因素，构建指标体系。

A. 宏观经济政策　　B. 外部市场环境

C. 内部管理需要　　D. 微观经济政策

2. 企业通常按《管理会计应用指引第 600 号——绩效管理》第十条所规定的管理活动制订绩效计划，包括（　　）等。

A. 构建指标体系　　B. 分配指标权重

C. 确定绩效目标值　　D. 选择计分方法和评价周期

3. 我们用（　　）来衡量销售业绩的提升。

A. 销售额　　B. 利润　　C. 存货周转率　　D. 销售数量

4. 下列各项属于平衡计分卡强调的“平衡”的有（　　）。

A. 工作任务与工作职能的平衡　　B. 软指标与硬指标的平衡

C. 长期目标与短期目标的平衡　　D. 财务指标与非财务指标的平衡

5. 平衡计分卡的衡量维度有（　　）。

A. 财务　　B. 客户　　C. 外部环境

D. 内部流程　　E. 学习与成长

6. 制定企业级关键绩效指标，企业应（　　），设定企业级关键绩效指标。

A. 根据战略目标　　B. 结合价值创造模式

C. 综合考虑内外部环境　　D. 只考虑内部因素不考虑外部因素

7. 下列属于绩效管理方法的有（　　）。

A. 关键业绩指标法　　B. 经济增加值法

C. 平衡计分卡　　D. 战略地图

8. 平衡计分卡的实施是一项复杂的系统工程。企业一般需要建立由（　　）等组成的团队，为平衡计分卡的实施提供机制保障。

A. 战略管理　　B. 人力资源管理　　C. 财务管理　　D. 外部专家

9. 以下调整项目中既涉及对净利润的调整，又涉及对资本占用调整的项目是（　　）。

A. 坏账准备　　B. 营业外收支　　C. 利息支出

D. 在建工程　　E. 研发支出

10. 平衡计分卡适用于（　　）的企业。

A. 战略目标明确　　B. 管理制度比较完善

C. 管理水平相对较高　　D. 管理制度相对欠缺

三、实训案例题

实训案例一　杜邦综合分析

A公司2023年的销售额62 500万元，比上年提高28%，有关财务信息如表7-12所示。

表7-12　A公司财务信息

	2022年同业平均	2022年本公司	2023年本公司
应收账款回收期（天）	35	36	36
存货周转率	2.50%	2.59%	2.11%
销售毛利率	38%	40%	40%
销售营业利润率（息税前）	10%	9.6%	10.63%
销售利息率	3.73%	2.4%	3.82%
销售净利率	6.27%	7.20%	6.81%
总资产周转率	1.14	1.11	1.07
固定资产周转率	1.4	2.02	1.82
资产负债率	58%	50%	61.3%
已获利息倍数	2.68	4	2.78

备注：假设该公司免税。

要求：

1. 运用杜邦财务分析方法，比较A公司2022年与同业平均的净资产收益率，定量分析其差异的原因。

2. 运用杜邦财务分析方法，比较A公司2023年与2022年的净资产收益率，定量分析其变化的原因。

实训案例二　平衡计分卡案例分析

2020年7月，为加快发展乡村产业，促进乡村全面振兴，农业农村部印发了《全国乡村产业发展规划（2020—2025年）》，规划布局了六大任务以推动乡村产业的发展。近年来，乡村振兴在国家政策的大力推动下得到了发展。乡村振兴指数的主营业务收入2019—2020年有所增长。预测显示，到2023年，乡村振兴指数的主营业务收入超18 000亿元。

我国农业科技不断加强农业污染防治基础研究和关键技术集成示范应用，推动资源利用和环境保护协调发展，为实现农业转型升级提供“绿色引擎”。化肥农药减施增效凸显。发展了精准变量施肥、水肥一体化、农药高效低风险利用等先进技术，研发了BT农药、绿僵菌等高效低风险农药，化肥农药利用率均超过40%。A公司利用生物净化技术对土壤、农家肥和水进行解毒、净化和修复，采用生物植物保护剂防治虫害，在其生产基地成功试产了高于欧盟、日本标准的有机大米。该公司通过向农户无偿提供生产资料和技术服务，保证了大米的质量和产量。目前，该有机大米的“收购价格高于普通大米市场收购价的120%以上，有机大米的市场零售价格是普通大米的10倍以上，产品主要目标市场是国际市场。

为了确保对产品质量的控制，A公司自主研发核心技术、培养技术专才。A公司在有机大米的市场占有率逐年快速增长后，位居同类产品销售额前列。A公司有机大米环保、安全、健康的产品理念契合了追求生活品质的消费群体，产品的品质和品牌逐渐被消费者高度认可并拥有了一批忠实消费者。A公司在生产有机大米的良好基础上，还生产了其他有机农产品，包括水产、蔬菜和水果，并先后在国内相关省份建成了有机农产品基地。

A公司采用财务和非财务指标进行业绩考核。公司层面的财务关键指标有销售额、销售费用率、净利润、流动比率、速动比率和资产负债率，一般指标主要有市场占有率。

要求：

1. 简要说明平衡计分卡的业绩衡量方法，以及针对A公司业绩考核应当补充哪些指标。

2. 指出有效使用平衡计分卡必须遵循的原则。

3. 简要说明平衡计分卡的关键指标设计的理念和思路。

绩效管理之六　完成工作任务的感受与总结

一、感受与总结

请同学们以个人或小组为单位，填写完成工作任务的感受与总结（见表 7-13）。

表7-13　感受与总结

组别	完成工作任务的感受	分值
1		
2		
3		
4		

二、延伸学习资源

（1）中华人民共和国财政部网站：http：//www.mof.gov.cn/index.htm。

（2）智慧树网站：http：//www.zhihuishu.com。

（3）微信公众号："数字财金研究所"。

（4）国务院国有资产监督管理委员会网站：http：//www.sasac.gov.cn。

情境八

预见未来

情境导航

管理会计信息系统，是指以财务和业务信息为基础，借助计算机、网络通信等现代信息技术手段，对管理会计信息进行收集、整理、加工、分析和报告等操作处理，为企业有效开展管理会计活动提供全面、及时、准确信息支持的各功能模块的有机集合。

中国联通以“释放”+“转型”为核心，推动传统会计向管理会计转型，重构了财务部门的组织结构，将传统财务部门分为财务共享中心和核算中心，打造管理会计信息化平台。平台成为沟通财务和业务的桥梁，推动业财一体化管理，进一步提高了信息多维度共享的程度。智能信息处理技术提高了信息的处理能力和输出数据的质量，从而输出更多的决策有效信息。中国联通新型财务共享服务平台设计标准如表 8-1 所示。

表8-1　中国联通新型财务共享服务平台设计标准

项目	设计内容
管理体系标准化	将制度、操作流程和核算方法都做了规范，管理体系的一体化、标准化，降低了财务风险。
管理手段自动化	建立大ERP系统，以财务共享为契机，对合同、保障、资金系统进行优化，可自动完成“集团—省分—地市”三级报表的编制、合并工作。
人员结构转型	财务人员向管理工作进行转型，重新调配岗位的职责内容和人员。

中国联通大 ERP 系统的建成，让企业管理实现了横向流程贯通，纵向信息穿透。一方面，中国联通对流程、信息、制度等进行了统一规范的管理，流程操作更智能，系统集成更高效；另一方面，全业务数据在系统的帮助下实现线上流转，打通了各部门交流的障碍，信息可以在多部门多层级自由共享，为管理集约化、流程规范化打下了坚实的基础。中国联通为了统筹内部财务管理体系建设与信息化建设整体规划，对管理会计信息化平台提出了需要具备的能力要求：

（1）财务共享以跨组织流程为驱动，要实现单据线上流转与审批，需要提升信息化平台的在线审核支撑能力。

（2）打破了传统的同组织作业层级方式，要求统一作业环节的多组织协同处理。

（3）财务共享很大程度上建立在作业标准化水平的基础上，要求管理会计信息化平台进一步提升自动化处理能力。

中国联通财务共享平台的打造是基于以上的流程设计的，先对业务、核算和结算等基础工作进行集中，然后对数据进行集中，建立企业大型数据库，在此基础上实现风险集中管控。

（资料来源：赵坤君．基于企业战略的管理会计信息化平台搭建研究：对中国联通和中国移动的双案例研究）

思考：

1. 企业建设管理会计信息系统需要具备什么条件？
2. 财务数据共享对企业管理有何重要作用？

思政园地

中国，走在网络强国的道路上

2018年4月20日，习近平总书记在出席全国网络安全和信息化工作会议时强调指出："信息化为中华民族带来了千载难逢的机遇。"党的十八届五中全会明确提出实施网络强国战略和国家大数据战略，党的十九大提出建设网络强国、数字中国、智慧社会，"十四五"规划纲要明确了新发展阶段推进网络强国战略的重点工作，我国从网络大国向网络强国迈进的步伐越发坚实。根据中国信息通信研究院统计，在多项政策红利的催化下，"十四五"时期新基建相关投资有望超过10万亿元。2021年，在贵阳举办的中国国际大数据产业博览会，见证了我国大数据产业和数字经济蓬勃发展的历程。

应用环卫设备管家App，能够精准定位城市大街小巷的每一台环卫设备，查看统计作业量、监测设备健康度、远程诊断故障……资讯、消费、休闲娱乐等应用软件让手机更加智能，覆盖多种生产应用场景的工业App为企业加装"大脑"，推动工业数字化转型提速升级。目前，我国数据规模年均增速超过30%，数据应用从消费互联网向工业互联网加速渗透。我国已经成为全球大数据应用最为活跃、最具潜力、环境最优的国家之一。

数据已经成为重要生产要素。数据价值不断释放，数据资源的基础性、战略性作用越发突出，已成为加快经济发展质量变革、效率变革、动力变革的重要引擎，大数据产业作为激活数据要素潜能的关键支撑，是推动工业经济迈向数字经济的重要决定性力量。产业数字化是"十四五"时期发展数字经济的重点布局领域，基于传统产业的改造升级，其间将不断涌现出新的需求和应用场景，对信息技术的发展提出新要求，5G+工业互联网的广泛应用，为传统产业创造出新的发展机遇，这也将是“十四五”时期的重点发展路径。

浙江省药品监督管理局疫苗全链条追溯监管系统及药品生产智慧监管“黑匣子”系统，打破了传统疫苗流通信息只能通过线下传递的模式，实现疫苗监管数据通过平台共享、业务通过平台协同、监管依托平台支撑。

随着乡村振兴战略推进，农村电子商务综合示范基地建设不断深入，城乡基本公共服务水平差距日渐缩小，数字化与乡村振兴更加密切地结合在一起，数字乡村成为未来新农村的发展方向。网络教育、远程医疗、数字支付、电子商务、电子政务、空间站的航天员能够与地面控制中心实时通话，网络发挥了巨大的作用。

智能化养老产业正在逐渐成为新型养老服务模式。2012 年，“智慧养老”理念被提出，全国老龄办鼓励中国探索智慧养老道路。2015 年，国务院印发《关于积极推进“互联网 +”行动的指导意见》，明确提出了“促进智慧健康养老产业发展”的目标任务。至 2020 年，基本形成覆盖全生命周期的智慧健康养老产业体系，意味着智慧养老已经开始上升到国家战略层面。随着互联网、物联网、大数据技术的成熟与普及，为智慧养老提供了诸多可能性，并且智慧养老带来的服务模式、服务产品的转变也将促使养老模式的变革，使大多数老人能享受到多样化、人性化、高效化的养老服务。

互联网作为 20 世纪的一项重要发明，深刻改变着人们的生活。通过网络，时空的距离被缩短，办事效率大大提高。网络的发展有力促进了基本公共服务均等化，正不断满足人民对美好生活的向往。

管理会计报告与信息系统之一　学习目标

1. 了解企业管理会计报告和信息系统的概念。
2. 熟悉企业管理会计报告的分类。
3. 掌握战略层、经营层和业务层管理会计报告的概念、报告对象和具体构成。
4. 掌握经营层管理会计报告的编制和应用。
5. 熟悉管理会计信息系统的建设和应用程序。

管理会计报告与信息系统之二　具体工作任务

工作任务一　成本中心业绩报告

华洋公司下属的一分厂生产运动鞋，直接材料、直接人工与制造费用的单位预算成本分别为 120 元、24 元和 36 元。假设三个成本项目均为变动成本，该公司当期实际生产运动鞋 8 000 双。

工作要求：

1. 填制表 8-2“差异”栏目。

2. 根据上述资料，对该分厂的业绩进行评价。

表8-2　成本差异分析表　　单位：元

项目	实际成本	预算成本	差异（有利/不利）
直接材料	1 022 000	1 200 000	
直接人工	224 000	250 000	
制造费用	320 000	370 000	
合计			

工作任务二　利润中心业绩报告

华尚公司生产销售 A、B、C 三种产品，销售单价分别为 20 元、30 元、40 元；预计销售量分别为 30 000 件、20 000 件、10 000 件；预计各产品的单位变动成本分别为 12 元、24 元、28 元；预计固定成本总额为 180 000 元。

工作要求：

填制多种产品的本量利分析报告（见表 8-3），并计算保本销售额。

表8-3　本量利分析报告

项目	销售量（件）①	单价（元）②	单位变动成本（元）③	销售收入（元）④=①×②	各产品的销售比重⑤=④/∑④	边际贡献（元）⑥=①×(②−③)	边际贡献率⑦=⑥/④
A产品	30 000	20	12				
B产品	20 000	30	24				
C产品	10 000	40	28				
合计	—	—	—				

（1）综合保本销售额 = ________________。

（2）A 产品保本销售额 = ________________。

（3）B 产品保本销售额 = ________________。

（4）C 产品保本销售额 = ________________。

工作任务三　投资中心业绩报告

资料 1：广达公司下设投资中心 A 和投资中心 B，该公司加权平均最低投资利润率为 10%，现两个投资中心追加投资。

工作要求：

填制投资中心业绩报告表，见表 8-4。

表8-4　投资中心业绩报告　　单位：万元

项目	投资中心	投资额	利润	投资利润率	剩余收益
追加投资前	A	20	1		
	B	30	4.5		
	合计		5.5		
投资中心A	A	30	1.8		
	B	30	4.5		
	追加投资	10			
投资中心B	A	20	1		
	B	50	7.4		
	追加投资	20			

资料 2：华远公司有甲和乙两个部门，有关数据如表 8-5 所示。假设公司要求的投资税前报酬率为 11%。

表8-5　财务数据表　　单位：元

项目	甲部门	乙部门
部门税前经营利润	108 000	90 000
所得税（税率25%）	27 000	22 500
部门税后经营利润	81 000	67 500
平均经营资产	900 000	600 000
平均经营负债	50 000	40 000
平均净经营资产（投资资本）	850 000	560 000

工作要求：

（1）计算甲、乙两个部门的投资报酬率。

（2）乙部门遇到一个投资税前报酬率为 13% 的投资机会，投资额为 100 000 元，每年部门税前经营利润 13 000 元。若利用投资报酬率评价部门业绩，乙部门是否接受投资？

（3）假设乙部门现有一项资产价值 50 000 元，每年税前获利 6 500 元，投资税前报酬率为 13%，若利用投资报酬率评价部门业绩，乙部门是否会放弃该投资？

管理会计报告与信息系统之三　背景知识导学

一、企业管理会计报告概述

管理会计是会计的重要分支，是利用有关信息实现财务与业务活动的有机融合，从而实现为企业和行政事业单位内部管理服务的管理活动。管理会计的职能有预测前景、参与

微课

管理会计报告定义

决策、规划未来、控制和评价。财务会计则是“记录价值”，通过确认、计量、记录和报告等程序对单位已经发生的交易或事项进行加工处理，提供并解释历史信息，属于“报账型会计”。

财务会计报告是由确认、计量、记录、报告四个过程所组成，并由公认会计准则或会计制度加以规范形成的一套比较严密但又较为固定的会计报告模式。

管理会计报告是运用财务会计资料和企业其他资料，采用会计、统计和数学方法，对企业未来经营活动进行预测、决策、协调、控制和考核，以便提高企业经济效益的一种较为灵活的报告模式。管理会计报告注重企业内部管理，它强调事前和事中的控制、强调业绩、注重评价、形式开放，注重未来经营。

随着经济全球化和知识经济的不断发展，以大数据技术为代表的信息科技在经济发展中的贡献大幅提高，管理会计面临适应信息技术飞速发展、管理模式不断变革、外部环境不确定性增加，管理会计信息系统在集成数据处理、长期与短期决策平衡、不确定性风险识别与规避等方面发挥作用，为单位提供更多财务信息系统所不能提供的、更高层次的信息支持，更好地发挥价值创造的作用。

（一）企业管理会计报告的含义

企业管理会计报告，是指企业运用管理会计方法，根据财务和业务的基础信息加工整理形成的，满足企业价值管理需要的对内报告。企业管理会计报告是企业管理会计活动成果的重要表现形式，旨在为报告使用者提供满足管理需要的信息。因此，企业管理会计报告的目标是为企业各层级进行规划、决策、控制和评价等管理活动提供有用信息。

（二）管理会计报告的发展历程

1. 追求效率的执行型管理会计报告

20 世纪初到 50 年代，伴随着泰罗科学管理理论在实践中的广泛应用，出现了以标准成本、预算控制和差异分析为主要内容的管理会计，其基本点是在企业的战略、方向等重大问题已经确定的前提下，协助企业解决在执行过程中如何提高生产效率和生产经济效果的问题。尽管如此，与企业管理的全局、企业与外部关系等有关问题还没有在管理会计体系中得到应有的反映。这个时期的管理会计报告强调的是“企业做事效率”。

2. 追求效益的决策型管理会计报告

从 20 世纪 50 年代开始，为了有效地实行内部控制，美国各大企业普遍建立了专门行使控制职能的总会计师制。管理会计基本方法有标准成本计算、预算管理、盈亏临界点分析、差量分析法、边际分析等，它们组建了管理会计方法体系的基础。60 年代，电子计算机和信息科学的发展，催生了“业绩会计”和“决策会计”，从而使管理会计报告强调“决策型报告”。

3. 追求创新的"数据实证"管理会计报告

20 世纪 80 年代以后，西方国家管理会计的研究存在两大流派：传统学派和创新学派。传统学派主张从早期的标准成本、预算控制和差异分析的立场出发，一切以成本为中心，在总结历史经验的基础上，就如何提高企业经营管理水平和提高经济效益提出一些新理念。创新学派主张尽可能采用诸如数学和行为科学等相关学科的理论与方法研究管理会计问题，该学派强调全面创新，偏好数学模型，依靠计算机技术解决预测、分析和决策所面临的复杂问题。创新学派的代表人物主要是美国哈佛大学商学院的罗伯特·卡普兰。卡普兰认为，没有经过实践检验的会计理论是空洞的理论，没有理论指导的会计实践则通常带有盲目性。

（三）企业管理会计报告的特征

微课

管理会计报告的特点

管理会计报告是基于各种管理会计方法所获得的信息数据编制的，所以，管理会计的特点也决定了管理会计报告的特点。和财务会计报告相比，管理会计报告具有以下几个特征：

1. 相关性

财务会计的服务对象是外部的投资者、债权人和其他有关机构，而管理会计是为企业自身服务的，服务对象是企业内部的管理者。因此，管理会计报告提供的信息必须是和企业的决策相关的，是有利于企业做出正确决策的。

2. 分层次

财务会计的工作主体往往只有一个层次，即以整个企业为工作主体，并且不能遗漏会计主体的任何会计要素。而管理会计的工作主体可分为多个层次，它既可以是整个企业，又可以是企业内部的局部区域或个别部门，甚至可以是某一管理环节。因此，管理会计报告必然是具有层次性的，需满足企业不同层级的管理需要，从服务对象来说，可以是企业的最高决策层，也可以是企业的某个部门。

3. 多维度

管理会计报告从信息的维度上来看，要比财务会计报告更丰富。比如，从分析角度看，一个公司的管理会计报告可以分区域提供分析结果，也可以分产品或者项目提供分析结果，甚至可以分人来提供分析结果。从时间上来看，管理会计报告可以按照企业的管理需要灵活编制，比如按年、按季度、按月编制，管理基础比较好、管理要求比较高的企业，可以按周，甚至按天来编制。

4. 预见性

财务会计报告主要是面向过去的，然而，管理会计报告则重在面向未来。管理会计报告通过对过去的信息进行归集、挖掘、分析，不但能够对企业的现状进行分析，而且还能够预见未来。

5. 灵活性

财务会计报告的编制必须以国家或行业组织制定的会计法规、会计准则、会计制度及有关规定作为其工作的准绳与规范，遵循相对固定的方法体系和工作程序。但管理会计报告的编制则要灵活得多。企业可以根据自身的管理基础、管理需要，以及所处的行业、阶段，自行确定管理会计报告的格式、流程，以及所采用的方法。

（四）企业管理会计报告应遵循的原则

1. 重要性原则

管理会计报告的信息应是对信息需求者有用的、重要的信息。

2. 及时性原则

管理会计报告的报送时间应当满足企业生产经营的时效需求。

3. 相关性原则

管理会计报告信息应与决策相关联。

4. 可理解性原则

管理会计报告的内容容易被信息需求者理解。

（五）企业管理会计报告的分类

微课

管理会计报告的分类

企业管理会计报告体系可以按照多种标志进行分类。

1. 按照企业管理会计报告使用者所处的管理层级分类

按照企业管理会计报告使用者所处的管理层级可以分为战略层管理会计报告、经营层管理会计报告和业务层管理会计报告。

（1）战略层管理会计报告。为战略层开展战略规划、决策、控制和评价以及其他方面的管理活动提供相关信息的对内报告。

（2）经营层管理会计报告。为经营层开展与经营管理目标相关的管理活动提供相关信息的对内报告。

（3）业务层管理会计报告。为开展日常业务或作业活动提供相关信息的对内报告。

2. 按照企业管理会计报告内容分类

按照企业管理会计报告内容可以分为综合企业管理会计报告和专项企业管理会计报告。

（1）综合企业管理会计报告。对企业整体绩效进行评价的报告。

（2）专项企业管理会计报告。对各具体业务活动的评价报告。如某项目投资可行性报告、可转换债券融资报告等。

3. 按照管理会计功能分类

按照管理会计功能可以分为管理规划报告、管理决策报告、管理控制报告和管理评价报告。

（1）管理规划报告。管理规划报告是宏观和长远的规划报告，包括战略规划报告；微观和短期的规划报告，全面预算报告，经营预测报告（如销售预测、生产预测、现金流量预测等报告）。

（2）管理决策报告。管理决策报告包括短期经营决策报告与长期投资决策报告。例如，市场分析报告、客户信息报告、投资结构报告、项目建议书、可行性研究报告、固定资产改良与更新决策报告等。

（3）管理控制报告。管理控制报告包括标准成本控制、责任中心控制、存货控制等方面的管理会计报告。

（4）管理评价报告。管理评价报告包括预算责任完成报告、成本控制报告、员工岗位目标完成情况分析报告等。

除以上分类，管理会计报告还可以按照责任中心分类，分为投资中心报告、利润中心报告和成本中心报告；按照报告主体整体性程度分类，分为整体报告和分部报告。

（六）企业管理会计报告的流程

微课

管理会计报告的报送程序

企业管理会计报告的流程包括报告的编制、审批、报送、使用、评价等环节。企业应根据报告的内容、重要性和报告对象等，确定不同的审批流程。经审批后的报告方可报出。

1. 报告的编制

企业管理会计报告由管理会计信息归集、处理并报出的责任部门编制。

2. 报告的审批

管理会计报告的审批指管理会计报告编制完成后，应由编制部门的负责人或获得授权的责任人对报告的真实性、完整性、规范性等进行审查，审查合格同意通过并签字确认后再报送信息使用者的过程。

3. 报告的报送

自下而上的纵向方向或平行同级传递的横向方向。

4. 报告的使用

信息使用者根据管理会计报告的内容做出合理的决策、安排以及奖惩等行为。

5. 报告的评价

企业对管理会计报告的质量、信息传递的时效性和有用性等进行评价，并将评价结果与绩效考核挂钩。

（七）企业管理会计报告的编制要求

（1）企业可以根据管理的需要和管理会计活动的性质设定报告期间。一般应以日历期间（月度、季度、年度）作为企业管理会计报告期间，也可以根据特定需要设定企业管理会计报告期间。

（2）企业管理会计报告的形式要件包括报告的名称、报告期间或时间、报告对象、报告内容以及报告人等。

（3）企业管理会计报告的内容应根据管理需要和报告目标而定，易于理解并具有一定灵活性。

（4）战略层管理会计报告应精练、简洁、易于理解，报告主要结果、主要原因，并提出具体的建议。

（5）经营层、业务层管理会计报告应做到内容完整、分析深入。

二、企业管理会计报告的体系构成及内容

（一）战略层管理会计报告

1. 战略层管理会计报告的报告对象

战略层管理会计报告的报告对象是企业的战略层，包括股东大会、董事会和监事会等。

2. 战略层管理会计报告的报告内容

战略管理会计报告的内容应包括内外部环境分析、战略选择与目标设定、战略执行及其结果，以及战略评价等。

（1）内外部环境分析。

企业内部环境分析：

1）企业资源分析。企业的任何活动都需要借助一定的资源来进行，企业资源的拥有和利用情况决定其活动的效率和规模。企业资源包括人、财、物、技术、信息等，可分为有形资源和无形资源两大类。

2）企业文化分析。企业文化分析主要是分析企业文化的现状、特点以及它对企业活动的影响。企业文化是企业战略制定与成功实施的重要条件和手段，它与企业内部物质条件共同组成了企业的内部约束力量，是企业环境分析的重要内容。

3）企业能力分析。企业能力是指企业有效地利用资源的能力。拥有资源不一定能有效利用，因而企业有效地利用资源的能力就成为企业内部条件分析的重要因素。

企业外部环境分析：

1）宏观环境分析。宏观环境一般包括四类因素，即政治、经济、技术、社会文化。另外还有自然环境，即一个企业所在地区或市场的地理、气候、资源分布、生态环境等因素。

2）微观环境分析。微观环境是企业生存与发展的具体环境。与宏观环境相比，微观环境因素更能够直接地为企业提供有用的信息，同时也更容易被企业所识别。

（2）战略选择与目标设定。

一般来说，确定战略目标需要经历调查研究、拟定目标、评价与论证、目标确定四个具体步骤。

1）调查研究步骤，将机会和威胁，优势与劣势，自身与对手，企业与环境，需要与资源，现在与未来加以对比，为确定战略目标奠定可靠的基础。

2）拟定目标步骤一般需要经历两个环节：拟定目标方向和拟定目标水平。

在既定的战略经营领域内，依据对外部环境、需要和资源的综合考虑，确定目标方向；通过对现有能力与手段等诸种条件的全面衡量，对沿着战略方向展开的活动所要达到的水平也做出初步的规定，这便形成了可供决策者选择的目标方案。

3）评价与论证步骤要注意几个方面：

①拟定的战略目标是否符合企业使命和愿景，是否符合企业的整体利益与发展需要，是否符合外部环境及未来发展的需要。

②要论证和评价战略目标的可行性。论证与评价的方法，主要是按照目标的要求，分析企业的实际能力，找出目标与现状的差距，然后分析消除差距的措施，要进行恰当的运算，尽可能用数据说明。

③要对所拟定的目标完善化程度进行评价。要着重考察目标是否明确、目标是否只能有一种理解，多项目标还必须分出主次轻重。

4）目标的评价论证过程，也是目标方案的完善过程。要通过评价、论证，找出目标方案的不足并加以完善。

（3）战略执行及其结果。

战略执行是战略管理的一个重要的职能，且战略执行也是战略管理的最后一项职能。战略执行的内容为：运用战略图和平衡计分卡成功地描述、衡量和沟通战略，在业务和职能部门之间创建组织协同，实现从组织到个人层面纵向协同。

（4）战略评价。

战略评价是检测战略实施进展，评价战略执行业绩，不断修正战略决策，以期达到预期目标的工作。战略评价包括三项基本活动：考察企业战略的内在基础；将预期结果与实际结果进行比较；采取纠正措施以保证行动与计划的一致。战略评价的内容包括：战略是否与企业的内外部环境相一致；从利用资源的角度分析战略是否恰当；战略涉及的风险程度是否可以接受；战略实施的时间和进度是否恰当；战略是否可行。

以上是战略层的一种类型，即战略管理报告。作为战略层报告还有以下六种类型，如表 8-6 所示。

表8-6　战略层管理会计报告类型

类型	内容
综合业绩报告	关键绩效指标预算及其执行结果、差异分析以及其他重大绩效事项等。
价值创造报告	包括价值创造目标、价值驱动的财务因素与非财务因素、内部各业务单元的资源占用与价值贡献，以及提升公司价值的措施。
经营分析报告	包括过去经营决策执行情况回顾、本期经营目标执行的差异及其原因、影响未来经营状况的内外部环境与主要风险分析、下一期的经营目标及管理措施等。
风险分析报告	包括企业全面风险管理工作回顾、内外部风险因素分析、主要风险识别与评估、风险管理工作计划等。
重大事项报告	企业重大投资项目、重大资本运营、重大融资、重大担保事项、关联交易等事项的报告。
例外事项报告	企业发生的自然灾害、管理层变更、股权变更、安全事故等偶发性事项的报告。

（二）经营层管理会计报告

1. 经营层管理会计的报告对象

经营层管理会计报告是为经营管理层开展与经营管理目标相关的管理活动提供相关信息的对内报告。经营层管理会计报告的报告对象是经营管理层。

2. 经营层管理会计的报告内容

经营层管理会计报告包括但不仅限于全面预算管理报告、投资分析报告、项目可行性报告、融资分析报告、盈利分析报告、资金管理报告、成本管理报告、业绩评价报告等。经营层管理会计报告应做到内容完整、分析深入，具体内容如表 8-7 所示。

表8-7　经营层报告类型

类型	内容
全面预算管理报告	包括预算目标制定与分解、预算执行差异分析以及预算考评等。
投资分析报告	包括投资对象、投资额度、投资结构、投资进度、投资效益、投资风险和投资管理建议等。
项目可行性报告	包括项目概况、市场预测、产品方案与生产规模、厂址选择、工艺与组织方案设计、财务评价、项目风险分析，以及项目可行性研究结论与建议等。
融资分析报告	一般包括融资需求测算、融资渠道与融资方式分析及选择、资本成本、融资程序、融资风险及其应对措施、融资管理建议等
盈利分析报告	一般包括盈利目标及其实现程度、利润的构成及其变动趋势、影响利润的主要因素及其变化情况，以及提高盈利能力的具体措施等。企业还应对收入和成本进行深入分析。盈利分析报告可基于企业集团、单个企业，也可基于责任中心、产品、区域、客户等进行。
资金管理报告	一般包括资金管理目标、主要流动资金项目（如现金、应收票据、应收账款、存货）的管理状况、资金管理存在的问题以及解决措施等。企业集团资金管理报告的内容一般还包括资金管理模式（集中管理还是分散管理）、资金集中方式、资金集中程度、内部资金往来等。
成本管理报告	一般包括成本预算、实际成本及其差异分析，成本差异形成的原因以及改进措施等。
业绩评价报告	一般包括绩效目标、关键绩效指标、实际执行结果、差异分析、考评结果，以及相关建议等。

例8-1

成本利润率分析

某公司 2022 年、2023 年的主要产品销售利润明细表，如表 8-8 所示。

表8-8　销售利润明细表　　　　单位：千元

产品名称	销售数量		销售单价		单位销售成本		单位销售利润	
	2022年	2023年	2022年	2023年	2022年	2023年	2022年	2023 年
甲	200	190	120	120	93	90	①	②
乙	195	205	150	145	130	110	③	④
丙	50	50	300	300	240	250	⑤	⑥

要求：

（1）根据所给资料填表。

（2）确定单位成本变动对销售成本利润率的影响；对企业产品经营能力进行评价。

解析：

（1）① =120−93=27（千元）。

② =120−90=30（千元）。

③ =150−130=20（千元）。

④ =145−110=35（千元）。

⑤ =300−240=60（千元）。

⑥ =300−250=50（千元）。

（2）2022 年销售利润总额 =27×200+20×195+60×50=12 300（千元）。

2022 年销售成本总额 =93×200+130×195+240×50=55 950（千元）。

2022 年销售利润总额 =30×190+35×205+50×50=15 375（千元）。

2023 年销售成本总额 =90×190+110×250+250×50=52 150（千元）。

2022 年销售成本利润率 =12 300/55 950×100%=21.98%。

2023 年销售成本利润率 =15 375/52 150×100%=29.48%。

企业 2023 年产品销售成本利润率比上年有较大提高，说明企业商品经营盈利能力有所增强。但是，企业商品经营能力的提高是各种因素共同作用的结果，还需要进一步分析品种结构、单价对产品利润的影响。

（三）业务层管理会计报告

1. 业务层管理会计报告的报告对象

业务层管理会计报告的报告对象是企业的职能部门、业务部门以及车间、班组等。

2. 业务层管理会计报告的报告内容

业务层管理会计报告应根据内部价值链进行构造，包括但不仅限于研究开发报告、采购业务报告、生产业务报告、配送业务报告、销售业务报告、售后服务业务报告、人力资源报告等。具体内容如表 8-9 所示。

表8-9 业务层管理会计报告类型

类型	内容
研究开发报告	包括研发背景、主要研发内容、技术方案、研发进度、项目预算等。
采购业务报告	包括采购业务预算、采购业务执行结果以及差异分析等。采购业务报告要重点反映采购质量、数量以及时间、价格等方面的内容。
生产业务报告	包括生产业务预算、生产业务执行结果以及差异分析等。生产业务报告要重点反映生产成本、生产数量以及产品质量、生产时间等方面的内容。
配送业务报告	包括配送业务预算、配送业务执行结果以及差异分析等。配送业务报告要重点反映配送的及时性、准确性以及配送损耗等方面的内容。
销售业务报告	包括销售业务预算、销售业务执行结果以及差异分析等。销售业务报告要重点反映销售的数量结构和质量结构等方面的内容。
售后服务业务报告	包括售后服务业务预算、售后服务业务执行结果以及差异分析等。售后服务业务报告重点反映售后服务的客户满意度等方面的内容。
人力资源报告	包括人力资源预算、人力资源执行结果以及差异分析等。人力资源报告要重点反映人力资源使用及考核等方面的内容。

例8-2

成本中心业务报告——差异分析

A 制造公司生产甲产品，本期正常生产能力 1 500 小时，计划生产甲产品 250 件。期初在产品 10 件，本期产成品 210 件，期末在产品 20 件，期初、期末在产品完工率均为 50%，直接材料在生产开始时一次投入。有关资料如表 8-10 所示。

表8-10 甲产品资料

项目	标准成本			实际成本	
	单耗	单价（元）	总金额（元）	总用量	总金额（元）
直接材料	5千克	4	—	990千克	4 158
直接人工	6小时	5	—	1 400小时	8 400
变动性制造费用	6小时	1.6	—	—	2 380
固定性制造费用	—	—	1 800	—	1 700

要求： 分析并编制直接材料成本差异报告。

解析：

消耗直接材料的实际产量 =210+20−10=220（件）

直接材料标准成本 =220×5×4=4 400（元）

直接材料实际成本 =4 158（元）

直材料成本差异 =4 158−4 400=−242（元）

直接材料成本差异分解：

直接材料数量差异 =990×4−220×5×4=3 960−4 400=−440（元）

直接材料价格差异 =4 158−990×4=4 158−3 960=198（元）

直接材料成本差异 =−440+198=−242（元）

计算表明：直接材料成本节约 242 元，是由于材料单耗降低使直接材料成本节约 440 元，材料单价上升使直接材料成本超支 198 元两者共同作用的结果。材料成本差异的计算与分析为进一步查找原因指明了方向。企业应进一步查找导致材料单价上升的原因，并采取切实可行的控制措施。

三、管理会计信息系统

微课

管理会计信息系统的定义

（一）管理会计信息系统概述

管理会计信息系统，是指以财务和业务数据为基础，借助计算机、网络通信等现代信息技术手段，对信息进行获取、加工、整理、分析和报告等操作处理，为企业有效开展管理会计活动提供全面、及时、准确的信息支持。

（二）管理会计信息化遵循的原则

1. 系统集成原则

管理会计信息系统功能模块应与财务及业务系统功能模块紧密集成，通过事先定义的规则，完成财务和业务数据到管理会计数据的自动生成过程，同时实现对财务和业务数据的预警或控制。

微课

管理会计信息系统遵循的原则

2. 数据共享原则

企业在实施管理会计信息化时，一方面应制定统一的标准和规范，实现数据的集中统一管理；另一方面应借助系统的无缝对接，实现数据的一次采集，全程共享。

3. 规则可配置原则

管理会计信息系统功能模块应提供规则配置功能，实现其他功能模块与管理会计模块相关内容的映射和自定义配置。

4. 灵活扩展性原则

管理会计信息系统功能模块应具备灵活扩展性，及时满足企业内部管理的需要，同时对环境、业务、产品、组织和流程的变化做出响应。

（三）管理会计信息系统的规划与实施

1. 规划环节

在管理会计信息化的系统规划环节，企业应将管理会计信息化的系统规划纳入企业信息系统建设的整体规划中，遵循整体规划、分步实施的原则，确认企业的战略目标和管理会计应用目标，形成清晰的管理会计应用需求，因地制宜逐步推进。

2. 实施环节

在管理会计信息化的系统实施环节，企业应制订详尽的实施计划，清晰划分实施的主要阶段、有关活动和详细任务的时间进度。实施环节一般包括项目准备环节、系统设计环节、系统实现阶段环节、测试和上线环节、运维及支持环节等，具体内容如表 8-11 所示。

表8-11 管理会计信息系统实施环节

实施环节	主要任务
项目准备环节	确定实施目标、实施组织范围和业务范围，制订项目计划、资源安排和项目管理标准，开展项目动员及初始培训。
系统设计环节	梳理并优化管理会计应用模型和应用流程，据此设计管理会计信息化的实施方案。
系统实现阶段环节	完成管理会计系统功能模块的系统配置、功能和接口开发、单元测试以及数据整理。
测试和上线环节	实现系统功能模块整体测试、权限设置、系统部署、数据导入、最终用户培训和上线切换过程。
运维及支持环节	实现日常运行维护支持及上线后持续培训和系统优化。

（四）管理会计信息系统建设应用程序

1. 输入环节

输入环节，是指完成从管理会计信息模块或其他应用系统中获取数据的过程。管理会计信息模块需提供已定义清楚数据规则的数据接口，以便自动采集财务和业务数据。同时，系统还应支持本模块其他数据的手工录入，以利于相关业务调整和补充信息的需要。

2. 处理环节

处理环节，是指借助管理会计工具模型进行数据加工处理的过程。管理会计信息模块可以充分利用数据挖掘、在线分析处理等商业智能技术，对数据进行综合查询、分析统计，挖掘出有助于企业管理活动的信息。

3. 输出环节

输出环节，是指提供丰富的人机交互工具，集成通用的办公软件等成熟工具，自动生成或导出数据报告的过程。数据报告的展示形式应注重易读性和可视化。

最终的系统输出结果不仅可以采用独立报表或报告的形式展示给用户，也可以输出或嵌入到其他管理系统（如客户关系管理系统）中，为各级管理部门提供管理所需的相关、及时的信息。

微课

管理会计信息系统模块及其功能

（五）管理会计信息系统的模块

一个企业的所有活动应在有效的管理下，进行业务活动和信息管理活动。管理会计信息化的框架设计与运用，需要与企业的战略目标、业务流程以及财务需要实现的管理会计职能紧密联系。管理会计信息系统主要由五个模块构成，分别是成本管理模块、预算管理模块、绩效管理模块、投资管理模块、管理会计报告模块。

1. 成本管理模块

成本管理模块应实现成本管理的各项主要功能，一般包括对成本要素、成本中心、成本对象等参数的设置，以及成本核算方法的配置，从财务会计核算模块、业务处理模块以及人力资源等模块抽取所需数据，进行精细化成本核算，生成分产品、分批次（订单）、分环节、分区域等多维度的成本信息，以及基于成本信息进行成本分析，实现成本的有效控制，为企业成本管理的事前计划、事中控制、事后分析提供有效的支持。

成本核算的输入信息一般包括业务事项的记录和货币计量数据等。企业应使用具体成本工具方法（如完全成本法、变动成本法、作业成本法、目标成本法、标准成本法等），建立相应的计算模型，以各级成本中心为核算主体，完成成本核算的处理过程。成本核算处理过程结束后，应能够输出实际成本数据、管理层以及各个业务部门所需要的成本核算报告等。

成本分析主要实现对实际成本数据分类比较、因素分析比较等，发现成本和利润的驱动因素，形成评价结论，编制成各种形式的分析、评价指标报告等。成本分析的输入信息一般包括成本标准或计划数据、成本核算子模块生成的成本实际数据等。企业应根据输入数据和规则，选择具体分析评价方法（如差异分析法、趋势分析法、结构分析法等），对各个成本中心的成本绩效进行分析比较，汇总形成各个责任中心及企业总体成本绩效报告，并输出成本分析报告、成本绩效评价报告等。

成本预测的输入信息一般包括业务计划数据、成本评价结果、成本预测假设条件以及历史数据、行业对标数据等。企业应运用成本预测模型（如算术平均法、加权平均法、平滑指数法等）对下一个工作周期的成本需求进行预测，根据经验或行业可比数据对模型预测结果进行调整，并输出成本预测报告。

成本控制的输入信息一般包括成本费用目标和政策、成本分析报告、预算控制等。企业应建立工作流程审批授权机制，以实现费用控制过程，通过成本预警机制实现成本控制的处理过程，输出费用支付清单、成本控制报告等。

2. 预算管理模块

预算管理模块应实现的主要功能一般包括对企业预算参数设置、预算管理模型搭建、预算目标和计划制定、预算编制、预算执行控制、预算调整、预算分析和评价等全过程的系统化管理。

（1）预算目标和计划设定的输入信息一般包括企业远景与战略规划、内外部环境信息、投资者和管理者期望、往年绩效数据、经营状况预测以及公司战略举措、各业务板块主要业绩指标，最终输出企业与各业务板块主要绩效指标和部门业务计划等。

（2）预算编制输入信息一般包括历史绩效数据、关键业绩指标、预算驱动因素、管理费用标准。企业采用适用的预测方法，建立预测模型，从制定预算目标开始，进一步分解预算目标，确定预算的审批流程，完成预算自动汇总，最终输出各个责任中心的预算方案。

（3）企业实现预算系统与各业务系统的及时数据交换、业务预算执行情况的实时控制就需要建立预算执行模块信息。预算执行控制的输入信息一般包括企业各业务板块及部门的主要绩效指标、业务计划、预算执行控制标准及预算执行情况，通过对数据的校验、比较和查询汇总，最终输出预算执行差异分析报告、经营调整措施和例外预算管理制度等。

（4）预算调整主要实现对部分责任中心的预算数据进行调整，完成调整的处理过程等。预算调整的输入信息一般包括企业各业务板块及部门的主要绩效指标、预算执行差异分析报告等。企业对预算数据进行调整，并依据预算管理体系，自动分解调整后的预算目标，辅助调整预算的审批流程，自动汇总预算。最终输出结果为各个责任中心的预算调整报告、调整后的绩效指标等。

（5）预算分析和评价主要提供多种预算分析模型，实现在预算执行的数据基础上，对预算数和实际发生数进行多期间、多层次、多角度的预算分析，最终完成预算的业绩评价，为绩效考核提供数据基础。预算分析和评价的输入信息一般包括预算指标及预算执行情况，以及业绩评价的标准与考核办法等数据。企业应建立差异计算模型，实现预算差异的计算，辅助实现差异成因分析过程，最终输出部门、期间、层级等多维度的预算差异分析报告等。

3. 绩效管理模块

绩效管理模块主要实现业绩评价和激励管理过程中各要素的管理功能，一般包括业绩计划和激励计划的制订、业绩计划和激励计划的执行控制、业绩评价与激励实施管理等，为企业的绩效管理提供支持。

绩效管理模块提供企业各项关键业绩指标的定义和配置功能，包括构建指标体系、分配指标权重、确定业绩目标值、选择业绩评价计分方法以及制订薪酬激励、能力开发激励、职业发展激励等多种激励计划，并能从其他模块中自动获取各业务单元或责任中心相应的实际绩效数据，进行计算处理，输出业绩计划和激励计划执行差异报告。企业管理层对计划的执行情况进行评价，形成综合评价结果，向被评价对象反馈改进建议及措施等。

4. 投资管理模块

投资管理模块主要实现对企业投资项目进行计划和控制的系统支持过程，一般包括投资计划的制定和对每个投资项目进行的及时管控等。

企业可以借助投资管理模块定义投资项目、投资程序、投资任务、投资预算、投资控制对象等基本信息。在此基础上，制定企业各级组织的投资计划和实施计划，实现投资计划的分解和下达。企业可以根据实际情况，将项目管理功能集成到投资管理模块中，也可以实施单独的项目管理模块来实现项目的管控过程。

项目管理模块包括项目实施计划、项目概算、项目利润及投资测算、项目详细预算，并辅助实现投资预算的审核和下达过程。实现项目的拨款申请，投资计量，项目实际发生值的确定、计算和汇总，以及与目标预算进行比对，对投资进行检查和成本管控。

5. 管理会计报告模块

管理会计报告模块应实现基于信息系统中财务数据、业务数据自动生成相对固化的管理会计报告，支持企业有效实现各项管理会计活动。管理会计报告模块应为企业战略层、经营层和业务层提供丰富的通用报告模板。企业可以借助报表工具自定义管理会计报表的报告主体、期间（定期或不定期）、结构、数据源、计算公式以及报表展现形式等。

管理会计报告模块可以独立的模块形式存在于信息系统中，从其他管理会计模块中获取数据生成报告，也可内嵌到其他管理会计模块中，作为其他管理会计模块重要的输出环节。管理会计报告模块应与合并报告系统相关联，既能有效生成企业整体报告，也能生成分部报告，并实现整体报告和分部报告的联查。

（六）管理会计信息系统的应用环境

为更好地促进管理会计信息模块的应用，企业需具备一定的系统应用基础，包括已经实现了相对成熟的财务会计模块的应用，并一定程度上实现了经营计划管理、采购管理、销售管理、库存管理等基础业务管理职能的系统化。企业实施管理会计信息化，一般应同时具备以下条件：

（1）对企业营运主体、营运范围、业务流程、责任中心等有清晰定义。

（2）设有具备管理会计职能的相关部门或岗位，具有一定的管理会计工具方法的应用基础以及相对清晰的管理会计应用流程。

（3）具备一定的财务业务信息系统应用基础。

管理会计报告与信息系统之四　分项考核标准

（1）分组完成成本中心业绩报告、利润中心业绩报告、投资中心业绩报告的分析与编制。

（2）分组完成“复习思考问题”中，实训案例题的实训一。

管理会计报告与信息系统之五　复习思考问题

一、单项选择题

1. 下列属于管理会计信息系统数据共享原则的是（　　）。

A. 授权　　B. 统一标准

C. 设置功能模块　　D. 补充参数

2. 下列不属于管理会计信息系统的规划与建立子系统的要素是（　　）。

A. 输入　　B. 输出　　C. 处理　　D. 实施

3. 下列属于企业战略管理会计报告中内部环境的是（　　）。

A. 竞争者　　B. 员工　　C. 客户　　D. 供应商

4. 下列属于经营层管理会计报告的报告对象是（　　）。

A. 董事会　　B. 监事会

C. 股东大会　　D. 总经理

5. 下列项目中，属于业务层管理会计报告的是（　　）。

A. 资金管理报告　　B. 人力资源报告

C. 成本管理报告　　D. 投资分析报告

6. 下列项目中，不属于成本控制的输入信息的是（　　）。

A. 成本费用目标和政策　　B. 成本分析报告预

C. 预算控制　　D. 成本评价

7. 在管理会计信息系统的规划环节应遵循的原则是（　　）。

A. 整体规划、分步实施　　B. 整体规划

C. 分步实施　　D. 因地制宜

8. 下列项目中，不属于全面预算管理报告的内容的是（　　）。

A. 预算目标制定与分解　　B. 预算执行

C. 差异分析　　D. 业绩考评

9. 下列关于管理会计报告工作流程的说法中正确的是（　　）。

A. 管理会计报告工作流程是由法律规定的

B. 管理会计报告工作流程是由管理者确定的

C. 管理会计报告工作流程与企业的组织框架相适应

D. 各企业的管理会计报告工作流程一样

10. 下列项目中，不属于管理会计信息系统规划和建设过程的是（　　）。

A. 系统规划　　B. 系统实施

C. 系统维护　　D. 系统参数设置。

二、多项选择题

1. 按照管理会计功能，管理会计报告可分为（　　）。

A. 管理规划报告　　B. 管理决策报告

C. 管理控制报告　　D. 管理评价报告

2. 下列各选项中，（　　）属于综合业绩报告的内容。

A. 关键绩效指标预算　　B. 关键绩效指标执行结果

C. 差异分析　　D. 其他重大绩效事项

3. 下列各选项中，（　　）属于价值创造报告的内容。

A. 内部各业务单元的资源占用与价值贡献

B. 价值驱动的非财务因素

C. 价值驱动的财务因素

D. 提升公司价值的措施

4. 下列各选项中，（　　）属于风险分析报告的内容。

A. 主要风险识别与评估　　B. 风险管理工作计划

C. 内外部风险因素分析　　D. 企业全面风险管理

5. 例外事项报告是针对企业发生的（　　）等偶发性事项进行的报告。

A. 自然灾害　　B. 股权变更

C. 安全事故　　D. 管理层变更

6. 下列各选项中，（　　）属于管理层管理会计报告。

A. 盈利分析报告　　B. 资金管理报告

C. 融资分析报告　　D. 成本管理报告

7. 全面预算管理报告的内容一般包括（　　）等。

A. 预算目标制定与分解　　B. 内外部环境分析

C. 预算执行差异分析　　D. 预算考评

8. 项目可行性报告的内容一般包括（　　）等。

A. 工艺与组织方案设计　　B. 财务评价

C. 项目风险分析　　D. 项目可行性研究结构与建议

9. 融资分析报告的内容一般包括（　　）等。

A. 融资风险及其应对措施　　B. 融资渠道与融资方式分析及选择

C. 融资程序　　D. 融资管理建议

10. 资金管理报告的内容一般包括（　　）、应收账款、资金管理存在的问题以及解决措施等。

A. 应收票据　　B. 主要流动资金项目（如现金）

C. 存货的管理状况　　D. 资金管理目标

三、实训案例题

实训案例一　管理会计报告编制

广华公司销售毛利率的计算如表 8-12 所示。

表8-12　广华公司销售毛利率的计算　　单位：百万元

项目	2023年	2022年
营业收入	16 623.43	15 449.48
营业成本	14 667.80	13 407.09
销售毛利率（%）	11.76	13.22

行业平均销售毛利如表 8-13 所示。

表8-13 行业平均销售毛利

行业指标	2023年	2022年	2021年
平均销售毛利	16.3	18.82	20.55

要求：

1. 分析广华公司销售毛利率变动情况。
2. 给出对该销售毛利率的评价及改进建议，撰写分析报告。
3. 管理会计报告应遵循哪些原则？

实训二 管理会计信息化建设

海尔集团在全球各地建立了分公司，每个分公司都有自己的财务部门，都是相对独立地进行会计核算，因此，海尔集团引进财务共享服务中心可以解决这种困境。各个子公司将分散的财务数据信息都上传到财务共享中心，财务共享中心可以自动将数据信息进行整合，相同的会计核算业务可以进行统一的标准化核算，这样既保证数据信息的安全性，提高财务人员的工作效率，还能确保相同的会计核算业务有统一的处理标准，避免了因标准不同所造成的差异，支持集团战略的发展。

海尔集团对于集团财务数据的采集和数据的准确性有很高的要求，结合管理会计的基本原则和相关工具，对企业日常经营活动进行规划、控制和决策，在对电子信息技术的运用也有较高的要求。

（1）提供准确的财务数据。

集团的财务信息在导入到财务共享平台和管理会计信息系统的过程中，必须要保证数据录入的准确性，只有在数据准确无误的基础上，才能实施管理会计信息化流程。

（2）将财务共享平台与管理会计信息系统建立联系。

在海尔集团，财务人员把财务数据上传到财务共享平台之后，将共享平台与管理会计信息系统相连接，这样可以保证数据既准确又快速的传入管理会计信息系统中，提高财务人员的工作效率。

要求：

请参阅上述资料，了解海尔集团管理会计信息化实施条件，分组讨论管理会计信息化建设具体要求。

管理会计报告与信息系统之六 完成工作任务的感受与总结

一、感受与总结

请同学们以个人或小组为单位，填写完成工作任务的感受与总结（见表8-14）。

表8-14　感受与总结

组别	完成工作任务的感受	分值
1		
2		
3		
4		

二、延伸学习资源

（1）中华人民共和国财政部网站：http：//www.mof.gov.cn/index.htm。

（2）智慧树网站：http：//www.zhihuishu.com。

（3）微信公众号："数字财金研究所"。

（4）国务院国有资产监督管理委员会网站：http：//www.sasac.gov.cn。

附 录

附录一　北京路路通电器有限责任公司 2024年预算编制说明资料

资料1　2023年度业绩说明

本公司及董事会全体成员保证信息披露内容的真实、准确和完整，没有虚假记载、误导性陈述或重大遗漏。

特别提示：本公告所载2023年度的财务数据仅为初步核算数据，已经公司内部审计部门审计，未经会计师事务所审计，与年度报告中披露的最终数据可能存在差异，请投资者注意投资风险。

报告期内，公司主要从事厨房小家电系列产品的研发、生产和销售，主要产品广泛应用于生活家居类场所，与人们的生活息息相关。

公司的主要经营模式为自主研发、设计、销售及自有品牌运营模式。随着人们对高品质生活的追求，收入水平的提高，催生了消费者对便捷、高品质小家电产品的消费需求，消费升级已经到来。报告期内，公司从事的主要业务未发生重大变化。

自2021年以来，国内经济处于经济结构调整的转型期，进入低位趋稳的“新常态”。在宏观经济环境及住宅产业低迷等综合因素的影响下，家电行业增长动力不足，主要产品销售量增速放缓，家电行业处于转型升级的历史阶段。

公司发展阶段处于成熟期，不存在明显的周期性特点。报告期内，公司从事的主要业务未发生重大变化。主要的业绩驱动因素有人们生活水平的提高，对便捷小家电产品的消费需求提高和消费升级。

2021年，随着供给侧结构性改革的深入推进，改革已进入深水区，国内经济也进入了新常态，在多重市场因素的影响下，家用电器市场也受到了一定程度的影响。家电企业唯有通过自我调节与创新突破，才能保持稳健发展势头，实现向智能化、多元化、定制化、高端化和互联网化转型升级。

随着居民收入水平的增长，主力消费人群的变化，将带来对高品质生活电器产品需求的增加，催生一轮较为明显且确定的消费升级需求。可以预见，小家电行业只有不断创新，“智造”精品，才能赢得市场，迎来发展良机。作为国内小家电行业的龙头企业，公司已经向市场推出了各款中高端产品，并做好了迎接此轮消费升级的准备，未来将继续择机向市场推出高端产品，以迎合市场需求，努力掌握本轮消费升级的市场主动权。

报告期内，公司实现营业收入较上年同期增长。分渠道看，线上业务持续快速增长，线下业务则受到渠道优化调整的影响。

资料2　预算方案日程

2023年预算方案日程表

序号	时间	工作内容
1	10月6—8日	全面预算管理培训：内容、目标、流程、要求
2	10月8日	成立预算管理委员会，举行启动会
3	10月8—20日	3年利润分析（完成预测总指标利润预算表）
4	10月8—20日	预算年度营销预测分析（完成营销预测报告）
5	10月21日	提交总指标利润预算表与营销预算报告
6	10月28—30日	召开预算年度营销目标预测分析会，提炼预算总指标
7	11月1—10日	梳理架构图，公司草拟年度战略规划，经理层草拟本部门的年度计划
8	11月1—25日	财务提供预算模板，分解预算指标到各部门、门店，各部门、门店编制出预算一稿；人力资源部编制薪酬预算初步方案
9	11月26—30日	人力资源组织各部门、门店提炼KPI，制定预算考核（KPI）初步方案
10	12月1—5日	第一次预算方案审核。审核新组织架构图、预算管理责任图，确定预算责任人，审核部门定员/定编方案。对KPI、2024年度员工薪酬预算达成共识。审核2024年度规划，2024年度规划讲解培训，审核各部门经理2024年度计划、各部门经理分解的预算管理指标，各负责中心经理编制的预算方案。预算编制第一次汇审（汇总、平衡、审核），解决在预算管理中存在的问题，加以改善
11	12月6—16日	人力资源组织修改KPI，出预算考核（KPI）方案
12	12月6—16日	财务指导各部门、下级单位、门店编制预算，完成预算二稿
13	12月16—20日	财务对预算二稿审核，指导各部门、门店修改预算二稿
14	12月20—22日	制定预算合同（经营目标责任书）
15	12月20—22日	财务汇总全面预案方案，提交董事会
16	12月23—26日	第二次预算方案审核，董事会批准。预算审定董事会、预算管理委员会组织预算编制审定会（汇总审核、批准预算方案）审核各责任中心（包括各部门、下级单位及门店）经理经营目标责任书，董事会批准责任书，召开全面预算管理实施（表彰）大会，签订预算经营目标责任书，总结成果，完成预算编制工作

资料3 2023年销售及收入说明[①]

（一）销量预算

预计公司2024年全年整体销量平稳。报告期内，公司引进高素质人才，以切实推动技术进步落到实处；新增专利申请权，在电热水壶产品中融入新技术，一系列努力将使电热水壶系列产品及精磨型豆浆机销售量一、二、三、四季度均上升25%，技术投入使加工成本上升。

主推线上领域，公司将电商渠道视为重要的增长点，积极探索无线模式，并搭建专门团队研究无线趋势和操作技巧。电子商务成为公司重要业务渠道，使得销售量大幅增加。2023年销售情况明细见下表。

2023年销售情况明细 单位：（元）

产品	第一季度		第二季度		第三季度		第四季度		收入合计
	单价	销量（只）	单价	销量（只）	单价	销量（只）	单价	销量（只）	
轻巧型电热水壶	90	160	90	240	90	200	90	200	72 000
经典型电热水壶	80	320	80	480	80	240	80	560	128 000
豪华型电热水壶	120	400	120	400	120	360	120	440	192 000
精磨型豆浆机	100	560	100	640	100	480	100	720	240 000
合计									632 000

（二）现金收入预算

根据“现金收回规则表”计算当季收回的现金，编制现金收入预算表。

现金收回规则表

项目	2023年				2024年
现金回笼率	第一季度	第二季度	第三季度	第四季度	各季营业现金回笼率保持不变
	97%	96%	95%	96%	

注：营业现金回笼率＝销售商品、出售劳务本期收回的现金／本期营业收入 ×100%。年初应收账款在第一季度全部收回。本季度未收回账款在下一季度全部收讫。

公司产品明细表见下表。

产品明细表

轻巧型壶体	经典型壶体	豪华型壶体	轻巧型电热水壶

资料4 生产预算

电热水壶采用自主生产方式，豆浆机采用OEM生产方式。

① 为使预算编制更简单、易操作、易传授，本案例在数据方面均做了较大的简化处理。

（1）采用自主生产方式的产品的生产量由以下要素决定：

预计生产量 = 预计销售量 + 预计期末存货量 - 预计期初存货量

期末存货量为下一季度预计销售量的 20%，第四季度由于恰逢“双十一”促销，因此存货量比第三季度存货量下降 10%（第四季度期末存货量向上取整）。其余计算结果四舍五入保留整数。

期初存货量见期初存货信息。

（2）OEM 方式生产的产品直接从厂家购买。

代工生产，也称为定点生产，俗称“代工”，基本含义为品牌生产者不直接生产产品，而是利用自己掌握的关键的核心技术负责设计和开发新产品，控制销售渠道，具体的加工任务通过合同订购的方式委托同类产品的其他厂家生产。之后将所订产品低价买断，并直接贴上自己的品牌商标。这种委托他人生产的合作方式简称 OEM（Original Equipment Manufacture），承接加工任务的制造商被称为 OEM 厂商，其生产的产品被称为 OEM 产品。

2024 年期初存货资料如下表所示。

期初存货总表

单位：元

分类	金额
原材料	5 746
商品	111 000
合计	116 746

原材料期初余额表

金额单位：元

原材料	单位成本	数量	金额
201不锈钢板材（块）	46	33	1 518
304不锈钢板材（块）	15	30	450
国产温控器（个）	7	13	91
进口温控器（个）	15	42	630
轻巧、经典型加热底盘（个）	4	10	40
豪华型加热底盘（个）	7	120	840
轻巧型手柄（个）	2	5	10
经典型手柄（个）	3	25	75
豪华型手柄（个）	4	138	552
轻巧、经典型壶盖（个）	1	12	12
豪华型壶盖（个）	3	155	465
轻巧、经典型底座（个）	6	12	72
豪华型底座（个）	13	43	559
轻巧型辅材套件（套）	1	12	12
经典型辅材套件（套）	2	40	80

续表

原材料	单位成本	数量	金额
豪华型辅材套件（套）	2	170	340
合计			5 746

商品期初余额表　　金额单位：元

商品	单位成本	数量	金额
轻巧型电热水壶（只）	60	200	12 000
经典型电热水壶（只）	40	400	16 000
豪华型电热水壶（只）	80	600	48 000
精磨型豆浆机（只）	70	500	35 000
合计			111 000

资料5　采购与支出说明

（1）根据物料清单（BOM）可知：

40 只轻巧型水壶耗用一块 201 不锈钢板材；

22 只经典型水壶耗用一块 201 不锈钢板材；

20 只豪华型水壶耗用一块 304 不锈钢板材。

注：计算板材需要量时向上取整，如计算出板材需要量为 23.14 块，则需要 24 块。

（2）材料购买量 = 预计材料需要量 + 期末材料存货量 − 期初材料存货量。期初存货量和单位成本见期初存货数据表（见表 3-29）。期末存货量为预计材料需要量的 20%。

注：计算结果四舍五入保留整数。

原材料的相关信息如下表所示。

轻巧型电热水壶物料清单

物料编码	物料名称	规格型号	物料清单级别	单只水壶用量（只）
HF-0001	轻巧、经典型壶盖	通用：定制	1	1
HF-0002	轻巧、经典型底座	通用：定制	1	1
HA-0001	轻巧型壶体	轻巧型：定制	1	1
HA-0003	轻巧型辅材套件	轻巧型：定制（含包装盒、说明书、硬纸板衬）	1	1

经典型电热水壶物料清单

物料编码	物料名称	规格型号	物料清单级别	单只水壶用量（只）
HF-0001	轻巧、经典型壶盖	通用：定制	1	1
HF-0002	轻巧、经典型底座	通用：定制	1	1

续表

物料编码	物料名称	规格型号	物料清单级别	单只水壶用量（只）
HB-0001	经典型壶体	经典型：定制	1	1
HB-0003	经典型辅材套件	经典型：定制（含包装盒、说明书、硬纸板衬）	1	1

豪华型电热水壶物料清单

物料编码	物料名称	规格型号	物料清单级别	单只水壶用量（只）
HC-0001	豪华型壶盖	豪华型：定制	1	1
HC-0002	豪华型底座	豪华型：定制	1	1
HC-0003	豪华型壶体	豪华型：定制	1	1
HC-0007	豪华型辅材套件	豪华型：定制（含包装盒、说明书、硬纸板衬）	1	1

轻巧型壶体物料清单

物料编码	物料名称	规格型号	物料清单级别	单只水壶用量（只）
HF-0003	201不锈钢板材	0.5mm × 1 250mm × 2 500mm	2	0.0769m^2
HF-0004	国产温控器	国产BB3	2	1
HA-0002	轻巧型手柄	轻巧型：定制	2	1
HF-0005	轻巧、经典型加热底盘	通用：定制	2	1

经典型壶体物料清单

物料编码	物料名称	规格型号	物料清单级别	单只水壶用量（只）
HF-0003	201不锈钢板材	0.5mm × 1 250mm × 2 500mm	2	0.14m^2
HF-0004	国产温控器	国产BB3	2	1
HB-0002	经典型手柄	经典型：定制	2	1
HF-0005	轻巧、经典型加热底盘	通用：定制	2	1

豪华型壶体物料清单

物料编码	物料名称	规格型号	物料清单级别	单只水壶用量（只）
HC-0004	304不锈钢板材	0.5mm × 1 250mm × 2 500mm	2	0.156 m^2
HC-0005	进口温控器	SKE903	2	1
HC-0006	豪华型手柄	豪华型：定制	2	1
HC-0008	豪华型加热底盘	豪华型：定制	2	1

资料6 成本预算说明

（一）薪资预算

壶体车间的 2 名初级生产工人和组装生产五组的 1 名初级生产工人在 2024 年年初辞职。壶体车间工人每人的工资构成及总额相等，组装车间工人每人的工资构成及总额相等，其他部门人员工资不变。根据以上人员变动情况编制 2024 年薪资预算表（见表 3-13），其中：月工资额 = 基本薪酬 + 绩效薪酬 + 综合津贴。

（二）制造费用预算

（1）水壶销售后，由组装车间维修。2023 年维修费用为 51 422 元，2024 年维修费用比 2023 年下降 50%。

（2）车间水费单价 3 元 / 吨，电费 6 元 / 度。壶体车间预计耗水 560 吨，耗电 1 000 度。组装车间预计耗水 2 482 吨，耗电 987 度。另外每生产 1 只水壶耗电 1 度，该项变动电费壶体车间和组装车间分配比例为 1 ∶ 1。

（3）折旧和人工费用（生产计划部工资）见薪资明细表（见资料 8）和折旧计算表（见资料 7）。

（4）制造费用项目包括：水费、电费、工资、折旧、维修费。

注：制造费用每季度现金支出计算结果四舍五入保留两位小数。

（三）产品成本预算

采用完全成本法计算半成品和产成品的单位成本，假设半成品和产成品全部完工。壶体成本结转到水壶的直接材料时要求按照总额结转，避免产生由于保留两位小数引起的偏差。壶体车间工资、制造费用在三种壶体之间的分配比例是 1 ∶ 1 ∶ 1。组装车间工资、制造费用在三种水壶之间的分配比例是 1 ∶ 1 ∶ 1。

资料7 固定资产信息及折旧计算

本公司采用的固定资产折旧方法为年限平均法（直线法）。

固定资产信息及折旧计算表

编号	资产名称	单位	数量	开始使用日期	类别编号	类别名称	使用部门	使用年限（年）	残值率	年折旧（元）	累计折旧（元）
100001	办公楼	栋	1	2021年12月1日	1	建筑物及厂房	企业管理部门	60	0%	250	500
100002	厂房A	座	1	2021年12月1日	1	建筑物及厂房	组装车间	30	6%	400	800
100003	厂房B	座	1	2021年12月1日	1	建筑物及厂房	壶体车间	30	6%	300	600

续表

编号	资产名称	单位	数量	开始使用日期	类别编号	类别名称	使用部门	使用年限（年）	残值率	年折旧（元）	累计折旧（元）
100004	仓库	座	1	2021年12月1日	1	建筑物及厂房	仓储部门	30	6%	120	240
200001	帕萨特	辆	5	2021年12月1日	2	运输设备	企业管理部门	5	5%	120	240
200002	皮卡（五十铃）	辆	5	2021年12月1日	2	运输设备	销售部门	4	5%	140	280
200003	大客车	辆	20	2021年12月2日	2	运输设备	企业管理部门	10	5%	950	1 900
200004	办公桌椅	套	100	2021年12月1日	2	运输设备	销售部门	5	5%	160	320
300001	切割机	台	3	2021年12月1日	3	机器设备	壶体车间	10	5%	150	300
300002	冲床	台	3	2021年12月1日	3	机器设备	壶体车间	10	5%	150	300
300003	卷边机	台	6	2021年12月1日	3	机器设备	壶体车间	10	5%	250	500
300004	焊接机	台	6	2021年12月1日	3	机器设备	壶体车间	10	5%	200	400
300005	组装流水线	套	6	2021年12月1日	3	机器设备	组装车间	10	5%	1 150	2 300
400001	台式电脑	台	100	2021年12月1日	4	办公设备	企业管理部门	3	3%	80	160
400002	打印复印传一体机	台	10	2021年12月1日	4	办公设备	企业管理部门	3	5%	80	160
	合计									4 500	9 000

资料8　薪资明细表

2023年薪资明细表

单位：元

部门	部门人数（人）	基本薪资	绩效薪酬	综合津贴	月工资额	年度工资总额
公司领导	1	120	80	50	250	3 000
企业管理部门	3	200	150	100	450	5 400
人力行政部门	1	80	25	15	120	1 440
财务部门	3	250	120	30	400	4 800

续表

部门	部门人数（人）	基本薪资	绩效薪酬	综合津贴	月工资额	年度工资总额
采购部门	2	70	45	15	130	1 560
仓储部门	2	70	45	15	130	1 560
销售部门	3	350	80	70	500	6 000
生产计划部门	2	120	20	10	150	1 800
壶体车间	7	140	343	392	875	10 500
组装车间	11	143	462	990	1 595	19 140
合计	35	1 543	1 370	1 687	4 600	55 200

资料9　费用预算

2024年销售费用和管理费用中，水费、电费、工资和约束性费用与2023年一致，其余费用项目的增长率与2024年预算收入增长率一致，为25%。

2023年销售费用

年份：2023　　单位：元

费用项目		金额
酌量性费用（可控费用）	水费	3 200
	电费	3 000
	工资	6 000
	办公费	3 200
	广告费	12 000
	会议费	2 400
	业务招待费	3 200
	展览费	2 000
	售后服务费	1 600
	职工培训费	2 400
	电话费	3 360
	差旅费	3 200
	维修费	3 520
	车辆费	2 400
	推销费用	4 000
	市场研究费用	3 680
	合计	59 160

续表

费用项目		金额
约束性费用（不可控费用）	折旧	300
	财产保险费	2 100
	其他	1 700
	合计	4 100
现金支出计算表	销售费用合计	63 260
	减：折旧费	300
	销售费用全年现金支出总额	62 960
	销售费用每季现金支出总额	15 740

2023年管理费用

年份：2023　　单位：元

费用项目		金额
酌量性费用（可控费用）	水费	1 800
	电费	1 700
	工资	17 760
	办公费	2 000
	会议费	1 760
	业务招待费	880
	展览费	1 520
	职工培训费	1 840
	电话费	640
	差旅费	1 280
	维修费	680
	车辆费	840
	合计	32 700
约束性费用（不可控费用）	折旧	1 600
	财产保险费	2 000
	物业费	840
	合计	4 440
现金支出计算表	管理费用合计	37 140
	减：折旧费	1 600
	管理费用全年现金支出总额	35 400
	管理费用每季现金支出总额	8 885

资料10 财务预算

（一）其他现金收支预算

预计年所得税 28 000 元，每季末预付 7 000 元。

（二）现金预算

根据相关预算表数据编制现金预算。

（三）预计利润表

根据相关预算表数据编制预计利润表。预计利润表只填本期金额。企业采用先进先出法计量发出存货成本。

（四）预计资产负债表

根据 2023 年资产负债表和 2024 年相关预算表数据编制 2024 年预计资产负债表。

注：要求填写期末余额和年初余额。其中简表中“长期股权投资项”只包括持有至到期投资，“长期负债”只包括长期借款。

年初余额参考 2023 年的“资产负债表”。

资产负债表（简表）

2023-12-31

资产	期末余额	负债及所有者权益	期末余额
货币资金	1 200 000	应付账款	80 000
应收账款	400 000	预收账款	26 000
其他应收款	95 000	其他流动负债	530 000
存货	116 746	流动负债合计	636 000
其他流动资产	340 000	长期借款	542 430
流动资产合计	2 148 576	非流动负债合计	542 430
长期股权投资	50 000	负债合计	1 178 430
固定资产	300 000	实收资本（或股本）	366 170
其他非流动资产	280 000	资本公积	470 000
非流动资产合计	630 000	盈余公积	160 000
		未分配利润	607 146
		所有者权益合计	1 600 146
资产总计	2 781 746	负债及所有者权益合计	2 781 746

附录二　资金时间价值系数表

附表一　复利终值系数表

期数	1%	2%	3 %	4 %	5 %	6 %	7 %	8 %	9 %	10 %
1	1.010 0	1.020 0	1.030 0	1.040 0	1.050 0	1.060 0	1.070 0	1.080 0	1.090 0	1.100 0
2	1.020 1	1.040 4	1.060 9	1.081 6	1.102 5	1.123 6	1.144 9	1.166 4	1.188 1	1.210 0
3	1.030 3	1.061 2	1.092 7	1.124 9	1.157 6	1.191 0	1.225 0	1.259 7	1.295 0	1.331 0
4	1.040 6	1.082 4	1.125 5	1.169 9	1.215 5	1.262 5	1.310 8	1.360 5	1.411 6	1.464 1
5	1.051 0	1.104 1	1.159 3	1.216 7	1.276 3	1.338 2	1.402 6	1.469 3	1.538 6	1.610 5
6	1.061 5	1.126 2	1.194 1	1.265 3	1.340 1	1.418 5	1.500 7	1.580 9	1.677 1	1.771 6
7	1.072 1	1.148 7	1.229 9	1.315 9	1.407 1	1.503 6	1.605 8	1.773 8	1.828 0	1.948 7
8	1.082 9	1.171 7	1.266 8	1.368 6	1.477 5	1.593 8	1.718 2	1.850 9	1.992 6	2.143 6
9	1.093 7	1.195 1	1.304 8	1.423 3	1.551 3	1.689 5	1.838 5	1.999 0	2.171 9	2.357 9
10	1.104 6	1.219 0	1.343 9	1.480 2	1.628 9	1.790 8	1.967 2	2.158 9	2.367 4	2.593 7
11	1.115 7	1.243 4	1.382 4	1.539 5	1.710 3	1.898 3	2.104 9	2.331 6	2.580 4	2.853 1
12	1.126 8	1.268 3	1.425 8	1.601 0	1.795 9	2.012 2	2.252 2	2.518 2	2.812 7	3.138 4
13	1.138 1	1.293 6	1.468 5	1.665 1	1.885 6	2.132 9	2.409 8	2.719 6	3.065 8	3.452 3
14	1.145 9	1.319 5	1.512 6	1.731 7	1.979 9	2.260 9	2.578 5	2.937 2	3.341 7	3.797 5
15	1.161 0	1.345 9	1.558 0	1.800 9	2.078 9	2.396 6	2.759 0	3.172 2	3.642 5	4.177 2
16	1.172 6	1.372 8	1.604 7	1.873 0	2.182 9	2.540 4	2.952 2	3.425 9	3.970 3	4.595 0
17	1.184 3	1.400 2	1.652 8	1.947 9	2.292 0	2.692 8	3.158 8	3.700 0	4.327 6	5.054 5
18	1.196 1	1.428 2	1.702 4	2.025 8	2.406 6	2.854 3	3.379 9	3.996 0	4.717 1	5.559 9
19	1.208 1	1.456 8	1.753 5	2.106 8	2.527 0	3.025 6	3.616 5	4.315 7	5.141 7	6.115 9
20	1.220 2	1.485 9	1.806 1	2.191 1	2.653 3	3.207 1	3.869 7	4.661 0	5.604 4	6.727 5
21	1.232 4	1.515 7	1.860 3	2.278 8	2.786 0	3.399 6	4.140 6	5.033 8	6.108 8	7.400 2
22	1.244 7	1.546 0	1.916 1	2.369 9	2.925 3	3.063 5	4.430 4	5.436 5	6.658 6	8.140 3
23	1.257 2	1.576 9	1.973 6	2.464 7	3.071 5	3.819 7	4.740 5	5.871 5	7.257 9	8.254 3
24	1.269 7	1.608 4	2.032 8	2.563 3	3.225 1	4.048 9	5.072 4	6.341 2	7.911 1	9.849 7
25	1.282 4	1.640 6	2.093 8	2.665 8	3.386 4	4.291 9	5.427 4	6.848 5	8.623 1	10.835
26	1.295 3	1.673 4	2.156 6	2.772 5	3.555 7	4.549 4	5.087 6	7.396 4	9.399 2	11.918
27	1.308 2	1.706 9	2.221 3	2.883 4	3.733 5	4.882 3	6.213 9	7.988 1	10.245	13.110
28	1.321 3	1.741 0	2.287 9	2.998 7	3.920 1	5.111 7	6.648 8	8.627 1	11.167	14.421
29	1.334 5	1.775 8	2.356 6	3.118 7	4.116 1	5.418 4	7.114 3	9.317 3	12.172	15.863
30	1.347 8	1.811 4	2.427 3	3.243 4	4.321 9	5.743 5	7.612 3	10.063	13.268	17.449
40	1.488 9	2.208 0	3.262 0	4.801 0	7.040 0	10.286	14.794	21.725	31.408	45.259
50	1.644 6	2.691 6	4.383 9	7.106 7	11.467	18.420	29.457	46.902	74.358	117.39
60	1.816 7	3.281 0	5.891 6	10.520	18.679	32.988	57.946	101.26	176.03	304.48

续表

期数	12%	14%	15%	16%	18%	20%	24%	28%	32%	36%
1	1.120 0	1.140 0	1.150 0	1.160 0	1.180 0	1.200 0	1.240 0	1.280 0	1.320 0	1.360 0
2	1.254 4	1.299 6	1.322 5	1.345 6	1.392 4	1.440 0	1.537 6	1.638 4	1.742 4	1.849 6
3	1.404 9	1.481 5	1.520 9	1.560 9	1.643 0	1.728 0	1.906 6	2.087 2	2.300 0	2.515 5
4	1.573 5	1.689 0	1.749 0	1.810 6	1.938 8	2.073 6	2.364 2	2.684 4	3.036 0	3.421 0
5	1.762 3	1.925 4	2.011 4	2.100 3	2.287 8	2.488 3	2.931 6	3.436 0	4.007 5	4.652 6
6	1.973 8	2.195 0	2.313 1	2.436 4	2.699 6	2.986 0	3.635 2	4.398 0	5.289 9	6.327 5
7	2.210 7	2.502 3	2.660 0	2.826 2	3.185 5	3.583 2	4.507 7	5.629 5	6.982 6	8.605 4
8	2.476 0	2.852 6	3.059 0	3.278 4	3.758 9	4.299 8	5.589 5	7.250 8	9.217 0	11.703
9	2.773 1	3.251 9	3.517 9	3.803 0	4.435 5	5.159 8	6.931 0	9.223 4	12.166	15.917
10	3.105 8	3.707 2	4.045 6	4.411 4	5.233 8	6.191 7	8.594 4	11.806	16.060	21.647
11	3.478 5	4.226 2	4.652 4	5.117 3	6.175 9	7.430 1	10.657	15.112	21.119	29.439
12	3.896 0	4.817 9	5.350 3	5.936 0	7.287 6	8.916 1	13.215	19.343	27.983	40.037
13	4.363 5	5.492 4	6.152 8	6.885 8	8.599 4	10.699	16.386	24.759	36.937	54.451
14	4.887 1	6.261 3	7.075 7	7.987 5	10.147	12.839	20.319	31.691	48.757	74.053
15	5.473 6	7.137 9	8.137 1	9.265 5	11.974	15.407	25.196	40.565	64.395	100.71
16	6.130 4	8.137 2	9.357 6	10.748	14.129	18.448	31.243	51.923	84.954	136.97
17	6.866 0	9.276 5	10.761	12.468	16.672	22.186	38.741	66.461	112.14	186.28
18	7.690 0	10.575	12.375	14.463	19.673	26.623	48.039	86.071	148.02	253.34
19	8.612 8	12.056	14.232	16.777	23.214	31.948	59.568	108.89	195.39	344.54
20	9.646 3	13.743	16.367	19.461	27.393	38.338	73.864	139.38	257.92	468.57
21	10.804	15.668	18.822	22.574	32.324	46.005	91.592	178.41	340.45	637.26
22	12.100	17.861	21.645	26.186	38.142	55.206	113.57	228.36	449.39	866.67
23	13.552	20.362	24.891	30 376	45.008	66.247	140.83	292.30	593.20	1 178.7
24	15.179	23.212	28.625	35.236	53.109	79.497	174.63	374.14	783.02	1 603.0
25	17.000	26.462	32.919	40.874	62.669	95.396	216.54	478.90	1 033.6	2 180.1
26	19.040	30.167	37.857	47.414	73.949	114.48	368.51	613.00	1 364.3	2 964.9
27	21.325	34.390	43.535	55.000	87.260	137.37	332.95	784.64	1 800.9	4 032.3
28	23.884	39.204	50.006	63.800	102.97	164.84	412.86	1 004.3	2 377.2	5 483.9
29	26.750	44.693	57.575	74.009	121.50	197.81	511.95	1 285.6	3 137.9	7 458.1
30	29.960	50.950	66.212	85.850	143.37	237.38	634.82	16 445.5	4 142.1	10 143
40	93.051	188.83	267.86	378.72	750.38	1 469.8	5 455.9	19 427	66 521	*
50	289.00	700.23	1 083.7	1 670.7	3 927.4	9 100.4	46 890	*	*	*
60	897.60	2 595.9	4 384.0	7 370.2	20 555	56 348	*	*	*	*

注：* > 99 999

计算公式：复利终值系数 =（1+i）^{n}，$F=P$（1+i）^{n}。

P—现值或初始值；i—报酬率或利率；n—计息期数；F—终值或本利和。

附表二　复利现值系数表

期数	1%	2%	3%	4%	5%	6%	7%	8%	9%	10%
1	0.990 1	0.980 4	0.970 9	0.961 5	0.952 4	0.943 4	0.934 6	0.925 9	0.917 4	0.909 1
2	0.980 3	0.971 2	0.942 6	0.924 6	0.907 0	0.890 0	0.873 4	0.857 3	0.841 7	0.826 4
3	0.970 6	0.942 3	0.915 1	0.889 0	0.863 8	0.839 6	0.816 3	0.793 8	0.772 2	0.751 3
4	0.961 0	0.923 8	0.888 5	0.854 8	0.822 7	0.792 1	0.762 9	0.735 0	0.708 4	0.683 0
5	0.951 5	0.905 7	0.862 6	0.821 9	0.783 5	0.747 3	0.713 0	0.680 6	0.649 9	0.620 9
6	0.942 0	0.888 0	0.837 5	0.790 3	0.746 2	0.705 0	0.666 3	0.630 2	0.596 3	0.564 5
7	0.932 7	0.860 6	0.813 1	0.759 9	0.710 7	0.665 1	0.622 7	0.583 5	0.547 0	0.513 2
8	0.923 5	0.853 5	0.787 4	0.730 7	0.676 8	0.627 4	0.582 0	0.540 3	0.501 9	0.466 5
9	0.914 3	0.836 8	0.766 4	0.702 6	0.644 6	0.591 9	0.543 9	0.500 2	0.460 4	0.424 1
10	0.905 3	0.820 3	0.744 1	0.675 6	0.613 9	0.558 4	0.508 3	0.463 2	0.422 4	0.385 5
11	0.896 3	0.804 3	0.722 4	0.649 6	0.584 7	0.526 8	0.475 1	0.428 9	0.387 5	0.350 5
12	0.887 4	0.788 5	0.701 4	0.624 6	0.556 8	0.497 0	0.444 0	0.397 1	0.355 5	0.318 6
13	0.878 7	0.773 0	0.681 0	0.600 6	0.530 3	0.468 8	0.415 0	0.367 7	0.326 2	0.289 7
14	0.870 0	0.757 9	0.661 1	0.577 5	0.505 1	0.442 3	0.387 8	0.340 5	0.299 2	0.263 3
15	0.861 3	0.743 0	0.641 9	0.555 3	0.481 0	0.417 3	0.362 4	0.315 2	0.274 5	0.239 4
16	0.852 8	0.728 4	0.623 2	0.533 9	0.458 1	0.393 6	0.338 7	0.291 9	0.251 9	0.217 6
17	0.844 4	0.714 2	0.605 0	0.513 4	0.436 3	0.371 4	0.316 6	0.270 3	0.231 1	0.197 8
18	0.836 0	0.700 2	0.587 4	0.493 6	0.415 5	0.350 3	0.295 9	0.250 2	0.212 0	0.179 9
19	0.827 7	0.686 4	0.570 3	0.474 6	0.395 7	0.330 5	0.276 5	0.231 7	0.194 5	0.163 5
20	0.819 5	0.673 0	0.553 7	0.456 4	0.376 9	0.311 8	0.258 4	0.214 5	0.178 4	0.148 6
21	0.811 4	0.659 8	0.537 5	0.438 8	0.358 9	0.294 2	0.241 5	0.198 7	0.163 7	0.135 1
22	0.803 4	0.646 8	0.521 9	0.422 0	0.341 8	0.277 5	0.225 7	0.183 9	0.150 2	0.122 8
23	0.795 4	0.634 2	0.506 7	0.405 7	0.325 6	0.261 8	0.210 9	0.170 3	0.137 8	0.111 7
24	0.787 6	0.621 7	0.491 9	0.390 1	0.310 1	0.247 0	0.197 1	0.157 7	0.126 4	0.101 5
25	0.779 8	0.609 5	0.477 6	0.375 1	0.295 3	0.233 0	0.184 2	0.146 0	0.116 0	0.092 3
26	0.772 0	0.597 6	0.463 7	0.360 4	0.281 2	0.219 8	0.172 2	0.135 2	0.106 4	0.083 9
27	0.764 4	0.585 9	0.450 2	0.346 8	0.267 8	0.207 4	0.160 9	0.125 2	0.097 6	0.076 3
28	0.756 8	0.574 4	0.437 1	0.333 5	0.255 1	0.195 6	0.150 4	0.115 9	0.089 5	0.069 3
29	0.749 3	0.563 1	0.424 3	0.320 7	0.242 9	0.184 6	0.140 6	0.107 3	0.082 2	0.063 0
30	0.741 9	0.552 1	0.412 0	0.308 3	0.231 4	0.174 1	0.131 4	0.099 4	0.075 4	0.057 3
35	0.705 9	0.500 0	0.355 4	0.253 4	0.181 3	0.130 1	0.093 7	0.067 6	0.049 0	0.035 6
40	0.671 7	0.452 9	0.306 6	0.208 3	0.142 0	0.097 2	0.066 8	0.046 0	0.031 8	0.022 1
45	0.639 1	0.410 2	0.264 4	0.171 2	0.111 3	0.072 7	0.047 6	0.031 3	0.020 7	0.013 7
50	0.608 0	0.371 5	0.228 1	0.140 7	0.087 2	0.054 3	0.033 9	0.021 3	0.013 4	0.008 5
55	0.578 5	0.336 5	0.196 8	0.115 7	0.068 3	0.040 6	0.024 2	0.014 5	0.008 7	0.005 3

续表

期数	12%	14%	15%	16%	18%	20%	24%	28%	32%	36%
1	0.892 9	0.877 2	0.869 6	0.862 1	0.847 5	0.833 3	0.806 5	0.781 3	0.757 6	0.735 3
2	0.797 2	0.769 5	0.756 1	0.743 2	0.718 2	0.694 4	0.650 4	0.610 4	0.573 9	0.540 7
3	0.711 8	0.675 0	0.657 5	0.640 7	0.608 6	0.578 7	0.524 5	0.476 8	0.434 8	0.397 5
4	0.635 5	0.592 1	0.571 8	0.552 3	0.515 8	0.482 3	0.423 0	0.372 5	0.329 4	0.29 23
5	0.567 4	0.519 4	0.497 2	0.476 2	0.437 1	0.401 9	0.341 1	0.291 0	0.249 5	0.214 9
6	0.506 6	0.455 6	0.432 3	0.410 4	0.370 4	0.334 9	0.275 1	0.227 4	0.189 0	0.158 0
7	0.452 3	0.399 6	0.375 9	0.353 8	0.313 9	0.279 1	0.221 8	0.177 6	0.143 2	0.116 2
8	0.403 9	0.350 6	0.326 9	0.305 0	0.266 0	0.232 6	0.178 9	0.138 8	0.108 5	0.085 4
9	0.360 6	0.307 5	0.284 3	0.263 0	0.225 5	0.193 8	0.144 3	0.108 4	0.082 2	0.062 8
10	0.322 0	0.269 7	0.247 3	0.226 7	0.191 1	0.161 5	0.116 4	0.084 7	0.062 3	0.046 2
11	0.287 5	0.236 6	0.214 9	0.195 4	0.161 9	0.134 6	0.093 8	0.066 2	0.047 2	0.034 0
12	0.256 7	0.207 6	0.186 9	0.168 5	0.137 3	0.112 2	0.075 7	0.051 7	0.035 7	0.025 0
13	0.229 2	0.182 1	0.162 5	0.145 2	0.116 3	0.093 5	0.061 0	0.040 4	0.027 1	0.018 4
14	0.204 6	0.159 7	0.141 3	0.125 2	0.098 5	0.077 9	0.049 2	0.031 6	0.020 5	0.013 5
15	0.182 7	0.140 1	0.122 9	0.107 9	0.083 5	0.064 9	0.039 7	0.024 7	0.015 5	0.009 9
16	0.163 1	0.122 9	0.106 9	0.098 0	0.070 9	0.054 1	0.032 0	0.019 3	0.011 8	0.007 3
17	0.145 6	0.107 8	0.092 9	0.080 2	0.060 0	0.045 1	0.025 9	0.015 0	0.008 9	0.005 4
18	0.130 0	0.094 6	0.080 8	0.069 1	0.050 8	0.037 6	0.020 8	0.011 8	0.006 8	0.003 9
19	0.116 1	0.082 9	0.070 3	0.059 6	0.043 1	0.031 3	0.016 8	0.009 2	0.005 1	0.002 9
20	0.103 7	0.072 8	0.061 1	0.051 4	0.036 5	0.026 1	0.013 5	0.007 2	0.003 9	0.002 1
21	0.092 6	0.063 8	0.053 1	0.044 3	0.030 9	0.021 7	0.010 9	0.005 6	0.002 9	0.001 6
22	0.082 6	0.056 0	0.046 2	0.038 2	0.026 2	0.018 1	0.008 8	0.004 4	0.002 2	0.001 2
23	0.073 8	0.049 1	0.040 2	0.032 9	0.022 2	0.015 1	0.007 1	0.003 4	0.001 7	0.000 8
24	0.065 9	0.043 1	0.034 9	0.028 4	0.018 8	0.012 6	0.005 7	0.002 7	0.001 3	0.000 6
25	0.058 8	0.037 8	0.030 4	0.024 5	0.016 0	0.010 5	0.004 6	0.002 1	0.001 0	0.000 5
26	0.052 5	0.033 1	0.026 4	0.021 1	0.013 5	0.008 7	0.003 7	0.001 6	0.000 7	0.000 3
27	0.046 9	0.029 1	0.023 0	0.018 2	0.011 5	0.007 3	0.003 0	0.001 3	0.000 6	0.000 2
28	0.041 9	0.025 5	0.020 0	0.015 7	0.009 7	0.006 1	0.002 4	0.001 0	0.000 4	0.000 2
29	0.037 4	0.022 4	0.017 4	0.013 5	0.008 2	0.005 1	0.002 0	0.000 8	0.000 3	0.000 1
30	0.033 4	0.019 6	0.015 1	0.011 6	0.007 0	0.004 2	0.001 6	0.000 6	0.000 2	0.000 1
35	0.018 9	0.010 2	0.007 5	0.005 5	0.003 0	0.001 7	0.000 5	0.000 2	0.000 1	*
40	0.010 7	0.005 3	0.003 7	0.002 6	0.001 3	0.000 7	0.000 2	0.000 1	*	*
45	0.006 1	0.002 7	0.001 9	0.001 3	0.000 6	0.000 3	0.000 1	*	*	*
50	0.003 5	0.001 4	0.000 9	0.000 6	0.000 3	0.000 1	*	*	*	*
55	0.002 0	0.000 7	0.000 5	0.000 3	0.000 1	*	*	*	*	*

注：* $<$ 0.0001

计算公式：复利现值系数 $=(1+i)^{-n}$，$P=\dfrac{F}{(1+i)^n}=F(1+i)^{-n}$。

P—现值或初始值；i—报酬率或利率；n—计息期数；F—终值或本利和。

附表三　年金终值系数表

期数	1%	2%	3%	4%	5%	6%	7%	8%	9%	10%
1	1.000 0	1.000 0	1.000 0	1.000 0	1.000 0	1.000 0	1.000 0	1.000 0	1.000 0	1.000 0
2	2.010 0	2.020 0	2.030 0	2.040 0	2.050 0	2.060 0	2.070 0	2.080 0	2.090 0	2.100 0
3	3.030 1	3.060 4	3.090 9	3.121 6	3.152 5	3.183 6	3.214 9	3.246 4	3.278 1	3.310 0
4	4.060 4	4.121 6	4.183 6	4.246 5	4.310 1	4.374 6	4.439 9	4.506 1	4.573 1	4.641 0
5	5.101 0	5.204 0	5.309 1	5.416 3	5.525 6	5.637 1	5.750 7	5.866 6	5.984 7	6.105 1
6	6.152 0	6.308 1	6.468 4	6.333 0	6.801 9	6.975 3	7.153 3	7.335 9	7.523 3	7.715 6
7	7.213 5	7.434 3	7.662 5	7.898 3	8.142 0	8.393 8	8.654 0	8.922 8	9.200 4	9.487 2
8	8.285 7	8.583 0	8.892 3	9.214 2	9.549 1	9.897 5	10.260	10.637	11.028	11.436
9	9.368 5	9.754 6	10.159	10.583	11.027	11.491	11.978	12.488	13.021	13.579
10	10.462	10.590	11.464	12.006	12.578	13.181	13.816	14.487	15.193	15.937
11	11.567	12.169	12.808	13.486	14.207	14.972	15.784	16.645	17.560	18.531
12	12.683	13.412	14.192	15.026	15.917	16.870	17.888	18.977	20.141	21.384
13	13.809	14.680	15.618	16.627	17.713	18.882	20.141	21.495	22.953	24.523
14	14.947	15.974	17.086	18.292	19.599	21.015	22.550	24.214	26.019	27.975
15	16.097	17.293	18.599	20.024	21.579	23.276	25.129	27.152	29.361	31.772
16	17.258	18.639	20.157	21.825	23.657	25.673	27.888	30.324	33.003	35.950
17	18.430	20.012	21.762	23.698	25.840	28.213	30.840	33.750	36.974	40.545
18	19.615	21.412	23.414	25.645	28.132	30.906	33.999	37.450	41.301	45.599
19	20.811	22.841	25.117	27.671	30.539	33.760	37.379	41.446	46.018	51.159
20	22.019	24.297	26.870	29.778	33.066	36.786	40.955	45.752	51.160	57.275
21	23.239	25.783	28.676	31.969	35.719	39.993	44.865	50.423	56.765	64.002
22	24.472	27.299	30.537	34.249	38.505	43.392	49.006	55.457	62.873	71.403
23	25.716	28.845	32.453	36.618	41.430	46.996	53.436	60.883	69.532	79.543
24	26.973	30.422	34.426	39.083	44.502	50.816	58.177	66.756	76.790	88.497
25	28.243	32.030	36.459	41.646	47.727	54.863	63.294	73.106	84.701	98.347
26	29.526	33.671	38.553	44.312	51.113	59.156	68.676	79.954	93.324	109.18
27	30.821	35.344	40.710	47.084	54.669	63.706	74.484	87.351	102.72	121.10
28	32.129	37.051	42.931	49.968	58.403	68.528	80.698	95.339	112.97	134.21
29	33.450	38.792	45.219	52.966	62.323	73.640	87.347	103.97	124.14	148.63
30	34.785	40.568	47.575	56.085	66.439	79.058	94.461	113.28	136.31	164.49
40	48.886	60.402	75.401	95.026	120.80	154.76	199.64	259.06	337.88	442.59
50	64.463	84.579	112.80	152.67	209.35	290.34	406.53	573.77	815.08	1 163.9
60	81.670	114.05	163.05	237.99	353.58	533.13	813.51	1 253.2	1 944.8	3 034.8

续表

期数	12%	14%	15%	16%	18%	20%	24%	28%	32%	36%
1	1.000 0	1.000 0	1.000 0	1.000 0	1.000 0	1.000 0	1.000 0	1.000 0	1.000 0	1.000 0
2	2.120 0	2.140 0	2.150 0	2.160 0	2.180 0	2.200 0	2.240 0	2.280 0	2.320 0	2.360 0
3	3.374 4	3.439 6	3.472 5	305 056	3.572 4	3.640 0	3.777 6	3.918 4	3.062 4	3.209 6
4	4.779 3	4.921 1	4.993 4	5.066 5	5.215 4	5.368 0	5.684 2	6.015 6	6.362 4	6.725 1
5	6.352 8	6.610 1	6.742 4	6.877 1	7.154 2	7.441 6	8.048 4	8.699 9	9.398 3	10.146
6	8.115 2	8.355 5	8.753 7	8.977 5	9.442 0	9.929 9	10.980	12.136	13.406	14.709
7	10.089	10.730	11.067	11.414	12.142	12.916	14.615	16.534	18.696	21.126
8	12.300	13.233	13.727	14.240	15.327	16.499	19.123	22.163	25.678	29.732
9	14.776	16.085	16.786	17.519	19.086	20.799	24.712	29.369	34.895	41.435
10	17.549	19.337	20.304	21.321	23.521	25.959	31.643	38.593	47.062	57.352
11	20.655	23.045	24.349	25.733	28.755	32.150	40.238	50.398	63.122	78.988
12	24.133	27.271	29.002	30.850	34.931	39.581	50.895	65.510	84.320	108.44
13	28.029	32.089	34.352	36.786	42.219	48.497	64.110	84.853	112.30	148.47
14	32.393	37.581	40.505	43.672	50.818	59.196	80.496	109.61	149.24	202.93
15	37.280	43.842	47.580	51.660	60.965	72.035	100.82	141.30	198.00	276.98
16	42.750	50.980	55.717	60.925	72.939	87.442	126.01	181.87	262.36	377.69
17	48.884	59.118	65.075	71.673	87.068	105.93	157.25	233.79	347.31	514.66
18	55.750	68.394	75.836	84.141	103.74	128.12	195.99	300.25	459.45	770.94
19	63.440	78.969	88.212	98.603	123.41	154.74	244.03	385.32	607.47	954.28
20	72.052	91.025	102.44	115.38	146.63	186.69	303.60	494.21	802.86	1 298.8
21	81.699	104.77	118.81	134.84	174.02	225.03	377.46	633.59	1 060.8	1 767.4
22	92.50	120.44	137.63	157.41	206.34	271.03	469.06	812.00	1 401.2	2 404.7
23	104.60	138.30	159.28	183.60	244.49	326.24	582.63	1 040.4	1 850.6	3 271.3
24	118.16	185.66	184.17	213.98	289.49	392.48	723.46	1 332.7	2 443.8	4 450.0
25	133.33	181.87	212.79	249.21	342.60	471.98	898.09	1 706.8	3 226.8	6 053.0
26	150.33	208.33	245.71	290.09	405.27	567.38	1 114.6	2 185.7	4 260.4	8 233.1
27	169.37	238.50	283.57	337.50	479.22	681.85	1 383.1	2 798.7	5 624.8	11 198
28	190.70	272.89	327.10	392.50	566.48	819.22	1 716.1	3 583.3	7 425.7	15 230
29	214.58	312.09	377.17	456.30	669.45	984.07	2 129.0	4 587.7	9 802.9	20 714
30	241.33	356.79	434.75	530.31	790.95	1 181.9	2 640.9	5 873.2	12 941	28 172
40	767.09	1 342.0	1 779.1	2 360.8	4 163.2	7 343.2	27 290	69 377	*	*
50	2 400.0	4 994.5	7 217.7	10 436	21 813	45 497	*	*	*	*
60	7 471.6	18 535	29 220	46 058	*	*	*	*	*	*

注：* > 999 999.99

计算公式：年金终值系数 $=\frac{(1+i)^n-1}{i}$，$F=A\frac{(1+i)^n-1}{i}$。

A—每期等额支付（或收入）的金额；i—报酬率或利率；n—计息期数；F—年金终值或本利和。

附表四　年金现值系数表

期数	1%	2%	3%	4%	5%	6%	7%	8%	9%
1	0.990 1	0.980 4	0.970 9	0.961 5	0.952 4	0.943 4	0.934 6	0.925 9	0.917 4
2	1.970 4	1.941 6	1.913 5	1.886 1	1.859 4	1.833 4	1.808 0	1.783 3	1.759 1
3	2.941 0	2.883 9	2.828 6	2.775 1	2.723 2	2.673 0	2.624 3	2.577 1	2.531 3
4	3.902 0	3.807 7	3.717 1	3.629 9	3.546 0	3.465 1	3.387 2	3.312 1	3.239 7
5	4.853 4	4.713 5	4.579 7	4.451 8	4.329 5	4.212 4	4.100 2	3.992 7	3.889 7
6	5.795 5	5.601 4	5.417 2	5.242 1	5.075 7	4.917 3	4.766 5	4.622 9	4.485 9
7	6.728 2	6.472 0	6.230 3	6.002 1	5.786 4	5.582 4	5.389 3	5.206 4	5.033 0
8	7.651 7	7.325 5	7.019 7	6.732 7	6.463 2	6.209 8	5.971 3	5.746 6	5.534 8
9	8.566 0	8.162 2	7.786 1	7.435 3	7.107 8	6.801 7	6.515 2	6.246 9	5.995 2
10	9.471 3	8.982 6	8.530 2	8.110 9	7.721 7	7.360 1	7.023 6	6.710 1	6.417 7
11	10.367 6	9.786 8	9.252 6	8.760 5	8.306 4	7.886 9	7.498 7	7.139 0	6.805 2
12	11.255 1	10.575 3	9.954 0	9.385 1	8.863 3	8.383 8	7.942 7	7.536 1	7.160 7
13	12.133 7	11.348 4	10.635 0	9.985 6	9.393 6	8.852 7	8.357 7	7.903 8	7.486 9
14	13.003 7	12.106 2	11.296 1	10.563 1	9.898 6	9.295 0	8.745 5	8.244 2	7.786 2
15	13.865 1	12.849 3	11.937 9	11.118 4	10.379 7	9.712 2	9.107 9	8.559 5	8.060 7
16	14.717 9	13.577 7	12.561 1	11.652 3	10.837 8	10.105 9	9.446 6	8.851 4	8.312 6
17	15.562 3	14.291 9	13.166 1	12.165 7	11.274 1	10.477 3	9.763 2	9.121 6	8.543 6
18	16.398 3	14.992 0	13.753 5	12.689 6	11.689 6	10.827 6	10.059 1	9.371 9	8.755 6
19	17.226 0	15.678 5	14.323 8	13.133 9	12.085 3	11.158 1	10.335 6	9.603 6	8.960 1
20	18.045 6	16.351 4	14.877 5	13.590 3	12.462 2	11.469 9	10.594 0	9.818 1	9.128 5
21	18.857 0	17.011 2	15.415 0	14.029 2	12.821 2	11.764 1	10.835 5	10.061 8	9.292 2
22	19.660 4	17.658 0	15.936 9	14.451 1	13.488 6	12.303 4	11.061 2	10.200 7	9.442 6
23	20.455 8	18.292 2	16.443 6	14.856 8	13.488 6	12.303 4	11.272 2	10.371 1	9.580 2
24	21.243 4	18.913 9	16.935 5	15.247 0	13.798 6	12.550 4	11.469 3	10.528 8	9.706 6
25	22.023 2	19.523 5	17.413 1	15.622 1	14.093 9	12.783 4	11.653 6	10.674 8	9.822 6
26	22.795 2	20.121 0	17.876 8	15.982 8	14.375 2	13.003 2	11.825 8	10.810 0	9.929 0
27	23.559 6	20.705 9	18.327 0	16.329 6	14.643 0	13.210 5	11.986 7	10.935 2	10.026 6
28	24.316 4	21.281 3	18.764 1	16.663 1	14.898 1	13.406 2	12.137 1	11.051 1	10.116 1
29	25.065 8	21.844 4	19.188 5	16.983 7	15.141 1	13.590 7	12.277 7	11.158 4	10.198 3
30	25.807 7	22.396 5	19.600 4	17.292 0	15.372 5	13.764 8	12.409 0	11.257 8	10.273 7
35	29.408 6	24.998 6	21.487 2	18.664 6	16.374 2	14.498 2	12.947 7	11.654 6	10.566 8
40	32.834 7	27.355 5	23.114 8	19.792 8	17.159 1	15.046 3	13.331 7	11.924 6	10.757 4
45	36.094 5	29.490 2	24.518 7	20.720 0	17.774 1	15.455 8	13.605 5	12.108 4	10.881 2
50	39.196 1	31.423 6	25.729 8	21.482 2	18.255 9	15.761 9	13.800 7	12.233 5	10.961 7
55	42.147 2	33.174 8	26.774 4	22.108 6	18.633 5	15.990 5	13.939 9	12.318 6	11.014 0

续表

期数	10%	12%	14%	15%	16%	18%	20%	24%	28%	32%	36%
1	0.909 1	0.892 9	0.877 2	0.869 6	0.862 1	0.847 5	0.833 3	0.806 5	0.781 3	0.757 6	0.735 3
2	1.735 5	1.690 1	1.646 7	1.625 7	1.605 2	1.565 6	1.527 8	1.456 8	1.391 6	1.331 5	1.276 0
3	2.486 9	2.401 8	2.321 6	2.283 2	2.245 9	2.174 3	2.106 5	1.981 3	1.868 4	1.766 3	1.673 5
4	3.169 9	3.037 3	2.917 3	2.855 0	2.798 2	2.690 1	2.588 7	2.404 3	2.241 0	2.095 7	1.965 8
5	3.790 8	3.604 8	3.433 1	3.352 2	3.274 3	3.127 2	2.990 6	2.745 4	2.532 0	2.345 2	2.180 7
6	4.355 3	4.111 4	3.888 7	3.784 5	3.684 7	3.497 6	3.325 5	3.020 5	2.759 4	2.534 2	2.338 8
7	4.868 4	4.563 8	4.288 2	4.160 4	4.038 6	3.811 5	3.604 6	3.242 3	2.937 0	2.677 5	2.455 0
8	5.334 9	4.967 6	4.638 9	4.487 3	4.343 6	4.077 6	3.837 2	3.421 2	3.075 8	2.786 0	2.540 4
9	5.759 0	5.328 2	4.916 4	4.771 6	4.606 5	4.303 0	4.031 0	3.565 5	3.184 2	2.868 1	2.603 3
10	6.144 6	5.650 2	5.216 1	5.018 8	4.833 2	4.494 1	4.192 5	3.681 9	3.268 9	2.930 4	2.649 5
11	6.495 1	5.937 7	5.452 7	5.233 7	5.028 4	4.656 0	4.327 1	3.775 7	3.335 1	2.977 6	2.683 4
12	6.813 7	6.194 4	5.660 3	5.420 6	5.197 1	4.793 2	4.439 2	3.851 4	3.386 8	3.013 3	2.708 4
13	7.103 4	6.423 5	5.842 4	5.583 1	5.342 3	4.909 5	4.532 7	3.912 4	3.427 2	3.040 4	2.726 8
14	7.366 7	6.628 2	6.002 1	5.724 5	5.467 5	5.008 1	4.610 6	3.961 6	3.458 7	3.060 9	2.740 3
15	7.606 1	6.810 9	6.142 2	5.847 4	5.575 5	5.091 6	4.675 5	4.001 3	3.483 4	3.076 4	2.750 2
16	7.823 7	6.974 0	6.265 1	5.954 2	5.668 5	5.162 4	4.729 6	4.033 3	3.502 6	3.088 2	2.757 5
17	8.021 6	7.119 6	6.372 9	6.047 2	5.748 7	5.222 3	4.774 6	4.059 1	3.517 7	3.097 1	2.762 9
18	8.201 4	7.249 7	6.467 4	6.128 0	5.817 8	5.273 2	4.812 2	4.079 9	3.529 4	3.103 9	2.766 8
19	8.364 9	7.365 8	6.550 4	6.198 2	5.877 5	5.316 2	4.843 5	4.096 7	3.538 6	3.109 0	2.769 7
20	8.513 6	7.469 4	6.623 1	6.259 3	5.928 8	5.352 7	4.869 6	4.110 3	3.545 8	3.112 9	2.771 8
21	8.648 7	7.562 0	6.687 0	6.312 5	5.973 1	5.383 7	4.891 3	4.121 2	3.551 4	3.115 8	2.773 4
22	8.771 5	7.644 6	6.742 9	6.358 7	6.011 3	5.409 9	4.909 4	4.130 0	3.555 8	3.118 0	2.774 6
23	8.883 2	7.718 4	6.792 1	6.398 8	6.044 2	5.432 1	4.924 5	4.137 1	3.559 2	3.119 7	2.775 4
24	8.984 7	7.784 3	6.835 1	6.433 8	6.072 6	5.450 9	4.937 1	4.142 8	3.561 9	3.121 0	2.776 0
25	9.077 0	7.843 1	6.872 9	6.464 1	6.097 1	5.466 9	4.947 6	4.147 4	3.564 0	3.122 0	2.776 5
26	9.160 9	7.895 7	6.906 1	6.490 6	6.118 2	5.480 4	4.956 3	4.151 1	3.565 6	3.122 7	2.776 8
27	9.237 2	7.942 6	6.935 2	6.513 5	6.136 4	5.491 9	4.963 6	4.154 2	3.566 9	3.123 3	2.777 1
28	9.306 6	7.984 4	6.960 7	6.533 5	6.152 0	5.501 6	4.969 7	4.156 6	3.567 9	3.123 7	2.777 3
29	9.369 6	8.021 8	6.983 0	6.550 9	6.165 6	5.509 8	4.974 7	4.158 5	3.568 7	3.124 0	2.777 4
30	9.426 9	8.055 2	7.002 7	6.566 0	6.1772	5.516 8	4.978 9	4.160 1	3.569 3	3.124 2	2.777 5
35	9.644 2	8.175 5	7.070 0	6.616 6	6.215 3	5.538 6	4.991 5	4.164 4	3.570 8	3.124 8	2.777 7
40	9.779 1	8.243 8	7.105 0	6.641 8	6.233 5	5.548 2	4.165 9	4.165 9	3.571 2	3.125 0	2.777 8
45	9.862 8	8.282 5	7.123 2	6.654 3	6.242 1	5.552 3	4.998 6	4.166 4	3.571 4	3.125 0	2.777 8
50	9.914 8	8.304 5	7.132 7	6.660 5	6.246 3	5.554 1	4.999 5	4.166 6	3.571 4	3.125 0	2.777 8
55	9.947 1	8.317 0	7.137 6	6.663 6	6.248 2	5.554 9	4.999 8	4.166 6	3.571 4	3.125 0	2.777 8

计算公式：年金现值系数 $=\frac{1-(1+i)^{-n}}{i}$，$P=A\frac{1-(1+i)^{-n}}{i}$。

A—每期等额支付（或收入）的金额；i—报酬率或利率；n—计息期数；P—年金现值或本利和。